思想的・睿智的・獨見的

# 經典名著文庫

## 學術評議

丘為君　吳惠林　宋鎮照　林玉体　邱燮友

洪漢鼎　孫效智　秦夢群　高明士　高宣揚

張光宇　張炳陽　陳秀蓉　陳思賢　陳清秀

陳鼓應　曾永義　黃光國　黃光雄　黃昆輝

黃政傑　楊維哲　葉海煙　葉國良　廖達琪

劉滄龍　黎建球　盧美貴　薛化元　謝宗林

簡成熙　顏厥安（以姓氏筆畫排序）

策劃　楊榮川

五南圖書出版公司 印行

# 經典名著文庫

## 學術評議者簡介（依姓氏筆畫排序）

- 丘為君　美國俄亥俄州立大學歷史研究所博士
- 吳惠林　美國芝加哥大學經濟系訪問研究、臺灣大學經濟系博士
- 宋鎮照　美國佛羅里達大學社會學博士
- 林玉体　美國愛荷華大學哲學博士
- 邱燮友　國立臺灣師範大學國文研究所文學碩士
- 洪漢鼎　德國杜塞爾多夫大學榮譽博士
- 孫效智　德國慕尼黑哲學院哲學博士
- 秦夢群　美國麥迪遜威斯康辛大學博士
- 高明士　日本東京大學歷史學博士
- 高宣揚　巴黎第一大學哲學系博士
- 張光宇　美國加州大學柏克萊校區語言學博士
- 張炳陽　國立臺灣大學哲學研究所博士
- 陳秀蓉　國立臺灣大學理學院心理學研究所臨床心理學組博士
- 陳思賢　美國約翰霍普金斯大學政治學博士
- 陳清秀　美國喬治城大學訪問研究、臺灣大學法學博士
- 陳鼓應　國立臺灣大學哲學研究所
- 曾永義　國家文學博士、中央研究院院士
- 黃光國　美國夏威夷大學社會心理學博士
- 黃光雄　國家教育學博士
- 黃昆輝　美國北科羅拉多州立大學博士
- 黃政傑　美國麥迪遜威斯康辛大學博士
- 楊維哲　美國普林斯頓大學數學博士
- 葉海煙　私立輔仁大學哲學研究所博士
- 葉國良　國立臺灣大學中文所博士
- 廖達琪　美國密西根大學政治學博士
- 劉滄龍　德國柏林洪堡大學哲學博士
- 黎建球　私立輔仁大學哲學研究所博士
- 盧美貴　國立臺灣師範大學教育學博士
- 薛化元　國立臺灣大學歷史學系博士
- 謝宗林　美國聖路易華盛頓大學經濟研究所博士候選人
- 簡成熙　國立高雄師範大學教育研究所博士
- 顏厥安　德國慕尼黑大學法學博士

經典名著文庫048

# 論平等

# De L'égalité

皮埃爾・勒魯 著
( Pierre Leroux )
王允道 譯

# 經典永恆・名著常在

## 五十週年的獻禮・「經典名著文庫」出版緣起

總策劃 楊榮川

五南，五十年了。半個世紀，人生旅程的一大半，我們走過來了。不敢說有多大成就，至少沒有凋零。

五南忝為學術出版的一員，在大專教材、學術專著、知識讀本出版已逾壹萬參仟種之後，面對著當今圖書界媚俗的追逐、淺碟化的內容以及碎片化的資訊圖景當中，我們思索著：邁向百年的未來歷程裡，我們能為知識界、文化學術界做些什麼？在速食文化的生態下，有什麼值得讓人雋永品味的？

歷代經典・當今名著，經過時間的洗禮，千錘百鍊，流傳至今，光芒耀人；不僅使我們能領悟前人的智慧，同時也增深加廣我們思考的深度與視野。十九世紀唯意志論開創者叔本華，在其〈論閱讀和書籍〉文中指出：「對任何時代所謂的暢銷書要持謹慎的態度。」他覺得讀書應該精挑細選，把時間用來閱讀那些「古今中外的偉大人物的著作」，閱讀那些「站在人類之巔的著作及享受不朽聲譽的人們的作品」。閱讀就要「讀原著」，是他的體悟。他甚至認爲，閱讀經典原著，勝過於親炙教誨。他說：

> 「一個人的著作是這個人的思想菁華。所以，儘管一個人具有偉大的思想能力，但閱讀這個人的著作總會比與這個人的交往獲得更多的內容。就最重要的方面而言，閱讀這些著作的確可以取代，甚至遠遠超過與這個人的近身交往。」

爲什麼?原因正在於這些著作正是他思想的完整呈現，是他所有的思考、研究和學習的結果；而與這個人的交往卻是片斷的、支離的、隨機的。何況，想與之交談，如今時空，只能徒呼負負，空留神往而已。

三十歲就當芝加哥大學校長、四十六歲榮任名譽校長的赫欽斯（Robert M. Hutchins, 1899-1977），是力倡人文教育的大師。「教育要教眞理」，是其名言，強調「經典就是人文教育最佳的方式」。他認爲：

> 「西方學術思想傳遞下來的永恆學識，即那些不因時代變遷而有所減損其價值

的古代經典及現代名著，乃是眞正的文化菁華所在。」

這些經典在一定程度上代表西方文明發展的軌跡，故而他爲大學擬訂了從柏拉圖的《理想國》，以至愛因斯坦的《相對論》，構成著名的「大學百本經典名著課程」。成爲大學通識教育課程的典範。

歷代經典．當今名著，超越了時空，價值永恆。五南跟業界一樣，過去已偶有引進，但都未系統化的完整舖陳。我們決心投入巨資，有計畫的系統梳選，成立「經典名著文庫」，希望收入古今中外思想性的、充滿睿智與獨見的經典、名著，包括：

- 歷經千百年的時間洗禮，依然耀明的著作。遠溯二千三百年前，亞里斯多德的《尼各馬科倫理學》、柏拉圖的《理想國》，還有奧古斯丁的《懺悔錄》。
- 聲震寰宇、澤流遐裔的著作。西方哲學不用說，東方哲學中，我國的孔孟、老莊哲學，古印度毗耶娑（Vyāsa）的《薄伽梵歌》、日本鈴木大拙的《禪與心理分析》，都不缺漏。
- 成就一家之言，獨領風騷之名著。諸如伽森狄（Pierre Gassendi）與笛卡兒論戰的《對笛卡兒沉思錄的詰難》、達爾文（Darwin）的《物種起源》、米塞斯（Mises）的《人的行爲》，以至當今印度獲得諾貝爾經濟學獎阿馬蒂亞．

森（Amartya Sen）的《貧困與饑荒》，及法國當代的哲學家及漢學家余蓮（François Jullien）的《功效論》。

梳選的書目已超過七百種，初期計劃首為三百種。先從思想性的經典開始，漸次及於專業性的論著。「江山代有才人出，各領風騷數百年」，這是一項理想性的、永續性的巨大出版工程。不在意讀者的眾寡，只考慮它的學術價值，力求完整展現先哲思想的軌跡。雖然不符合商業經營模式的考量，但只要能為知識界開啓一片智慧之窗，營造一座百花綻放的世界文明公園，任君遨遊、取菁吸蜜、嘉惠學子，於願足矣！

最後，要感謝學界的支持與熱心參與。擔任「學術評議」的專家，義務的提供建言；各書「導讀」的撰寫者，不計代價地導引讀者進入堂奧；而著譯者日以繼夜，伏案疾書，更是辛苦，感謝你們。也期待熱心文化傳承的智者參與耕耘，共同經營這座「世界文明公園」。如能得到廣大讀者的共鳴與滋潤，那麼經典永恆，名著常在。就不是夢想了！

二〇一七年八月一日 於

五南圖書出版公司

# 導讀

## 平等——人類迄今爲止取得的一切進步之最後目的

台大政治系教授　陳思賢

勒魯是十九世紀的法國社會主義者，事實上，社會主義這個詞也是他首先使用才逐漸流行的。如果說，十八世紀的法國人被自由、平等與博愛三個口號所感動而發動了法國大革命，這場攪動舊世界的革命之餘波蕩漾不絕，卻使得十九世紀的歐洲人漸趨保守，陷於重新思考自由的尺度、平等的理由與博愛的可能性。所以我們看到，進一步深化法國大革命「衝決網羅」精神的社會主義運動在十九世紀不得不顚頊地前進，資本主義下的追求財富累積與社會持續階層化仍是當時歷史發展的主流。勒魯的《論平等》就是在這樣的氛圍中誕生，他要繼續扛起「革命的火炬」。

我們今日耳熟能詳的自由、平等與博愛，在當時是個偉大的發明，但是它走得太前面了，理論的根基尚不穩，遑論事實上成功的可能性。「是誰發現了這個崇高的口號？是誰第一個傳播它的？人們不知道。」但重要的是，它緊密聯繫了參與者的心靈與熱情：「……也可以說，所有的人共同地創造了這個口號。當法蘭西人民用它來作爲旗幟的時候，從字面上看來，它不屬於任何一個哲學家。」勒魯如此宣稱，「這第一個把三個詞合在一起的人，他從中領悟到政治的『福音』，得到一種全體人民在他之後也都得到的『天啟』」這就是那股能夠揭示生命意義的改革社會激情，相信它如同巨大風暴般可以倒海翻江、推倒舊制。形成這樣的一個口號「是否會令人感到突然呢？」不會，這個口號是「幾個世紀以來經過無數革命早已形成的一切事物的完整總結……對於近代幾個世紀發展方向的看法……」「它是永恆眞理的表現之一。」然而，畢竟十九世紀並未按照革命的口號演變，世局依舊動盪，人類社會依舊充滿壓榨剝削與蔑視奴役。勒魯對此提出的獨特觀點是：這一切都因爲「平等」未落實，而「自由」與「博愛」就成了空談。也就是說，他認爲平等乃是人類享有自由與廣施博愛的理由與基礎。於是勒魯在本書序言中，令人動容地指出，他撰寫此主題的動機乃是「哦！在愚昧、貧困和奴役中呻吟的我的弟兄們，你們是人類的絕大多數，我爲你們而寫作！我要設法讓你們那被埋沒的、被人踩在腳下的尊稱重見天日。」

勒魯本是想要在那個巨變的時代大聲疾呼「平等」的極度重要性，圖謀振聾發聵、影響世局，沒想到卻意外成就了啟蒙政治思想史上最奇特的一章：他「運用當代具有的嚴謹方法」，以歷史神學的角度論證了「追求平等」乃是人類作爲一個物種最終極的集體性意義，它是我們過去、現在與未來的歷史唯一的連結：「平等這個詞概括了人類迄今爲止所取得的一切進步，也可以說它概括了人類過去的一切生活。從這個意義上說，它代表著人類已經走過的全部歷程的結果、目的和最終的事業。」我們來看看他是如何論說的。

勒魯以爲，西方古代歷史直到耶穌出現才大舉「平等」的大纛。耶穌生於羅馬帝國時代，在此之前的希臘時期，無論其哲人、思想或是制度，並沒有眞正的平等觀念或現實。他舉了柏拉圖與亞里斯多德爲例，說明他們並不重視平等。首先，在我們心中深具「民主、自由」氣息的亞里斯多德之政治學說素來被後世推崇，但他的《政治學》已經證明了「古代不存在平等」。亞氏認爲只有公民間存在平等，婦女或外邦人等等都不夠資格論平等。更別提他公然爲奴隸制度辯護，這是眾所周知的。這種小圈子中的平等，勒魯認爲「……它卻成爲某些人爲謀求自由而不惜損害他們大批同胞的一種手段」。他覺得亞里斯多德代表了古代所出現的「鳥籠式平等」與虛假的平等，不是眞正的「人與人間的平等」。

再來就是柏拉圖，這位偉大的哲人其心智我們仰之彌高。在西方歷史中，他一向代表了「菁英主義」的形象，這是因爲他將人的靈魂分成理性、感情與慾望三個成分，並以涵蘊各成分之多寡劃分出三個社會階級。勒魯對此忿忿不平，主要是由於「在柏拉圖的《理想國》或《法律篇》這兩部著作裡，沒有任何文字表明他曾關心過第三等級，即手工藝者和勞動者，一句話，即人民大眾，也就是在他的理想國裡以及在任何社會裡人數最多的這個階級。」

所以勒魯提出了他對西方古代歷史最重要的觀察：「從柏拉圖直到耶穌基督這段歷

史時期，人類……缺乏新思想的光芒……」，哲學若要能「產生新的發展」，則人類需要「跨出一步」、「取得進步」。當羅馬帝國的奧古斯都統一歐洲後，「世界上出現了一個人，一位賢人，他來向世界提出一種共和國的新方案。」人類需要建立起一個新的國度，一種新的生活態度來彼此對待，否則最後就是沉陷罪孽與邁向毀滅，別無他法。他的訊息是愛，他的目標是「平等」：「他來爲沒有奴隸的世界建立一個烏托邦，一個相似於柏拉圖爲奴隸世界建立的烏托邦，這個人就是耶穌。」

勒魯直接宣稱，耶穌是「社會等級的摧毀人」，如同佛教的釋迦牟尼拒斥種性制度一般，耶穌就是「西方的菩薩」。法國大革命與耶穌的關係是什麼？自由、平等、博愛就是「十八個世紀後甦醒的世界對他作出的反響，把他尊爲最崇高的革命者，法蘭西革命承認他爲革命的準則和泉源。」啟蒙運動與他的關係是什麼？「世界在十八個世紀中雖然崇拜他，但並不理解他，而只有當人們對他不再迷信的時候，他才眞正被理解。」有一個創世者，一個救世主，他以犧牲自己的生命告訴人們：「所有的人只有一個軀體，一個靈魂」。耶穌的全部教誨就在於此，而聖餐禮就是體現它的一個比喻及過程：聖餐禮就是「平等之餐」，所有的人共食，也在耶穌之內連結成兄弟姊妹。

耶穌是偉大的立法者，但他實是繼承了古代立法者的精神，並賦予新的適用範圍。古代有平等的法律，但是限於同等級者之間；古代承認人與人之間的友愛，但是卻是等級內的友愛，他們否認人類的博愛。因此，勒魯在本書中，花了很大的篇幅（第八章到第十二章），去闡明這個事實：耶穌的法律，他的《福音書》，不是什麼史無前例的反常東西，而是「在他之前的立法的繼續、翻版和發展。」

「公共用膳」、「平等之餐」就是連結耶穌和先於他的西方立法者之間的這樣一個紐帶。所以本書第二部分中，勒魯費心追尋「平等之餐」的演變歷史，來說明耶穌的新立法——也就是體現平等博愛精神的「聖餐禮」，乃爲自古「平等之餐」精神的延續與極致化。就在這樣的一個神學歷史的追溯中，勒魯建立起社會思想、社會制度與神學間精彩的連結關係，這不但可視爲文化人類學的早期典範，也算是近代最傑出的政治神學研究之一。勒魯原本意欲說明「平等」乃是西方歷史中不曾間斷的法律精神與立法旨意，歷代都有所附益增添，卻不應在當代啟蒙工業文明中大開倒車，但我們認爲他無心插柳地寫出了思想史研究上令人耳目一新的作品。《論平等》一書算是近代政治哲學著作中的一個另類，它幾乎不依賴「自然權利」、「天賦人權」立說，而是由歷史人類學與神學史說明「在多少個世紀中，全人類灑下多少汗水……經歷的……苦難……其神聖目的正是爲了平等。」本書的附錄，〈關於人類的學說（警言）〉，也許才是我們理解他探析平等此一主題所使用之視野的線索。

最後，勒魯的析論也有一個特別的形上學面向。他認爲法國大革命所標舉的自由、平等與博愛固是人類政治生活最終的目的，其實也就是人類個體或是群體存有上的理想狀態。這三個理想與人類這種生物的形上學本質是密切相連結的。人的本質乃是知覺、感情與認識並存的高等生物，這是人的本性，也是如何定義人的最基本與最重要方式。因而，政治上「必須對人的本性的這三方面的每一方面都有一個相應的詞」。他在本文的第一章就開宗明義地宣稱：「與人的知覺一詞相應的政治術語是自由；與感情一詞相應的是博愛；與認識一詞相應的是平等」。人是一個表達性的動物，人的整個一生就是一系列的行動。用什麼詞來表達人表現的權利，因而也是他生存的權利呢？「這個抽象的詞，就是自由」。政治的目的首先就是在人類中實現自由。

再來，在政治上公民不僅是一個表現的人，也是一個「與別人建立實際上相對聯繫的人」。也就是說，公民不僅行動，同時每個行動背後必有感情，在公民全部的自由活動中，「他具有與這些活動相連的公民感情」。而何者足以表達可能產生或調節公民行動的感情？「……除了博愛一詞外，還有其他什麼詞能用在此處呢？」「公民的理想，就是對於所有其他人的愛以及與這慈善、與這愛相呼應的行動」。他認爲，如果沒有自由，「人的生存權利就是沒有得到承認」；如果沒有博愛，或者尚未表露博愛，「人的本性也就不存在」，也就是人的本性「既沒有確定，也未得到承認」。因此自由與博愛，就是人作爲社會性生物從事一切活動時的經與緯。

但平等與前兩者的屬性稍稍不同。不像自由與博愛，平等並不是人作爲生物的形而上本質，而是達成前二者的必要社會性條件。爲什麼我們知道平等是前二者的前提？這是因爲人除了知覺與感情外，還有認識的能力，也就是智慧。透過智慧，我們知道，除非人人平等，我們「由於生命的需要而要求自由的同時」，「在我們的內心接受博愛的同時」，我們無法必然實現它們；也就是說，我們固然有「行動的需要」和「愛的需要」，但平等卻是來自人類「認識的需要」——這可能就是亞里斯多德所謂的「實踐理性」的產物。

勒魯本人並不十分有名氣，他的《論平等》也不像其他思想經典般常被人引述討論，但是這本書是盧梭之後法國思想家傾全力投入於此主題的代表。而盧梭正是勒魯所心儀的前輩，在本書中唯一受褒多於貶的哲學家。有趣的是，他們二人都出身寒微貧困，成長過程備極艱辛，同樣地自學出身，因此對於平等這個主題之重要性有異於常人的體會吧？

# 譯者的話

這部譯著的主要校閱者肖厚德先生是武漢大學法語系教授，負責該書的「過去」即歷史部分；南京大學外國文學研究所的徐知免副教授承擔「現在」即現狀部分的校閱工作。此外，南京大學歷史系副教授張竹明在百忙之中爲原著中出現的古希臘文和拉丁文進行翻譯，使我們得以對作者研究的淵源，以及他在研究時的參考資料和書目等有全面的瞭解。承蒙商務印書館政治編輯室的許多同仁，尤其是陳森和狄玉明兩位同仁，爲本書的出版做了大量的工作，花了許多寶貴的時間。對於上述這些同仁提供的支援和幫助，謹向他們深表謝忱。由於本人才疏學淺，水準有限，翻譯中不當之處和錯誤在所難免，望讀者隨時批評和指正。

譯者

一九八六年十二月於南京大學

# 序言

我在本書中所要論證的內容是，現在的社會，無論從哪一方面看，除了**平等的信條外**，再沒有別的基礎。但這並不妨礙我們認爲：不平等仍然占統治地位。

難道上帝眞會啟發我們產生一種其實踐是空想的、難以辦到的思想嗎？要是這樣的話，上帝就不是我們心目中想像的永恆的造物主、生命的賦予者，無所不能和無所不愛的神了。

不，事情並非如此。平等的信條可以實現，並且一定會實現。然而它只有在我們的心靈和我們的智慧取得進步的條件下才能實現。這一平等信條是由我們的先輩傳給我們的一筆不完善的遺產，現在該由我們把它傳下去，而且要比我們接受它時更加光彩奪目，揭示得更加深刻。這信條就是出自我們過去的道德生活，我們應該賦予它更加豐富的內容以傳給未來。因爲存在的一切，反映在它的連貫性表現中，都是相互關聯的。萊布尼茲（Leibniz）[1]說得好：產生於過去的現在，孕育著偉大的未來。

十八世紀，伏爾泰（Voltaire）[2]滿意地從過去的黑暗中看到初露的曙光，他在孟德斯鳩（Montesquieu）[3]的書下面揮筆寫道：「人類早已喪失了他的尊稱；孟德斯鳩重新找到了它，把它歸還給人類。」其實，盧梭（Rousseau）才配得上這樣的誇獎。至於孟德斯鳩清楚他找到並歸還了什麼人類的尊稱，他贊成君主政體、貴族政治、貴族階級、僧侶、資產階級、平民階層，他贊成富裕和貧窮，一句話，他贊成形形色色的不平等。[4]

一些真正的詭辯家把盧梭當成了詭辯家，還嘲笑他那不朽的著作。為暴君效勞的虛偽和謊言成為反對他的武器，攻擊他在平等問題上除了感情的論證外，沒有帶來其他的論證。他們沒有想到，當盧梭勇於擔負起人類事業的責任時，他還缺乏形而上學和歷史學的知識。[5]就這樣，盧梭在缺乏必要的援助的情況下，只能發怨言，然而這種為了人類利益而發出的怨言是真實的、有依據的、不朽的，就像耶穌過去為了這同一個人類的利益而發出的怨言那樣是永存的。

盧梭大聲疾呼：「這就如同克魯居斯的塑像一樣，被歲月、大海和暴風雨嚴重毀損了，與其說它像上帝，還不如說它更像一頭兇惡的野獸。由於千萬條不斷出現的理由，由於獲得大量的知識和謬誤，由於人體體質產生的變異，以及由於感情不斷地遭受的打擊，人類的靈魂在社會內部已經改變了，也可以說變了個模樣，幾乎到了認不出來的地步；人們從中再也找不到總是依據確信的、固定不變的原則行事的人，找不到具有上帝標記的這種天堂的、莊嚴的純潔性，而只能找到相信推理的感情和狂熱的智力之間的畸形對比。」[6]

盧梭的全部著作就在於認識人類的靈魂高於人類的條件。人類的靈魂就是上帝，它是根據上帝的形象造就的，它像一頭猛獸。詭辯家們，你們把盧梭視爲詭辯者，而在整整一個世紀中[7]，盧梭的思想卻支配著人們，這種思想使得人類的精神振作起來：

一旦人被賦予崇高感情，
就連蒼天也爲之肅然起敬。

盧梭要在原始森林裡[8]實現理想，他大概是弄錯了。可是他指出了理想，並激勵人們在未來去尋找理想。

約伯（Job）[9]遭受著不幸的痛苦，上帝准許他蒙受恥辱，他在鋪灰的床上呻吟。當地的智者向他指出他的怨言是多麼徒勞，並最終宣布這種怨言褻瀆了宗教，冒犯了上帝。那些博學的人們，那些虔誠的人們，對現狀心滿意足，十分小心地絲毫不去指責上帝的事業；他們爭先恐後地反覆告訴約伯所有的古老格言和所有的共同點，根據這些，人們慣於使事實和現狀合法化。約伯身在黑暗之中，他只有上帝賦予他內心的正義感。但是，憑著這種感情的巨大力量，他竟敢提出異議反對上帝本人。他把他朋友們的告誡看作是虛僞的說教，並不斷大聲喊叫：「我很想知道上帝在何方，我要向祂申訴，祂會爲我伸張正義。」上帝出現了，並且宣布約伯有理，挫敗了堅決保衛著上帝事業的智者們。

盧梭就是這樣以感情的名義，爲人類的事業而辯護。他像約伯一樣，生活在黑暗之中；可是他也像約伯一樣，以銘刻在他心上的上帝的正義的名義講話。

從盧梭起，科學之所以取得進步，法國革命之所以宣告了人類的平等，人類的傳統如今之所以能更好地得到理解，基督教以及以往得到了釋義的全部宗教之所以只要求向我們提供武器，這一切多虧了他！哦！要是我能有他的力量該多好啊！我會把這股力量和當代的歷史學、哲學提供的援助結合在一起。我軟弱無能又有什麼關係？任何人不應該拒絕他內心深處感覺到的職責，何況我不願意在神聖的事業面前氣餒敗退，爲了這事業，盧梭經歷了痛苦，並把捍衛這一事業的責任交給了我以及我們這一代的人。

因此，我要在本書中，運用當代具有的嚴謹方法，重新探討盧梭提出的問題。我要尋求人類條件不平等的原因，並且我要用盧梭沒有運用的人類傳統和用宗教的信條本身去證實平等。

歷史將顯現在我的眼前。我將懂得人類本性的眞正定義。神聖的學說最終將誕生於我的胸中。這個學說把邪惡看成是一種必不可少的，但可糾正的缺點，它爲上帝辯護，對人類寬恕，同時它消除了在創造物的進展過程中和本書的最終目的中所出現的汙點和罪孽。

梭倫（Solon）[10]希望在民事爭議中，每個公民都公開地表示支持某一方。如果在人類當今的爭議中必須遵循梭倫法則的話，我要寫我支持奴隸反對主人，我支持弱者反對強者，我支持窮人反對富人，我支持地球上正在受苦的一切，反對利用現有的不平等，濫用創世主所贈與的一切。

確實，人類在他的所有孩子身上發出哀歎。這種普遍的痛苦，雖然由於人類的互相關聯，從本質上來說是共有現象，可它還是透過壓迫者和被壓迫者身上表現出來。我要指出，人類之中的一部分人受另一部分人折磨的這種恐怖情景究竟來自何處，亞伯被他兄弟該隱（Caïn）殘殺又怎樣在亞當種族內部無限期地持續下去。[11]

當然，罪惡的原因也有一部分是出自被壓迫者的惡習，並不是一切罪惡都是壓迫者造成的。如果不平等發展到觸目皆是，這錯誤不能只歸咎於強權者和有錢人。不過耶穌本人已為我們做了榜樣，要我們站在弱小者和下等人的一方，並為他們爭取權利，反對他們的進行掠奪的兄弟們和暴君。宗教是一切受苦者反對人間的一切統治者的支柱。因此我要像盧梭那樣，說出我並非辱罵的這番話：哦！在愚昧、貧困和奴役中呻吟的我的兄弟們，你們是人類的絕大多數，我為你們而寫作！我要設法讓你們那被埋沒的、被人踩在腳下的尊稱重見天日。

## ◆註解◆

【1】萊布尼茲（西元一六四六～一七一六年），德國哲學家和著名學者。——譯者

【2】伏爾泰（西元一六九四～一七七八年），法國哲學家、史學家、文學家，也是啟蒙運動思想家。——譯者

【3】孟德斯鳩（西元一六八九～一七五五年），法國思想家，著有《論法的精神》，提倡君主立憲制，建立立法、行政、司法三權分立的政治主張。——譯者

【4】我們不認為人們會責怪我們對於孟德斯鳩不公允，因為我們把一個本屬於盧梭的誇獎還給了盧梭，而不給孟德斯鳩。

【5】在盧梭那個時代，歷史學並不是一種科學，而是一種記功的敘述，一種斷章取義、零星的敘述。正如培根所說，歷史學的哲理曾經是一種「想望」，因為只是盧梭的努力才部分地激發了它。如果缺乏歷史學，至少是否還有另一種心理學可對人的事業進行恰如其分的推理呢？不，這種真正的心理學也許在萊布尼茲身上出現了萌芽，但是萊布尼茲遠非為人們所理解；而眾望所歸的倒是感覺主義，倒是孔狄亞克。

【6】見《論條件的不平等》序言。

【7】《論不平等》發表於一七五四年。

【8】作者提到盧梭關於不平等的論述，實際上就是他在一七五五年發表的論文：《論人類不平等的起源和基礎》。文章極力推崇原始社會，把這種社會描繪成是最美好的，最合乎人類理想的社會，同時指出人類不平等起源於私有財產的出現。以此為基礎，盧梭對封建專制制度進行了有力的批判。——譯者

【9】約伯在猶太人心目中，是受難者的象徵，他的遭難是由於伏罪於上帝的結果。——譯者

【10】梭倫（西元前六四〇～前五五八年），古希臘雅典詩人和立法者。他提倡一系列的政治改革和社會改革，鼓勵手工業、商業，促進雅典的經濟發展；他的立法主張是以財產特權代替出身地位特權，各階級在公民大會中應該一律平等。亞里斯多德認為，梭倫立法為古代雅典開創了一個民主時代。——譯者

【11】《聖經》故事中記載，人類的始祖亞當有三子：該隱、亞伯、賽特。亞伯是牧羊人，一日他以頭胎小羊

和羊脂，該隱以禾穀為供物獻祭上帝。上帝喜歡亞伯，而不滿該隱。該隱妒忌，在田間殺害了他的弟弟。故事比喻兄弟之間，家族和種族內部之間的相互殘殺。——譯者

# 目次

## II 過去

# Ⅲ　結論或過去的普遍規律

# I
# 現在

我們處於兩個世界之間：處於一個即將結束的不平等世界和一個正在開始的平等世界之間。

# 第一章

## 法國革命恰當地把政治歸結為這三個詞：自由、平等、博愛。

法國革命把政治歸結爲這三個神聖的詞：自由、平等、博愛。我們先輩的這個格言不僅寫在我們的紀念性建築物、錢幣和旗幟上，而且銘刻在他們的心中，他們把它視爲神的意旨。

爲什麼用這三個詞？爲什麼不是單獨一個或者兩個？不是四個或者更多呢？這裡面有深刻的道理。

事實上，我們在別處已經論證過，人在他一生的全部行動中都是合三而一的，這就是說**知覺**—**感情**—**認識**同時並存，因而在政治上必須對人的本性的這三方面的每一方面都有一個相應的詞。

與人的形而上學中的**知覺**一詞相應的政治術語是**自由**；與**感情**一詞相應的是**博愛**；與**認識**一詞相應的是**平等**。

人的知覺在生命的每個時刻都存在；這就是說，人是一個處於表現狀態的生命體，人存在多久，這生命體就表現多久。然而人之所以表現，只是因爲他的外部世界同時也在向他表現；因此人就產生知覺：他的生命的主觀性爲他帶來了客觀性。因此人的任何生活方式都包含著與其他人和整個宇宙的一定的相對性。人的整個一生就是一系列的行動；即使人只在思想，他也在行動。那麼，用什麼詞來表達人的表現的權利，因而也是他生存的權利呢？使用一個詞並不是爲了表達人生的任何時刻所必需的其他兩個方面，而只是表達處在人的同類和周圍世界之中的我們生命的這一個面向。總之，一個表達行動權利的詞並不直接包含著其他什麼意義。這個抽象的詞，就是自由。自由，就是有權行動。所以政治的目的首先就是在人類中實現自由。使人自由，就是使人生存，換言之，就是使人能表現自己。缺乏自由，那只能是虛無和死亡；不自由，則是不准生存。

但是社會的人，政治的人，總而言之，公民不僅是一個表現的人，也是一個與別人建立實際上相對聯繫的人；說這是一個人，因爲他具有感情。他不僅行動，同時也有感情，就在他行動的時候，他的活動也是帶著感情的。在公民自由的全部活動中，人就具有與這些活動相連的公民感情。什麼詞足以表達可能產生或調節公民行動的感情呢？我問的意思是，除了博愛一詞以外，還有其他什麼詞能用在此處呢？博愛的意思是：人的本性在他的全部活動中充滿感情；人在自己的同類面前，不可能在與他接觸時不跟他產生感情；公民的理想，就是對於所有其他的人的愛以及與這慈善、與這愛相呼應的行動。所以這個詞跟自由一詞本身一樣，對於政治的定義來說，是必要的；因爲如果人沒有自由就不能生存，那麼從這個意義上說，人的生存權利就是沒有得到承認。同樣可以肯定，如果沒有博愛，或者尙未表露博愛，人的本性也就不存在，從這個意義上來說，人的本性既沒有確定，也未得到承認。

但是這遠非問題的全部：爲什麼政治的社會應該根據自由和博愛進行調節？爲什麼一個眞正的社會，一個眞正人道的社會應該是人人獲得自由的博愛社會？每個公民都應該懂得其中的道理，他在這個問題上應該有一種信條：因爲每個公民身爲人，他不僅是具有活力和感情的人，也是具有智慧的人。他不應該忘記關於事物的這個道理。[1]作爲行動的人，人們對他說自由，他從自身認識到這個詞的眞實性；作爲感情的人，人們對他說博愛，他內心感到高興。然而他仍有一種官能尚未得到滿足，它就是智慧，就是認識事物的需要。於是就要有第三個詞來滿足這種科學的需要，這個詞用以闡明爲什麼我們人人都應該有自由的權利，爲什麼我們要有像兄弟般的相親相愛，互相幫助的義務，這第三個詞就是平等。

這個詞體現了整個一門科學，一門至今還模糊不清、被黑暗所包圍的科學；社會的起源和目的就隱藏在這個詞裡，如同隱藏在斯芬克司[2]的謎語中一樣。但是，在政治用語中，這個詞仍不失爲其餘兩個詞存在的理由。你們問我爲什麼我要獲得自由，如果我回答說我需要自由，如果我向你們說我具有表現自己的本能、天性和願望，或者簡單地說，我要生活，這顯然是不夠的；你們可以用你們自身同樣的本能，用你們這方面所擁有的同樣無限的權利來反駁我；並由此引起對抗、衝突、戰爭、無政府主義、專制主義。這是大地獻給蒼天的永遠淒慘的景象。只要智慧不介入、不表態，那麼權利就只不過是一個不引人注目的萌芽，它只是潛伏地存在著。只有智慧才能把它表達出來，並公開宣布它的存在。因此，如果你們問我爲什麼要獲得自由，我會回答你們說：因爲我有這個權利；而我之所以有這種權利，乃是因爲人與人之間是平等的。同樣地，如果我承認仁慈和博愛都是人在社會上的天職，那是因爲我思想上考慮到人的本性原是平等的。

你們提出地球上到處都是不平等的現實情況來反駁我，那是徒勞的。確實如此，不平等統治著地球的各個角落；我們也可以追溯到歷史上的某個時期，從中找到不平等現象，而消滅這種現象的那一天也許還非常遙遠。這有什麼關係呢？人類的思想已經超越不平等所帶來的貧困和罪惡的墮落，並設想出一個建立在平等基礎上的社會。然後，像寄託於眞和美的永恆源泉一樣，人把自己的理想寄託於上帝。有人說：雖然我很軟弱，我卻設想一個平等的世界，這個世界也應是上帝樂意的世界；它早在上帝心裡預先設想好了，原先它本出於上帝之手。不管我們來自某一伊甸園、某一天國，或某個美好的世界；也不管這個世界只是存在於上帝心裡和我們的心靈裡，它從未得到實現；儘管迄今唯一組成過的平等世界只有從前大自然萌芽狀態的世界，當時人類還處於與野獸很接近的原始野蠻狀態，我們仍有更充分的理由說，平等是自然萬物的萌芽，它出現在不平等之前，但它將會推翻不平等，取代不平等。這樣，從社會的起源和終止這兩方面來看，人類精神統治著現實社會，並把平等作爲社會的準則和理想。

如果說，我再一次相信自由，這是因爲我相信平等；我之所以設想一個人人自由，並像兄弟一般相處的政治社會，則是由於我設想了一個由人類平等的信條所統治著的社會。事實上，如果人們不能平等相處，又怎麼能宣布人人自由呢？如果人們既不能平等，又沒有自由，他們又怎麼能以兄弟般的情誼相親相愛呢？

因此，這第三個詞平等在口號中就代表了科學。我要強調說明，這個詞本身就是一種完整的學說。與其說它面對現在還不如說它面對未來，從這個意義上說，亦可稱作一種預言未來的學說；這種學說目前尚在醞釀階段，並在許多學者看來，它好像似是而非，捉摸不定，甚至也許是虛假杜撰的東西，可是它卻不亞於已經統治我們時代的任何學說。

但是正像我馬上要指出的那樣，平等的理論是最新的，可以說它是昨天才誕生的，從前的人在他們的革命中只知道叫喊自由，從基督教才開始宣揚博愛，這又有什麼關係呢？我說這些又有什麼用呢？問題是要瞭解僅是自由本身是否不無缺陷，僅是博愛本身是否也不無缺陷。我們是智慧、愛情和活力的化身；我們不僅具有活力和愛情，我們同時還具有智慧，這樣，問題就在於爲了使人類本性在我們身上得到眞正的滿足，在我們由於生命的需要而要求自由的同時，在我們的內心接受博愛的同時，我說，難道我們的智慧就不該宣告平等嗎？然而這跟光亮的白天一樣顯而易見。這個口號的最後一個詞適應人類自身認識的需要，正如其他兩個詞適應我們生命的另外兩個方面即行動的需要和愛的需要一樣。

因此這個口號是完整的。每個公民所具有的信條就是平等，自我表現和行動的動機就是自由；正確行動的道德準則就是人類博愛。這樣人類本性的三個方面都反映出來了。政治的原則和形而上學的原則正相對稱。像後者一樣，它也由三個詞組合而成，這三個詞沒有一個是多餘的，彼此互相配合，沒有重複。

誠然，自由、平等、博愛這三個詞具有更深的含義，而且從其中一個詞中能邏輯地推繹出其他兩個詞來。但是應該說，它們仍屬於不同的範疇，在這個意義上，它們與人類本性的三種官能是對應的，或者說這是人性的三個不同面向。事實上，你們對人反覆講人類自由和人人自由的話是沒有意義的，自由這個詞對他們來說只是一種行動的自我權利。由此可以看到他們的內在潛力和他們自身的活動能量；但是他們對別人的博愛之情卻並非直接由此產生。在任何時代，在任何國家，奴隸們總是以自由的名義，砸碎他們的枷鎖，推翻他們的暴君；自由這個適合於戰爭的詞，從未帶來寬容與和平。它也不能產生道義，雖然它表示生存、自我表現和行動的權利，但它既不能表達，也無法喚醒人的其他兩個面向，即感情和認識。同樣地，你們向人們宣揚博愛，只能用感情打動他們，卻無法給他們指明方向。基督教徒變為修道士，並接受了所有的專制主義。總之，那些對社會的起源和目的最深思熟慮的人，那些對平等具有最崇高想法的人，也仍然需要用自由這個詞來表達他們自己本性的尊嚴，並用博愛這個詞來表達他們自己和他人的聯繫。分開來看，這三個詞的每一個詞只表示生命的一個面向；儘管其餘的兩個面向，由於人類生命具有神祕的統一性，寓於另一個面向中；儘管這些詞的任何一個詞也因此包含著其餘的兩個詞（就像我們剛才所提及的），但是每一個詞，以它本身的含義來說，只是眞理的一小部分。但當這三個詞合在一起時，它們才是眞理和生命的最妙的表達形式。

我們先輩的神聖格言呀，你絕不是人們寫在沙子上的、狂風一吹就會消失的一些字母的隨意拼湊，你建立在生命最深遠的意義之上。你這個神祕的三角形，主宰著我們的解放，使我們的法律得到保證；你使得三色國旗在陽光中閃耀著戰鬥的光芒，甚至眞理也要從你身上汲取力量，就像代表耶和華名字的神祕的三角形[3]一樣，你啊，你正是眞理的反映。

是誰發現了這個崇高的口號？是誰第一個傳播它的？人們不知道。沒有人會創造這個口號，但也可以說，所有的人共同創造了這個口號。當法蘭西人民用它來作爲旗幟的時候，從字面上來看，它不屬於任何一個哲學家。這第一個把三個詞合在一起的人，他從中領悟到政治的福音，得到一種全體人民在他之後也都得到的啟示：革命中的激情，深刻的暴露並揭示了生活，如同那巨大的風暴有時會倒海翻江一樣。也許在最下層人民中間有這麼一個人，出於愛國主義的熱情，第一個把這三個過去從來沒有人聯用過的詞結合在一起。在這種情形之下，這個無產者感到非常自豪，並準備爲自己的祖國犧牲，就像斯巴達或羅馬的公民一樣，他大聲呼喊：自由。但是，我們和羅馬不同，基督教早成爲過去，法國的革命者記得是被卡米爾·德穆蘭[4]（Desmoulins (Camille)）稱之爲「長褲黨耶穌」的這種基督教；他的內心又要他宣告第二個口號：博愛。不過，他再也不是基督教徒，儘管他承認基督精神，但在智慧方面，他卻必須有一個信仰，一個信條。十八世紀並沒有白白過去，這個人閱讀過盧梭的著作；於是他宣揚平等。這三個詞符合我們認識、愛以及實踐我們的認識和愛的三重需要；同時也是對這種三重需要的完整總結，即對幾個世紀以來經過無數革命早已形成的一切事物的完整總結，例如古代各共和國的重大活動，中世紀的感情高漲，以及對於近代幾個世紀的看法。形成這樣的一個口號是否會令人感到突然呢？它是永恆眞理的表現之一。它表明爲何今天這個口號雖然在建築物和旗幟上已被抹掉，但它一旦公諸於世，就能獲得人們普遍的讚揚。是的，人們可以抹掉它，人們可以嘲笑它，但它絕不會因遭人踐踏而被眞正抹掉，或受到損害；因爲它是正確的，它是神聖的，它代表人們追求的理想，它象徵神示的未來，它已在理論原則上占據了優勢，它終將也有一天在客觀事實上贏得勝利，它是磨滅不了的，它是永存的。

## ◆註解◆

【1】這句話的拉丁文是：rerum cognoscere causas。——譯者

【2】斯芬克司：希臘神話中長著翅膀的獅身女怪，傳說她叫路人猜謎，猜不出即將路人殺害；後因謎底被伊底帕斯猜中，她即自殺。—譯者

【3】耶和華，原名Jéhovah，或Yéherah，即猶太教神雅赫維（寫作JHWH或YHWH）。但猶太教禁呼其名，故讀經時以Adanaï即「吾主」代之。後基督教神學家誤把Adanaï一詞中的母音嵌入JHWH，即成Jahweh，或Yahweh，讀作耶和華。這裡所指的神祕三角形是因為耶和華的第一個字母Y構成了三角形。——譯者

【4】卡米爾．德穆蘭（西元一七六〇～一七九四年），法國的政治活動家。一七八九年法國大革命期間，他參加了攻占巴士底監獄的戰鬥，後來又參加馬拉等人組織的科爾得利俱樂部。他創辦了《法蘭西和波拉邦特革命報》，積極宣傳革命主張，反對封建舊制度。一七九四年，他和丹敦同時被當時執政的雅各賓派處以絞刑。——譯者

# 第二章

**平等是一種原則，一種信條。**

有人枉費心機試圖否定或者貶低我剛才對於我們先輩的格言所賦予的哲學意義。他們解釋這個格言所採用的卑劣和骯髒手法在人類進步的敵人身上是屢見不鮮的。在他們看來，在世界上豎起這面旗幟的是腐朽和愚昧，而不是道德和天才，那些聽信他們的話的人，即那些卑鄙下流的傢伙，也許會貪婪地撿起這三個缺乏實際意義的詞，因爲這三個詞可以使他們生活放縱，並與他們的主人建立一種虛假的平等。最卑賤的感情、欲望和貪財，只會引起人們對這場戰鬥的叫囂而不是對和平的呼聲。因此，法蘭西在舉起這面旗幟的同時會使自己遭到玷汙；而且，在經歷這場浩劫和充滿失望的感受之後，除了確信平等是一種幻想外，就幾乎一無所獲了。

另一種雖不如此卑劣但同樣是庸俗的解釋則認爲，我們的法律和憲法的起草人對於平等一詞，除了今天已經付諸實現的東西即公民平等、法律之前平等以外，就簡直一無所知。似乎只要頒布一個國家的綱領，全體公民就會在某些方面按照法律行事；某些法律就可以適用於全體公民，人人必須執行。然而，事實上如同民法和刑法不承認階級，對待每個公民沒有區別一樣，其結果是，這樣的綱領從現在起就有可能實現，承諾的平等也有可能實現。對這些人的解釋，我們可以回答說，至少他們應該學會政治法律和懂得刑法，如果他們認爲只有一小部分掌握制定法律的公民才能享受平等，那他們簡直是瘋子。不過也有人不是這樣去理解大革命的公理的。在這一公理中，不是只談公民平等，而是談人類平等；另一方面，不是談一個或多或少受到限制的事實，而是談指導這個事實的一種權利。在作爲事實的平等和作爲原則的平等之間，存在著如孟德斯鳩所說的「天壤之別」。

是的，我要再一次強調，對於這個象徵，我們先輩的理解與上述的理解是不同的。這一象徵中的每一個詞代表一種原則，即一種信條，一道命令。象徵中的平等一詞不是說我們試圖創立一個全體公民人人平等的共和國，而是說平等是一種神聖的法律，一種先於所有法律的法律，一種衍生出各種法律的法律。

對於懂得思想的連續性的人來說，這其中有一個不容置疑的論據。他們懂得這些思想首先在某些思想家的著作中形成，後來又怎樣轉爲公眾的輿論，並在行動中付諸實現。我要問，在革命公式中，平等一詞是從何而來的？它來自盧梭。正是盧梭，盧梭的書籍，他的學派，把平等獻給了我們的革命。然而，在盧梭的著作中，平等幾乎構成了一種完整的學說。盧梭的每一篇著作都建立在人類平等的基礎之上；因爲在他看來，公民的平等本身，只是人們自然平等的一種形式和必然結果。因此，正當盧梭精神傳播到公民之間，並爲我們定下法律的時候，由全體公民大聲說出的平等這個詞就成爲一種原則、一種信條、一種信念、一種信仰、一種宗教。

# 第三章

## 這項原則今天已被公認為司法準則。

我要問那些不承認在人類平等中具有某種原則，或者說某種信條和某個戒律的人，爲什麼他們認爲下面的事實是不好的，是違背公正的，是違反健全的立法呢？比如說，一個父親今天仍像過去羅馬人所做的那樣，對他的兒子還掌有生殺之權，或者認爲一個主人可以殺害或傷害他的僕人而不受制裁，就像各國過去所做的那樣，或在奴隸制殖民地內還在發生的情形那樣。我要問爲什麼他們覺得在歐洲重新建立奴隸制和封建制是極不公道和十分荒謬的；相反地，爲什麼他們認爲最貧窮的人民採取反對最富裕人民的行動值得讚賞呢？爲什麼他們認爲不管受害者是誰，也不管罪犯是什麼人，對不法行爲和犯罪的刑罰應該一視同仁呢？

這樣，你們的司法原來是與拉西第蒙[1]人不公正地傷害和殘殺伊洛特人的司法有區別的，同時也是與羅馬人不公正地傷害和殘殺他們的奴隸的司法有區別的，也是與中世紀的貴族不公正地傷害和殘殺他們的家奴有區別的。你們不再根據傷害者和受害人的身分去定罪。如果今天一位王子殺害了一個平民，並用幾個巴黎鑄造的錢幣去贖他的罪過，你們就會認爲這是錯誤的。

但是爲什麼在人類的法律中會有這種變化呢？過去，在刑法方面，人們注意什麼呢？今天那些要使法律面前，人人平等的人們又在考慮些什麼呢？毫無疑問他們是根據一種原則進行調節的，他們當然不會像失去理智的人那樣胡作非爲；他們根據某個普遍的、神聖的、銘刻在他們心中的概念去制定立法。

然而這個概念、這種原則、這種規則、這種準則究竟是什麼呢？根據這個準則，過去法律所許可的許多行爲今天被視爲是罪孽，並爲人們所憎惡或受到懲罰。

這個原則，就是人類的平等。

事實上，你們不得不承認今天的司法並不在一個人與另一個人之間做出區別；既然這兩個人都具有人的特徵，他們在司法的眼中就是平等的。

如果說司法對於他們是公正的、不偏不倚的，那唯一理由就是他們都是人。父親所以無權殺害他的孩子，因爲人類的特徵也體現在小孩的臉上。富翁所以無權強制可憐的窮人，因爲人類的特徵保護著可憐的人去反對富翁。因此，只要因爲他是人，你得承認人具有某種權利。

你們不會認爲，發明這個規則是爲了使司法的管轄更爲方便，更爲正規化吧？這樣來解釋也是荒謬的。創造權利的東西（我指的是今天的權利）恰恰就是確認人們的平等。這種確認的平等先於司法，是平等創造了司法和構成了司法。如果一個生氣的父親或者一個嫉妒的丈夫能夠隨心所欲地報復或進行懲罰，那是因爲當時人類的平等尚未得到承認，也因爲弱者在強者面前一文不値或者說微乎其微。請你們相信，如果公眾輿論還在人類的種族之間製造區別的話，司法就會追隨輿論，這樣還會像古代和中世紀那樣產生兩種或三種司法。

有人力圖把今天的司法說成只承認同一種民族內公民之間的平等，這完全是徒然的。爲什麼在這種情形下，殺害一個外國僑民也要像殺害一個本國居民那樣受到懲罰呢？

請注意，這裡的問題不在於人爲法，而在於這些法的原則。我要馬上證實，公民的平等就像我們今天所理解的那樣是源於我們對一般人的平等的信仰；從上一世紀以來，這兩種信仰一直是不可分割的，而且是由同一種學說所產生的，人們不能反對人爲法，也不能用指明公民的平等經常取代人類的平等來否定我們對於人類平等的感情。我需要得到證實的是，當一些人不是我們的手足同胞，而受到種種暴行侵犯時，我們就完全視若無睹。

那麼你們自己在這一點檢查一下。我並不認爲這些是強加給歐洲人的暴行和折磨；歐洲各國公民有著密切的聯繫，他們之間不得不保持著某種司法方面的相互保證。但是那些黑奴販子要把奴隸販運到你們美洲的殖民地去。我告訴你們，那些殖民地的蔗糖和咖啡需要黑人去種植。無論是來自歐洲的白人，或是印地安人自己，都無法忍受在酷熱的陽光下勞動。這些墾殖者期待著黑奴，如果非洲人的奴隸制度不被肯定接受的話，他們的財產就會蒙受損失。而殖民地也就會結束。你們會用這一句名言回答我：「寧可犧牲殖民地，也不放棄原則。」人們竟那樣愚蠢地把這句話說成是對法蘭西革命的犯罪，而這句受到人們譴責的話，僅僅是良心的最高吶喊，是正義的呼聲，也是高乃依（Corneille）[2]曾說過的「不如去死」的聲音。

有人對你說，那些人是黑人，他們是夏姆（Cham）[3]人種，而你們是雅弗（Japher）[4]人種。對此，你就回答說，膚色的差別不能證實奴隸制的正確；你說，瑞典人比西班牙人皮膚白，但並不能從這句話得出任何結論。

但是有人還會對你說，過去那些教皇曾經敕書把統治非洲領土的主權授予歐洲人，而那些可憐的印地安人的偉大保護人——拉斯·加薩斯（Las-Casas）[5]曾認爲黑人淪爲俘虜是件正當的好事。你會說，教皇們所支配的是不屬於自己的東西，而拉斯以後也會贊同克拉克森（Clarkson）[6]的意見去解放黑奴。

最後，讓人們用《聖經》[7]對眾多的公民所宣布的滅絕的判決去反駁你們吧，你們將會厭惡地闔上書，將這些戒律歸咎於當時人類的愚昧無知。

因此，什麼都不能戰勝你們對正義的感情，這種感情並非其他，而是對人類平等的信仰。

這種信仰，可以說今天已自然地體現在所有完美無缺的智者身上，並產生了效果。外交官們制定了人爲法，還做出對買賣人口施以刑罰的規定。

我們的結論是，今天從人道思想出發，承認每個人僅就作爲人的資格而言，可享有某些權利；但是也可以反過來說，每個人都有可能具有和其他任何人同樣的權利。由此我們必然得出第二個結論，即如果我們還無法眞正行使這種權利的話，如果我們還太愚昧、太墮落、太貧困，以致無法在地球上組織人類平等的話，那麼這種平等仍然比我們所有的民族、我們所有的政體、我們所有的機構更優越、更高超。

## ◆註解◆

【1】拉西第蒙又稱為斯巴達，地處今日希臘伯羅奔尼撒半島的南部，是地中海、愛奧尼亞海、愛琴海海上交通的樞紐和必經之地。——譯者

【2】高乃依（西元一六〇六～一六八四年），法國劇作家，以《熙德》、《賀拉斯》、《西拿》、《波利耶克特》四大悲劇聞名於世。——譯者

【3】夏姆係《聖經．創世紀》裡的人物，是諾亞的兒子，後來成為埃及人、衣索比亞人、索馬里人的祖先。——譯者

【4】雅弗係《聖經》裡代表的族長，他是諾亞的兒子，後來成為印歐語系裡各國公民的祖先。——譯者

【5】拉斯．加薩斯（西元一四七四～一五六六年），西班牙傳教士和道明會修士。他在南美洲和安地列斯群島以所謂保護印地安人的名義，實際上推行的是一種改頭換面的殖民主義政策。——譯者

【6】這可能是作者在引證時的一處筆誤，把薩繆爾．克拉克（Samuel Clarke）誤植為克拉克森。克拉克（西元一六七五～一七二九年）是英國哲學家和神學家，早先研究笛卡兒哲學，主要作品是《論存在和上帝的屬性》，其矛頭與霍布斯和斯賓諾莎的觀點針鋒相對。他在與萊布尼茲探討時間空間的書信來往中，他的立場贊成牛頓的現實主義觀點，反對萊布尼茲的唯心論。——譯者

【7】摩西，《聖經》故事中猶太人的古代領袖，向猶太民族傳授上帝律法的人。——譯者

# 第四章

## 當今社會，從某方面觀察，除此原則外，別無其他基礎。

凡是不願看見人類平等原則的人，至少應當承認存在著一種公民平等的原則。我理解的公民平等是公民在刑法、政法、民法各個方面的平等。

事實上，如果我們從某個角度去觀察今日歐洲大部分社會，我們就會發現，這種公民平等不僅在現實中已經確立，而且在法律上也已經頒布。比如，當代法蘭西呈現的是一幅什麼情景呢？

第一，這個國家作爲一個統一的整體出現在國際社會之中，它是一個準備捍衛自己的權利的整體，因此，它以自己的軍隊爲代表。那麼什麼是組織軍隊的公認原則呢？是平等。因爲可以說所有的公民都要服兵役，而每個士兵（我記不得是哪一位君王說過的）都可能成爲法蘭西的元帥[1]。當然我知道這根本不是事實，無論哪裡，到處都是不平等。富人可以世襲，對於勇氣、才能的眞正競爭是不存在的。有些人依靠他們父母財產的特權，像舊制度下的貴族一樣，從學校畢業就成爲天生的軍官，或者至少可以享受一種專門教育，爲他們的升階晉級鋪平道路。另一方面，手工業者和葡萄園工人的兒子，無論他們的才能如何卓越，也無論天性賦予他們的勇氣多麼恢弘，他們獲得的一切恰恰只能當一名無名小卒。不，平等事實上並不存在；但好在原則已經宣布，並爲人們所公認。

第二，國家制定法律並進行管理。我承認，平等的原則在這一點爲得到人們的公認，曾遭遇很大的阻力。貴族階級和君主制度最初頑固地進行抵抗以便保存其所謂的法權和權力的東西：因爲這是我們首次革命。後來這個君主制度和這個貴族階級被推翻，又出現了莫名其妙的什麼僞君主和僞貴族階級，他們企圖取代前者登上王位：這就是第一帝國和君主復辟制度。它們後來又被推翻，而這一次是第三等級。它依靠人民，並由人民贏得勝利，但在它的內部又湧現出熱情的貴族學者，他們自稱立法權和政府只屬於他們：這就是今天我們眼前的尚無名稱的國家。但是，我最後要問，你們反對人民的主權，就是說反對所有人的權利，反對平等，那麼你們的另一個原則是什麼呢？從文字上來說，這個權利本身不正是在你們憲章的最後一條中乃至在我們初期的憲法裡陳述過的嗎？難道我們沒有看見所有違背眾人意願的另立一套政權的政府都完蛋了嗎？儘管絕大多數人還得不到政治權利，難道不是已經承認法律是由某些人以全體的名義擬訂出來的嗎？這樣以虛構代替眞實，至少可避免權利的失效，或者可以說國家之所以得以維持，乃是由於權利得到公認，並宣布假如取消這種權利，假如取消代替權利的這一虛構，社會也就失去了基礎。

第三，國家從事農業、工業、商業，但又是什麼原則支配著這些不同的勞動呢？是名之爲自由競爭的平等。可是我知道，在這方面實際上占優勢的是最可怕的不平等。眞正的競爭並不存在，因爲只有一小撮人占有勞動工具，其他人不得不在悲慘的情況下淪爲工業奴隸。一些人是土地、機器和一切生產原料的主人，而這些生產原料是全體人民的才智在以往各個世紀中創造的，或者是一天一天不斷地發現的。生產是爲了這些人，並根據他們的消費來安排的；這樣的生產，跟它應有的目的相比，是非常渺小而可憐的。至於勞動者，他們只能得到工資；他們彼此爭奪工資，他們和牲畜、機器——他們的眞正競爭者——爭奪工資。他們的生存，即幾百萬人、幾百萬我們的同輩、同類、兄弟、同胞的生存都服從於形形色色的資本擁有者的目光短淺、粗心大意、庸碌無能、感情衝動、一時狂熱所帶來的種種命運和機緣。社會在宣布競爭的同時，直到現在並沒有做其他事情，只做了一件大醜事：這就是把社會組織得活像一塊圈地，一群被捆綁和被解除了武裝的人在裡面，聽任另一群用優良武器裝備的人恣意宰割。勞動或工業中的那種自由景象實際上非常類似土倫的苦役犯監獄。但無論如何，既然人人有權從事工業，享有財產這一點已被宣布，並得到公認，人民就已經取得了偉大的勝利。

第四，在刑法中，也處處都宣告了平等的同一原則。

如果人們認爲我是上當受騙，如果認爲我是被大量布下的誘餌所迷惑，而狂熱地以爲我們的刑法是人人平等的，因此我們就具有再好不過的公正的話，那就大錯特錯了。事實上，對於這些我連一個字都不相信。但是，如果認爲眞正的刑法平等實際上占優勢是錯誤的話，那麼認爲一種粗糙的刑法平等實際上已經建立卻是正確的；如果認爲刑法平等的原則，如同我們今天所理解的那樣，就是司法的原則本身是錯誤的話，那麼認爲這個原則是司法的影子和通往眞正公平的道路則是不正確的。對於這一點，我想進一步加以闡明。

要使司法在窮富之間一律平等，首先當初就不應該區分窮人的孩子和富人的孩子；換句話說，應該使人人接受公民教育，正如社會契約早已頒布的那樣；孩子們應該不分出身，人人得到同樣的道德教育，然後從同一個起點共同前進，孩子們就會眞正地以高尚的道德進行鬥爭。如果他們做了什麼壞事，這時歸咎於他們就是合理的了。但是我要問，對一個不幸的傻瓜，一個因爲先天的條件不好而沒有受教育的人，或者一個由於貧困和生活不下去而不得不走上犯罪道路的人，和對一個任何事理都無法開導或是罪無可赦的人科以同樣的刑罰，這是什麼司法？你們要像懲辦成年人那樣地去懲罰一個未成年的人嗎？不，因爲你們考慮到他年紀小。多少成年人，由於缺乏教養而眞正成爲社會上的少年，應該把他們看作未成年人！司法，就其本質而言，就是平等：愈缺乏平等條件的地方，我就愈難看出在刑罰平等上有什麼司法。當你們爲了爭奪獎金讓兩匹馬賽跑時，你們絕不允許一匹馬上的裝載量比另一匹馬增加一倍；在這件事情上你們具有平等的興趣和感情，甚至連跨在馬鞍上的賽馬騎師也得稱一稱重量。可是在人類的刑律方面，你們卻是另一套做法。對於一個富翁的偷竊行爲（當你們懲罰他的時候），和一個窮人的偷竊行爲，你們卻科以同樣的刑罰。難道你們看不出窮人身上的負擔要比富翁重一千倍嗎？

現在讓我們轉到上述主題來吧！假設不管人們所處的各個社會階層是如何的不平等，輕罪的刑罰應當一致。這種平等的司法，這種平等的懲罰是否會發生呢？大家都認爲會發生的，人人都這樣說，而且常常流露於言辭之間，人們甚至站到屋頂上大聲叫喊，但這仍然是一句謊話。

請你們查詢一下統計資料，它會告訴你們哪些階級要進監獄、苦役勞改所和上斷頭臺。有一個社會，那裡的人只要一犯罪就會落入法網或憲兵手中，那就是窮苦階級。還有另一個社會，那裡有些人幾乎犯下種種的罪行，但他們可以不受刑法處分，或者至少不必害怕它：那就是富人階級。司法是一個瞎眼的波利菲莫斯（Polyphèmes）[2]，一個畸形的、粗野的希臘獨眼巨人：富人，受他們彬彬有禮和天真可愛的神色的庇護，可以免受打擊，就像宇利斯[3]及其夥伴從地洞裡逃出來時躲避在羊群的白色羊毛下面一樣。

普通一個平民都願意掙得比他能用誠實的方式賺到的更多的工資：他除了使用暴力外別無他法；他當了小偷；人家把他逮住，關押起來，對他進行審訊，並判他在船上服苦役。而一個有錢人當了小偷，一個上等階級的人當了小偷就大不相同，他的命運要好得多；他可以隨心所欲地施展他的本領；他盜竊十萬法郎，比別人偷一個蘇還要方便。請實實在在地觀察一下上等階級的獲利經營吧，並請告訴我，哪些營業裡沒有偷稅漏稅，哪些屬於非一般性的、反常的，亦即違反規定的，而又幾乎從不受到懲治。誠實、正直和珍視榮譽，這些難道是工業大臣和財政大臣的固有特徵？當代有人爲某些資本家創造了「猞猁」這個外號；但是，在這片陰森森的森林裡，今天的人都爲了搶劫財富而愈來愈瘋狂地你爭我奪，所有資本家都是「猞猁」。在這些被貴族院議員喻之爲金融鉅頭的下層，則是財產並不是很多的投機商，再後是地位更加低微的其他一些人。可是他們會更純潔嗎？人們說，有多少可恥的經商，就有多少缺德的賭博，就有多少非法利益用來購買已經取代了過去的終生爵位的官職！這難道是商業本身所具有的正大光明嗎？但是誰不埋怨今天的商業到處是堵不住的偷稅漏稅，爾虞我詐成爲商業的靈魂，招搖撞騙構成商業的神經呢？此外，每個良心不純的、把商業作爲其職業的人難道不總是爲了孤注一擲，利用他人的破產而發財致富的嗎？

我這樣設想，一個人誕生在上層階級之中，或被接納在這些階級之中，他非常貪婪，不怕受良心的責備，因此要不惜採用一切合法和非法的手段去發財致富。他被奢華所誘惑，他會自言自語地說：我將獲得所有這些財富，我將擁有別墅、地產和僕人；我生來就是當王侯的料；我就是阿卡迪[4]的王子。這種人缺乏道德，一味追求權勢和富裕，權勢是爲了變得富裕，富裕是爲了有權勢，他在許多方面酷似送往苦役船上的小偷。我得承認這個人思想敏捷，智慧過人，這是眞實的；可是我推想他缺乏優良品德，從道德方面來看，他是一個眞正的蠢貨。多少人就成了這個模樣！司法沒有辦法對付他；那麼，到什麼時候人們才見不到他往上爬呢？倘若他瞧不起商業、財政或者訴訟法，那他就去當政治陰謀家。他如果當新聞記者，他會把讀者對他文章寄託的信任出賣殆盡；他如果當上議員，他會把選民的託付賣個精光；如果有人指責他這種做法，他會運用部長的寬容在必要時聽命於選民，他會說：我有權利賣掉他們，因爲他們是屬於我的。爲什麼這個人不去當部長呢？人們有時看過類似的奇蹟。於是他會賣掉或透過他的情婦轉手賣掉國家的官職，或者利用國家發行的有價證券進行投機鑽營。我們可以舉出一大批或多或少類似這個典型的例子。出眾的外交家，爲了金錢而叛變，出賣了他們祖國的利益；誠實的人民議員爲了他們的地位出賣了他們在議會裡的選票；各種不同身分的謹慎的官員利用他們的職權謀取暴利；勇敢的將軍們貪汙士兵軍隊的必須生活物資；虔誠的傳教士和神聖的主教濫用宗教的威嚴撈取遺產，類似這樣的一群群小偷慣竊眞是數不勝數。

但是在上層階級中，允許犯罪行爲是否就到此爲止呢？是否它只限於僞裝得很巧妙的走私呢？不，一切可能的罪行到處都是與財產的多少成正比的；所有的放蕩縱慾都可以在金子的堡壘後面肆無忌憚地得到滿足。洛佛拉斯（Lovelace）[5]用他的金子掩護自己，就像過去用他的地位和貴族身分作掩護一樣。有錢的塔士夫[6]能夠不受懲罰地施展陰謀詭計，到了戲劇的結尾，下級軍官還無法逮捕他。

我剛才設想當代某一個人能把下層的卡多什（Cartouche）和曼特蘭（Mandrin）[7]的大膽行爲轉移到上層階級和它們所占的職務之中，這種假設可能成爲現實。具有貪婪靈魂和雄才膽略的人們認清了本世紀的風氣，他們更換了布景，把苦役船和監獄留給了蠢材，而他們只管收受花冠。他們成了被諷刺的對象，這是眞的，然而，這對他們來說又有什麼關係呢？也許這種諷刺正是他們自己造成的呢。羅伯特·瑪蓋爾（Macaire (Robert)）[8]就是描繪上流社會中允許犯罪，不受懲處的一首詩。這個強盜從事一切非法勾當，拿信任、友誼、愛情以及種種做作的感情去做交易；都能大獲成功。實際上，我們這個時代就是這樣的。卡多什和曼特蘭裝扮成銀行家的模樣，在大庭廣眾之中公然估算，必要時，在司法機關羅列出他們擁有的資本。上世紀早該套上絞刑繩索的一個人口販子就無恥地說道：「人們不會絞死一個擁有十萬家產的富翁」，如今類似這樣的人非但不會被絞死，而且還恢復他一切榮譽。

有時，只有幾個上層階級犯下罪行（我指的是由法典正式肯定下來的罪行）的案例偶爾被發覺，但如果要追究就要花很大的力氣。然而，即使這樣，還有人替他們大聲疾呼，阻止揭露這種醜聞，說類似這樣的案例會使人民失去在道德風尚上對統治者所抱持的信仰，又說如果這些體面人被這樣揭露的話，社會的榮譽就會受到損害。假如社會只靠欺騙而生存的話，這樣的社會也太誠實了！

在這一點上，我們的身體也沾染了陰影，我情願承認我們被表象所欺騙。刑法上的平等，如同今天我們所瞭解的那樣，只是用以掩蓋和隱藏可悲的不平等。不過究竟需要多少世紀才能達到這方面的平等呢！如果眞能達到，這眞成了奇蹟了。讓我們回想一下，羅馬帝國在整個共和國期間和實行帝制後很長時期內，任何奴隸都可以被他的主人處以死刑，而不會引起司法的注意。直到阿德里安（Adrien）[9]才制定出一項法律制止這種殘殺。不過，他制定的這一項法律只反對無緣無故地殺害奴隸；而殺害奴隸的權利仍然保留。今天每個人的生命和財產不僅僅在物質上受到法律的保護，而且認爲鎮壓犯罪行爲對每個人來說都是一樣的，司法一律平等地注視著每個人，並不因爲他富有而不受懲處，也並不因爲他窮困而判以重刑。今天爲了維持和安定國家的局面而必須做出的這種設想，應該說是人類的一個可喜的進步。

第五，平等的同一原則也調整著公民之間的契約和合同，並保證它們的執行。

我清楚地知道在這方面還只是一種虛構；知道窮人跟富翁訂立合同，在訴訟中從來得不到關於窮人的權利不致喪失的保證。我認爲所有下面這些情況都會爲窮人帶來不平等，如訴訟程序中的千百種騙局，訴訟所需的昂貴費用，以及富人手下擁有忠僕、律師、公證人、執達員和一大批從事訴訟的人員爲之出力的方便。讀一讀邊沁（Bentham）[10]所寫的關於司法機構的文章，你們就知道寡婦和孤兒的權利究竟是什麼了。總之，法官的公正盡可能爲法律充當堡壘。因此這裡也存在著平等的原則，而權利則建立在這個基礎之上。

第六，關於平等的原則，這裡另有一種更加令人驚奇的說法。誰能在中世紀就預料到這樣的時代將會到來呢！在那個時代，最普通的一個公民的思想在法律方面被認爲不只是與僧侶或受過落髮禮的牧師，也不只是與主教或大主教的思想是平等的，而且與羅馬教皇的思想也是平等的；在那個時代，對於整個教會都是統一的並由二十次主教會議支持的教皇聖旨，任何人，甚至是愚昧無知的人都有權表示拒絕，提出他自己的反對意見，他不只是在祕密的靈魂深處反對，而且是公開地用口頭、書面或一切可能的方式表示反對；在那個時代，一句話，在認識的事物方面，誰也不隸屬於誰；在那個時代，任何一個人都有可能成為教皇。這些事情終於發生了：因為你們在思想自由、言論自由、信仰自由、宗教哲學自由、宗教信仰自由的名義下還能宣告什麼呢？無非就是精神平等、智慧平等吧！

我知道，這裡的平等仍然不過是一些謊言罷了，因為這種平等所給予的權利，如果要加以運用，人民就必須有可能從事智力勞動，或至少有時間參加精神活動。這眞是一條波瀾壯闊的河流，它緊靠我的身邊流過去；倘若我不能從河裡汲取點滴河水來潤濕我的嘴唇，這條如此美麗、水源如此豐富的河流對我又有什麼意義？這就是人民的命運：人民有智慧的自由，可惜他不可能去使用它。

我毫不喜歡人們天天為公認的思想權利所設下的那千百種微不足道的障礙。制定法律限制創作自由，對於信仰自由進行有形或無形的迫害，對於宗教信仰自由做種種阻撓，所有這些都是當權者挖空心思設下的馬基維利（Machiavel）[三]式的陰謀詭計，他們零打碎敲地把他們原來成批許可的東西都偷偷地弄走，這一切在這類主題上是不值得加以注意的。我讀的是組織方面的一般缺陷，它已經宣布的人人享有智慧的權利變得虛無縹緲。既然在今天這個社會裡任何東西都是無組織的，這智慧的平等，事實上只是一種幻想，雖說從權利上得到公認。絕大多數人民無權參與智力生活；他們如同野蠻人一樣生活，聽天由命；因為人民要自己管理自己，現在只剩下感覺、需要和粗暴懲罰的威脅。仔細看看你們的城市和鄉村，調查一下是否確實實行了思想自由和宗教自由。也許那裡存在平等，但只不過是一種虛假的平等。例如，里昂工廠裡七萬五千個絲織工人是否廣泛地運用了如此慷慨賜給大家的思想權利呢？這些可憐的人們，他們一生下來，剛剛能夠有規則地移動手臂，他們的父母被飢寒所迫，就考慮要利用他們。於是他們白天跟織布機在一起，晚上就睡在織布機上面（這就像一種吊床似的可以節省很多空間），他們就這樣開始了一輩子從事的勞動。一個人的生命將在永遠以同一種方式移動手臂中度過。他們變成了機器，變成了織布機的不可分割的組成部分，就好像這架織布機就是他們的一個部分一樣。這些工人和織布機構成了一個運轉的整體：他們是這架織布機的靈魂，但是他們自己卻缺乏靈魂。我說他們好像正在織網的蜘蛛。蜘蛛捕捉昆蟲用以充飢，牠只是服從牠的本能，牠並不具有智慧。而里昂的絲織工人，編織他們的網是爲了捕獲一塊麵包和一塊乳酪，作爲每天的食糧。不過，也許在這些手工業者的兒子中間，會出現一些人才，他們有的從大自然領受了計算行星規律的使命，農民的兒子拉普拉斯（Laplace）[12]就是一個；也有的肩負歌頌美德，減輕人類苦難的使命，農民的兒子維吉爾（Virgile）[13]又是一個；還有的接受了把人類引向上帝的任務，比如雕刻匠的兒子蘇格拉底（Socrate）或鐘錶匠的兒子盧梭。當蘇格拉底和維吉爾活著的時候，當盧梭成名的時候，當拉普拉斯誕生的時候，權利還沒有宣布；今天，多虧了這些人以及他們同時代的人，權利已被宣布。可是如果總要出現什麼奇蹟才能使一個被不公正地埋沒於黑暗當中和匿跡在下層社會裡的天才重見光明的話，這個權利的宣布又有什麼意義呢？事實上，社會就像吝嗇鬼普魯托[14]一樣的殘酷無情，很難能讓奧爾佛（Orphée）[15]從地獄裡爬出來。人們不過偶爾看見一個靈魂從深淵中出來，而其他更多的靈魂卻永遠沉沒在深淵之中，於是就對今日的平等發出讚賞的呼喊。唉！難道你們沒有看到你們這種驚奇本身不就是壓抑智慧的不平等的證明嗎？

然而是否僅僅爲了少數幾位生下來就可能夭折的稀有天才，我們就應該有憐憫心並流眼淚呢？應該說這是爲所有的人，因爲大家都有值得我們憐憫和流眼淚的遭遇。我說的是所有這些孩子，所有這些人；我說的也是智力上的最弱者和最強者，人人都毫無例外。我說，根據你們智慧平等的原則，凡是上帝創造智慧的地方，也就是說凡是有人生存的地方，人就有權利成爲一個眞正的人，並且要過與野蠻人完全不同的生活。耶穌說過，人不僅僅是靠麵包生存，還要靠陽光和眞理而生存。然而哪裡有陽光？哪裡有眞理？哪裡有現在的社會分配給他的孩子們的精神食糧呢？

你們會對我說，社會上有一部分人註定要從事勞動，這是必要的，不可能出現另外的情況。你們若相信這一點，你們應當把你們演講中的思想自由、創作自由、宗教自由等這些大字眼全部刪去；或者承認你們同意對上述問題這樣理解：如同剛才我說的那樣，是一種全面的否定和空虛的平等。思想自由、表達思想自由、宗教自由，在一個三千萬人口的國家中只適用於幾百、幾千人，我看這就是不平等。在一個十萬人中只有一人享有這種特權的地方，用「奴役」這個詞稱它比用「自由」這個詞更爲恰當。你們應當說智慧是奴隸，並說智慧在奴役中漸趨衰竭，而不應當說智慧是自由的。

但是，你們眞的會認爲所有的人都不可能運用他們所具有的智慧功能嗎？因爲勞動是我們本性的一種必需，你們難道會認爲由此可以得出結論，一大部分人就應當被剝奪精神生活嗎？你們一定不會這樣想的，因爲你們回想過去。過去有一段時期，基督教統治歐洲，與公民的社會和無信仰的世界同時存在的是教會，它們跟凱撒（César）[16]針鋒相對。不過，那時候智慧平等尚未宣布，更談不上智慧自由得到公認，可是人人都能運用智慧。實際上，任何人，哪怕原先有過奴役的各種標記和貧窮的各種斑點，都可以進入精神生活的範疇中去。知識之門人人可進，精神食糧屬人人所有；活躍的源泉對任何人都不關閉。教會是精神領域，它接受所有的靈魂，而且這些靈魂都能在裡面生活和得到滋養。我還要再說一遍，哪裡沒有平等，哪裡就沒有自由。有兩個世界，一個是教士世界，另一個是世俗世界。唯一的平等就在於把精神食糧賜予所有的人；但是準備這種食糧的權利並不屬於所有的人，因此這種食糧對於僧侶和平民來說就不一樣。教士把麵包賜予世俗人，而爲自己保留了甜酒。靈感的酒杯屬於他們，不太豐盛的食物則交給平民。由此產生了一種令人可怕的不平等，神權政治壓迫著整個世界。負責準備大家智慧食糧的那些人分給平民的只是一些腐爛的食品，這時就有威克里夫（Wiclef）[17]和楊·胡斯（Huss (Jean)）[18]這兩位偉大的殉道者出來爲大家收回酒杯，亦即平等的權利。是的，那個精神境界本來就應該推翻，並在它的廢墟上宣布平等。可是事情又怎樣呢？那個精神境界雖然被摧毀了，但是在它原來的位置上什麼也沒有建立。於是那些富人，那些無所事事的人，唯有他們繼承了智慧大廈的殘餘。他們拿這些遺產做什麼呢？問題不在這裡。我們要問，人民繼承了什麼，占有了什麼？一無所有。那麼他們為人民做了些什麼呢？什麼也沒有做。他們留給人民的是他們自己早已拋棄的這種宗教，他們認為這種宗教對於人民還是適用的。事實並非如此。人民跟你們，即他們高貴的主人們一樣是不信宗教的。人民不比你們更相信教皇，不比你們更相信本堂神父，不比你們更相信耶穌基督（Christ）的神性，也不比你們更相信未來的生活、天堂和地獄；甚至我可以說他們不比你們更相信上帝。總之，人民和你們一樣擯棄了道德觀念和宗教觀念。不管怎樣，你們需要有一種宗教，以便說人民信奉宗教，這樣你們的身後就不用拖帶著像野蠻人似的一群群奴隸了。現在你們做什麼呢？你們在憲章上明文寫著：天主教是法蘭西多數人民信奉的宗教。你們這樣在一隻空瓶子上貼了一張虛假的標籤，於是就心滿意足了。但是你們自己清楚，這只是一種虛構，天主教並未在法蘭西占統治地位，絕大多數人民並不信奉宗教。

那麼，這些註定從事勞動，並擯棄了宗教的人們，他們過著一種什麼樣的精神生活呢？什麼時候是他們提升自己的時候呢？就是說，當他們的身體在休息中，他們嚮往上帝，熟悉上帝的事業，學習事物的道理，贊同世界的秩序，乃至接受他們自身的不幸，這些時間究竟在哪裡？那些調整他們的行動，彌補他們的缺陷，指導他們改正錯誤的信條又在哪裡？總而言之，他們智力的鍛鍊和理性的修養又在哪裡？這一切在今天已經不復存在，因為它們早已過時了。有錢人濫用人類的知識，就像對待一個獵物那樣棄之任之，隨意擺布；他們與其說是用知識來營養自己，倒不如說是用來毒害自己，而人民卻被剝奪了接受知識的權利。

因此，我說思想自由、表達思想自由、信仰自由、宗教自由等大話，對絕大多數的人來說，並沒有任何意義，它只是一種無法實現的權利，一種毫無效果的潛在力。但是當我觀察人類進步的過程時，就認爲這一段被剝奪的時期，對於人民的事業來說，要比上一階段可貴，而且可貴得多。事實上，值得考察的不是現在，不是現在本身，而是跟過去比較的現在和跟將來比較的現在。今天已經宣布人人都擁有智慧的權利，這是一次巨大的革命，因爲已經宣布但未能實現的權利遠遠勝過沒有賦予權利的應用。請你們相信，權利的應用，將會再次到來；這一回，獲得了權利的應用就不會產生神權政治和迷信，而會產生民主和宗教。各種各樣的智慧將在精神盛會上再一次獲得應有地位的這一天將會到來，但到了那時不會再有教士和無神論者的區別了，無神論的世界就變成了教會，而平等將在雙重範圍內取得統治，即世俗統治和教會統治的司祭長和國王。大祭司和專制君主、教皇和凱撒的雙重範圍內取得統治。

我們認爲，這顯然是歐洲和基督教從光榮的宗教改革以來所走的道路。但不管人們是否同意這種結論，今天總不會有人能拒不承認各種智慧合法參與社會管理是一個既成事實，拒不承認人人都有獲得知識的權利是社會的實際基礎之一。因此，在智慧方面，仍然是平等的原則獲勝，並占有統治地位。

第七，這同一個原則還調節著公民之間的私人關係以及在不同程度上涉及友誼和愛情的一系列關係。

這裡爲了重複我一貫的看法，我深知在這一點上以及在所有其他方面，現實的平等只是一紙謊言，然而在這裡，仍然是宣布了這個原則。人們想的是一回事，做的又是一回事。我只要舉一個本來該是最神聖，而現在卻最受褻瀆的關係作爲例子，這就是愛情。

事實上，難道愛情平等不正是社會的現有法則嗎？詩人爲了謳歌平等而創作的詩篇今天已被一切有識之士所接受。小說家們的藝術使我們能關心某個可憐的姑娘，而到結尾，他們讓她嫁給一位王子；或者恰恰相反，他們讓一個可憐的窮鬼娶了一位公主。這樣，在他們的理想觀念中，他們把現實中狹隘而又野蠻的界限取消了。這是多麼熱烈的感情，同時他們是多麼渴望愛情和平等，難道他們還沒有在人類的心靈中把愛情和平等之火點燃嗎？如今他們的烏托邦已普遍被接受。盧梭這位偉大的邏輯學者確實使他的世紀一時倒退過，同時向他自己提出這樣的問題：假如一個國王的兒子和一個劊子手的女兒發生了愛情，那麼會怎樣呢？世紀微微點頭，表示承認平等。是否存在父親倒轉變爲孩子的事呢？爲什麼劊子手的女兒就不能嫁給國王的兒子呢？一個孩子出世，他既非國王也不是劊子手。這個愛推理的世紀就是這樣推理的，情感上的革命和政治上的革命是相輔而行的：而政治上的革命，在某些情況下，會使國王屈從於劊子手。

革命實現了它的使命。今天，在理智的眼中，甚至在公眾輿論面前，究竟什麼叫做與社會地位低下的人締結婚姻呢？是不是有些貴族豪門娶平民婦女爲妻，與社會地位低下的人聯姻呢？不，今天要麼都是平民，要麼都是貴族。

但是實際上發生了什麼事呢？目前在宣布無法實現的權利時，喪失了一切的還是人民。因為人們在拆除隔離窮人和富人住宅的厚牆的同時，又讓腐化墮落鑽進家室。通常富人不會在窮苦階級裡娶妻，可是他們常常從中挑選情婦；這些卑鄙的傢伙，既能拿一些人的財富進行投機，又能以另一些人的貧困來鑽營。

權利本身和愛情中公認的平等權利都成了腐化墮落的手段。一個出身低微的貧窮少女，從前她知道自己是不能嫁給這個貴族或富人的：今天她為什麼不相信她的誓言呢？

年輕的一代由於受了這種平等的蒙蔽，聽任自己狂熱的感情的擺布。平民的女兒渴望透過婚姻擺脫自身境遇，然而經常得到的是悔恨交集；財產和奢侈成為她們追求的目的，為了這個，她們放棄了愛情和婚姻。至於那些富裕的年輕人，更是什麼也不能阻止他們；因為平等使得所有的女人都接近他們，並把自己像獵物似的交給他們；平等吸引他們從自己的高等地位上走下來，就像平等吸引著女人從自身的卑微地位中升上去一樣；於是雙方相逢了，但這不是愛情的會合。你們埋怨風氣放蕩，你們問這是怎麼造成的，我對你們說：這是今天的平等，就是一種虛偽的、荒誕的平等所引起的。如今已沒有任何障礙抵擋得住這樣奔放的感情了。

這種社會上習以為常但完全無法實現的平等，其結果之一就是為了這種放蕩縱慾，從貧苦階級身上徵收一項可怕的賦稅。從前雅典人向克里特島進貢，每年得給奇醜無比的米諾陀（Minotaur）[19]呈獻一定數量的年輕姑娘。在我國，貧苦階級要交納同樣的貢品。我要問，這些不幸的女人，經過十八個世紀的基督教薰陶之後，難道今天還要她們再去模仿古代奴隸制和放肆的異教所具有的最可怕、最邪惡的東西？她們從哪兒來的呢？她們來自平民階層；這是只有平民才要交納的一種貢品。你們可以問問你們的學者：既然學者什麼都研究，他們也可以來關心一下這些不幸的女人吧；那些嚴肅正經的學者，他們專爲此事而受委任，請描繪這類女人的生活圖景吧……學者們，請研究她們吧，她們是平民的女兒。

這些女人是在地獄的最外圈的流放犯，我同意這種說法；可是這地獄，如同但丁（Dante）[20]描繪的象徵畫面一樣，也有很多各不相同的圓圈，一個套著一個。多少女人，多少男人在這些無數的圈中晃動，徒勞地尋覓愛情，這正是由於愛情意味著平等，也由於我們眼下的虛假平等奪去了我們眞正的平等！

是的，愛情如同正義：它的實質就是平等；或者說這是正文本身和公平，即最高的平等。去愛我們的婦女，並娶她們爲妻，這不就是對她們的正當權益的承認嗎！她們屬於我們，我們屬於她們，或者她們和我們，或者我們和她們合而爲一，以及把我們靈魂的功能傳遞給她們，使我們仰賴婦女，以致我們歸附她們，依靠她們而生存的這種婚姻關係，這不就是平等嗎！我說，由父母的結合生出一個具有兩人特徵的小生命，這種既神聖又奧妙的婚姻，不就是平等嗎！詩人和小說家沒有說錯：除非什麼眞正神聖的東西，任何事物都無法左右相愛的神聖婚姻。

因此，你們不要在這種婚姻中，以虛假的平等概念去代替眞正的平等，你們看一看由此會產生什麼罪惡。如果你們在愛情上對平等沒有其他什麼觀念，除非什麼障礙把你們和你們需要的東西分割開來，你們完成的則不是正義行爲，而是最大的非正義的行爲；你們實現的不是平等，卻是取代了平等而建立的不平等。

所以平等和正義的愛情漸漸遠離，並從你們身上消逝；你們這一對非正義的永不分離的夥伴，你們擁抱，但擁抱的不是愛情，而只是痛苦和悔恨。

今天，這麼多男人和女人都抱怨在愛情中所得到的只是永恆的痛苦，這有什麼值得大驚小怪呢？他們被眼前虛僞的平等欺騙了，於是就想方設法去實現這種平等，殊不知他們這是在寬容自己隨心所欲地觸犯眞正的平等，也就是說觸犯愛情。他們聲稱，他們是自由的，在哪一方面自由呢？換句話說，他們的自由究竟爲了什麼呢？愛情上的平等權利是已經宣布了的，宣布，乃是爲了實現這種平等。可是取得這種權利，並加以濫用而不能眞正地產生賦予人們的正義行爲，這是新解放了的奴隸的做法。這種人根本不懂得自由的眞實意義。現在這種事情很平常：由於對正義和愛情的眞正意義全不瞭解，人們所做的不是實現平等的愛情，而是與愛情背道而馳。之所以要宣告愛情平等，就是爲了要解決這個問題。

有人說：男女之間已經沒有界限了；從平等的角度來看，也不存在分隔由愛情結合在一起的男女的等級差別了。然而，宣告平等以後又能得出什麼結果呢？是愛情平等嗎？不，恰恰是愛情的不平等。爲了實現平等，愛情應該具有正義和聖潔，也就是說，人們應當懂得婚姻是他們在地球上要完成的最大的公平行爲，是最莊嚴地執行平等原則，也就是執行正義的原則。但是，由於對這些缺乏瞭解，以致他們在平等的名義下，實現的反而是不平等、非正義、不公平。因爲，這種沒有正義和平等概念的結合，不是眞正的愛情，而是眞正愛情的顚倒，是對愛情的犯罪。

從前，古人曾經送給天上的維納斯（Vénus）[21]一位姊妹，可是他們沒有給人間的維納斯送同樣的象徵禮物。我們從某些方面說更先進了，我們懂得平等應當總是伴隨著愛情的；可惜，由於缺乏對平等、正義、愛情的眞正認識，我們思想上產生了某種模糊概念，以致把應當屬於這兩位女神中之一的東西送給了另一位女神。尤其是因爲我們隱隱約約地有了比較高尙的感情，因此我們倍感痛苦。我們渴望平等，我們宣告平等，而我們所做的恰恰相反；我們尋求愛情，但我們找到的卻只是它的影子。因此我們仍處於黑暗之中，就像《福音書》所說的，飽含著眼淚和咬牙切齒。

人類的道德風尙是否因爲宣布愛情平等而有所提高了呢？對此我毫不懷疑；但我說暫時會出現一種很大的不幸。唉！進步只能歷經種種痛苦方可完成！是啊，宣告所有男女有自由發展他們感情的權利，在人類命運中是一個巨大進步：事實上，對於感情和愛情的奴役，該是多麼可怕的奴役呀！然而，直至人們在認識上能跨出相應的一步以前，也就是說直至人們能夠理解眞正愛情平等的意義或是眞正愛情的意義以前，一切都處於毫無規律的動亂之中，處於對人類最美的功能的粗暴蹂躪之中。難道這不正是今日事實上發生的一切嗎？我們不是從各方面聽到，人們不是把本世紀的風俗跟攝政時期[22]風俗做比較，因爲這太微不足道，而是跟羅馬帝國淪陷時最後的縱酒狂歡相比較。

因此，依此類推，愛情平等原則上已被接受；但事實上的不平等卻仍然存在。現在我還需要談壓迫在婦女身上的不平等嗎？

無論是精神世界或是物質世界，一切事物都是相互聯繫的。如果婦女的奴役不消滅，我們就無法解放奴隸；如果愛情不解放，我們就不能廢除血統貴族；倒不如說愛情本身是人類主要的解放者，因爲愛情是與所有爭取公民平等和政治平等的革命交織在一起的。在很大程度上，就是受到奴役之苦的愛情推倒了各種障礙，讓平等的原則統治世界。可是爲什麼它就不能共享它爲之付出如此多代價的勝利果實呢？既然如此，爲什麼婦女不能享受這種勝利果實呢？門第、財富，一句話就是物質、土地以及我們生存的一切物質條件已經不再決定人們愛情的意願了；只有愛情本身才能決定。既然是由愛情決定，那麼男女就是一樣的了。因此，我們認爲既然每個婦女，作爲妻子應與她的丈夫一律平等，那麼所有婦女理應與所有男人處於同等地位。既然婦女在愛情和婚姻上與我們平等，她們怎麼在其他方面不能平等呢？因此，今日社會就必然要宣布男女平等。

近來有些人把婦女的解放誣陷爲一種暴亂，我不贊同這些人的意見。問題是我們中間的一部分人去解放另一部分人的時候，要用正義支配我們之間的各種關係，而絕不是把我們分裂開來，或把我們隔絕爲兩個不同陣營；總之，婦女應該在男子幫助下和男子一起站起來，而男人也應該在婦女幫助下和婦女一起站起來，而絕不要把兩性之間的共同事業分割和區別開來。

男人和女人不是兩個不同的個體，而是一個個體的兩個方面，愛情使其彼此契合和聯繫。首先是一對男女，然後才是單身男人和單身女人。男女理應組成一對，他們是一對的兩個部分。配偶以外，除了愛情和婚姻以外，就不再有性的存在；他們同源，具有相同官能。男人時時刻刻處於他生命的知覺—感情—認識過程之中，女人也是這樣，因此定義是相同的。

感情一般在婦女身上占主導地位，而抽象的理智在男人身上占主導地位，這是可能的，但這有什麼關係呢？同一個國家的全體居民之間不都具有某些共同的特點，用以區別不同於世界的其他居民嗎？年齡的差異不也表現出同樣的反差嗎？所有的孩子，所有的青年，所有的老人，他們之間不都具有各自明顯的相似之處嗎？知覺在童年時代不占主導地位嗎？知覺和感情的混合不正是青年時代不斷增長的動力嗎？就像認識是中年人的特性，這一切後來不都成爲老年人所有優點和缺點的本源嗎？一般的婦女，撇開性別不談，也具有某種典型，我承認這一點；但是這種典型不能使她們區別於其他人，亦無法從哲學上構成另一類，以區別於男人。從這一點上說，婦女們可以說將組成人類中間的一種民族，或者是生命的一種特殊紀元；她們就是這樣區別於男人，而絕非其他。跟男人一樣，她們生命的每時每刻和全部行爲中，都具有相互聯繫、不可分割的知覺—感情—認識過程。去掉愛情，對男人來說，她們是以人類的個體面貌出現的，並且跟男人們一樣，她們處於公民社會的不同等級之中。

但是，不能由此理解爲有一天她們會喪失本身的性格和特徵，有一天她們會成爲男人。這絕不會，她們生命的種種表現總是包含著她們身上所固有的婦女的潛在性。不過這種潛在性在她們身上完全是隱藏著的，就像根本不存在似的。我們可以用肉眼去觀察，可是我們的靈魂卻無法覺察；或者即使我們有這種感覺，它在我們身上也只處於潛伏狀態，而我們是絲毫意識不到的。

我還要說，即使當這種潛在性表現出來的時候，她們的獨創性和特性比起與人類本性三大官能相應的三大類型的人們：學者、藝術家、企業家的潛在性來說，或者比起人生三個時期：童年、青年、老年的潛在性來說，也並不屬於另一個範疇。肯定這種潛在性是另一種，但它不屬於另一個範疇。婦女的特點就在於她們在生命的任何時刻都潛在地註定要和男人組成一對。但在這種潛在性尚未表現並處於潛伏狀態時，她們就像我剛才指出的那樣，屬於一般人類之列，兒童、青年或老人是這樣，學者、藝術家、企業家也是這樣。但是，即使這種潛在性表現出來，而且只是以同時具有知覺、感情和認識的行爲表現出來，婦女和我們之間沒有顯示出任何本質上的實質性差異；恰恰相反，我們仍然能從婦女的本質中找到我們自己的本質。

讓我們來觀察一下實際發生的情況吧，同時觀察一下現象的原因、本質及其效應和後果。首先構成婦女的獨創性和特性的原因，在我們看來是與某人變成學者、藝術家或企業家的原因是相同的，這種原因隱藏在上帝身上，在我們並不瞭解的生命內部。我們粗略地把人們的各種官能歸因於我們稱之爲本質或組織的東西，這難道不是眞的嗎？本質和組織這些字眼除了表示我們毫無認識和完全不理解的若明若暗的潛在原因之外，它又說明什麼，又表示了什麼呢？對於婦女來說也是同樣的情況。我們把祕密的、神奇的潛在性歸之於本質和組織，這種潛在性可以從潛在狀態轉變到顯現狀態；也能從一般的人變成一個特殊的、具備某些明顯特徵的人，一個妻子，一個母親。既然有這種現象發生，這樣類似的情況就繼續存在。因爲藝術家失去靈感或者重新獲得靈感是不由自主的，也不知道上帝怎麼在他身上產生作用的；同樣地婦女在自己身上感到一種使她產生愛情的靈感，然後做了母親，她又俯身在她孩子的搖籃上，但是她對這些深刻的奧祕仍然一無所知。可是，不管是婦女還是藝術家，他們表現出他們生命以及他們身上的潛在性，是透過知覺、感情、認識統一的行爲反映出來的，也是透過他們自己以及與他們休戚相關的本性的行爲反映出來的。因而條件的同一性還是十分明顯的。

現在可以得出結論：爲了達到他們現在這種狀況，即具有某些不同的，但隱匿於本質之中的潛在性，學者、藝術家或企業家，作爲人來說，仍然都是平等的。因爲他們既然在人的本質三方面的某一方面占了優勢，它仍能彙集人的本質的三個方面，所以他們是平等的。當上帝賦予他們的並爲他們所特有的官能開始顯示出來時，他們就從通常同一的狀況中走出來：這樣就顯示出他們的特殊性。那些同時具有來自特殊天性的知覺、感情、認識三重特性的行爲，顯示出他們的本質、特點和與別人的區別。但是他們只能靠自身去領受知覺─感情─認識，並與別人進行交流，從這一點來說，他們仍然是與我們平等的，具有和我們相類似的本性，一句話他們是人。婦女也是一樣：她們自身感受到的以及她們表達出來的一切，就是知覺、感情、認識的總和。因此她們總是與我們平等的，具有相同的本性。上帝的源泉因人而異，但效果是一樣的，一切能感覺到的、可以交流的東西都具有其同一性。同樣的錯誤使得思想家們（我要在此順便反駁他們）曾認爲，在學者、企業家和藝術家之間有著根本的或本質的區別，譬如說，好像他們只有人體三種官能的一種作爲其特點；他們還把婦女看成是另外一類不同的人，一種與男子有著本質上的差別的人。這實在是一個嚴重的誤會。

因此，簡而言之，不管人們以何種方式來認識這個問題，總會宣告男女平等。因爲如果從配偶的角度去看婦女，婦女是與男人平等的，因爲配偶就是建立在平等基礎上的，愛情本身就是平等，哪裡沒有正義，即平等，哪裡就沒有愛情，而只有愛情的反面。但假如不從配偶的角度去看待婦女，她則是與男人一樣的，在不同程度上具有同樣官能的一個人；她是構成世界和人類社會統一體的一個品種。

我要聲明，我們這種理解婦女平等的方式是跟近來爲此目的而出現的理論大不相同的，它同樣得出其他許多結果。猶太—基督教神學，原來誕生於東方，那時婦女普遍受奴役，它找不到更好的解釋方式，只得解釋說婦女是從亞當的肋骨生出來的，並從亞當創造的這一觀念出發，使婦女從屬於男人。就這樣運用創世教義奠定了兩性的不平等和婦女的奴役地位。最近，那些主宰婦女事業的人，那些向夏娃（Eve）[23]宣傳叛逆的人，提出了根本區別兩性的神學觀點，把兩性平等化，並使雙方處於同等地位。事實上，關於上帝，他們不是提過一個看來十分離奇的公式嗎：「上帝，他好；上帝，她好。」提出這一公式是向婆羅門教濕婆派[24]倒退。但是，他們是否眞正懂得濕婆和杜爾卡（Dourga）[25]的古代崇信習俗，才這樣如法炮製？濕婆教是否把兩項原則分開了呢？不，恰恰相反，它把兩項原則連結在不可分裂的象徵之中。安凡丹（Enfantin）[26]先生的公式適用於神聖的表示，肯定要高於希伯來人的神話；這個公式沒有把夏娃作爲次要的創造物從亞當肋骨生出來，也不把夏娃當作男人的依附者，或男人的附屬品；它讓夏娃在男人身邊才智綻放，與男人平起平坐。但是在我們看來，這有一個很大的缺點，就是把根本不應該加以區分的東西錯誤地區分開來。是的，上帝確實代表兩項原則，祂把這些原則封閉在神祕的本質之中；但是上帝在這裡既不是他，也不是她：祂透過第三者把他和她結合在一起。爲什麼要從上帝本身去闡明不應該加以說明的東西，或只能用取消上帝觀念本身可以說明的東西呢？上帝並不存在於你們所看見的兩張臉的這一張臉，或那一張臉，祂存在於由愛情連在一起的兩張臉，這是祂的第三張臉。因此，從你們公式中得出的結果是錯誤的：在神聖本質的人性體現即人類之中，並不存在著他和她，這種情況只存在於上帝本質的其他表現之中。只有當他和她潛在於上帝身上，並被第三項原則即愛情聯繫在一起的時候，這才是上帝的意旨的體現；這個時候，而只是在這個時候，你們識別的兩項原則才會顯示出來。同樣地，也只有當愛情把男女聯繫在一起的時候，男人和女人才作爲兩性顯示出來。在有愛情和配偶之前，婦女可以說是不存在的；因爲作爲婦女，她是不存在的，她只是作爲人類的個體而存在。

再則，我已經說過，這種毫無哲學性的區分會造成像我剛才列舉的天才名義所犯下的其他類似的錯誤。因爲如果把學者、藝術家、企業家作爲不同的三種氣質加以區別，並認爲他們之間只有透過神權政治統治者或教士才有可能進行聯繫的話，人們就更有理由把男人和女人作爲不同實質的兩種秉性加以區別，並認爲本性之間也由兩性畸形的教士作爲聯繫。歸根結底，這整個體系，大約可以歸結爲對上帝本性的類似區分，諸項原則的雙重性以及濕婆教錯誤的再現。

我要再次表示，我並不否認這兩項原則實際存在於上帝本身，可是我要問是誰使這兩項原則在上帝身上統一起來的。你們不得不回答我說是愛情。正是愛情，唯有愛情能在上帝身上體現這兩項原則。也正是愛情，唯有愛情，才能把兩項原則體現到人類身上。因此婦女不必要求作爲婦女的平等（如同你們教給她的那樣），而應要求作爲妻子的平等，也就是說要求眞正的愛情，同時把自己提高到愛情的最高概念上，與男人共同分享這種平等。除此之外，婦女只能要求作爲人的平等。

從這個學說中可以引出我們反對的體系所帶來的完全不同的推理。這一體系認爲，婦女既然在擇偶前作爲婦女享有自由，因此就可把她們的愛和她們的性都歸還給她們自己，這等於是說讓她們去賣弄自由。這樣來宣告她們是自由的，是如此自由的，她們所以自由，是因爲她們是女性，這就等於宣告她們不僅有使用愛情的自由，而且還有濫用愛情的自由。

但是，與此相反，宣告婦女在擇偶前具有作爲一個人的自由，就絕不會帶來同樣的後果。自由，承認這樣的自由，但並不以婦女的特殊身分，而是以人的身分提出來的，婦女就無可辯駁地享受她們愛情的自由以及她們所有的官能的自由，但絕不是濫用愛情的自由。濫用愛情不可成爲一種特權，也不可成爲她們自由的標誌本身。看一看由此造成的巨大差異吧。在愛別人，或在被人愛之前，婦女作爲女人來說，是不自由的，而作爲一個人來說卻是自由的；這時她們不存在性別問題，就是說婦女的性尚未表現出來；這是一種潛在的官能，正像兒童身上蘊藏著理智一樣。她們愛他人，她們被人愛，於是成了婦女，這一下她們顯露出來了；是愛情把她們揭示出來，也是愛情使得她們一直在神祕的面紗掩蓋下的性顯現出來。但同時，她們成爲妻子；愛情既然表現出來，配偶就在神聖的平等律令下存在了；婦女之所以爲婦女乃是因爲在這種律令下，她們所愛的男人也同樣愛著她們；

正當婦女享受愛情自由的時候，自由卻從她們身邊離去；這種自由被愛情平等和配偶平等取代了。這樣，婚姻、愛情取得了它們的全部權利。透過婚姻，婦女的地位得到改善；透過婚姻和愛情平等，婦女的解放將會眞正實現。

站在我們的觀點，我們要對婦女們說：你們既有權享有作爲人的平等，也有權享有作爲妻子的平等。作爲妻子，你們和我們是平等的；因爲愛情本身意味著平等。作爲人，你們的事業也是大家的事業，它跟人民的事業是一致的；它跟偉大的革命事業，也就是說跟人類的普遍進步是聯繫在一起的。你們和我們平等，並不因爲你們是婦女，而是因爲奴隸和農奴已不復存在。

這就是要對男人們和婦女們闡述的眞理；可是如果對婦女們這樣說：你們是特殊的性別，是具有愛情的女性，你們解放自己吧，就是說，你們去運用愛情，乃至濫用愛情吧，那就曲解了這個眞理，使之變爲謬誤。這樣的婦女，蛻變爲不知羞恥的維納斯，既喪失了作爲人的尊嚴，也喪失了作爲女人的尊嚴，這就是說，喪失了在愛情的神聖律令下作爲能夠組成配偶的女人的尊嚴。

看來我們還根本談不上贊同關於婦女解放的學說體系。近幾年內，人們對此眾說紛紜，而且對這種婦女解放做了一種我們認爲是十分有害的解釋。但是我們仍然誠心誠意採納啟示這種體系的眞理，即兩性的平等。事實上，今天還有誰感受不到和不贊成這種平等呢？今天還有誰相信夏娃是由亞當肋骨出生的神話呢？今天有誰還敢做出米爾頓

（Milton）[27]在不到兩個世紀以前那樣大膽地做出的決定呢？他認爲婦女是一種自己無法到達上帝那裡的下等人；夏娃只有透過亞當才能認識上帝；在他們共同奔向上帝的進程中，他們兩人中間唯有亞當是嚮導和明燈；只有亞當才屬於上帝，而夏娃直接屬於亞當，並透過亞當屬於上帝：

「他只向著上帝，她透過他向著上帝。」

不對，猶太老人摩西的《創世紀》在這一點上，跟新教徒米爾頓的出自同一淵源的神學是一樣虛假的，今天同樣地被人們拋棄了。夏娃與亞當是平等的，起源優先說是一種空想。上帝的兩張面孔在創造萬物時是並列永存的。愛情就要有兩個人，那麼愛情只能跟兩個人一起存在，用愛情聯結起來的兩者，在永恆的時間和空間中，才產生出神聖的三位一體。如果說他們是由神創造的，那麼，作爲愛情之子的亞當和夏娃，他們兩人在誕生之前就早已事先存在；在他們的事業中，他們平等地事先生存著。他們在神祕的雌雄一體上各自只是其中的一半。這樣，大自然再一次表現出統一的兩種原則，它在幾乎全部植物界以及動物界的最後級別中，形成了一個單一的生命體。但是不僅僅在上帝的事業中，夏娃與亞當是平等的。而且從事物的神聖意義來看，他們之間的平等是一直持續下去的。夏娃被創造時就是亞當的平等配偶，她永遠也是他的平等配偶，這神聖的意旨經過幾個連續階段，產生了人類世界。當然，直至現在，人們把她放在表面的不平等的位置上，但夏娃仍然眞正地得到了天賦的平等；因爲她不僅平等地分擔了痛苦，而且具有與男人同樣的實際潛在能力。她和男人一起分擔了人類世世代代的教育的全部痛苦的危機；因而她配得上他，做得也跟他一樣多。我要重複說，在很大程度上，是愛情使我們經過千百次革命，才從奴隸制的法律過渡到平等的法律，事實上這難道還不明顯嗎？婦女爲了共同的事業付出了她們的一份辛勞：如果說我們今天獲得自由，部分地是由於婦女的力量；那麼祝願婦女也由於我們的力量而獲得自由。

但是婦女自由了嗎？我們是否平等地對待婦女呢？作爲妻子，婦女是否得到了愛情和婚姻的平等呢？作爲人，婦女在城鎮中是否獲得了平等，問題就在這裡。

然而我不會對你們說：你們看看事實，看看發生了什麼事情；我要對你們說：你們只要翻開法典，看看這本來應該代表正義和道德的理想，表面上反映我們最高尚、最崇高的觀念的法典，它是否首先就用最粗暴的方式蹂躪了婦女作爲妻子的平等呢？

我們的民法在婦女問題上是荒謬矛盾的典範。根據羅馬法，婦女永遠過著受監護的生活：至少在立法方面，一切都是一致的；過去婦女總是被歸入「婦孺」之列。而我們現在卻宣告：婦女在很多情況下應與男人同樣自由。對婦女來說，不應再受什麼一般監護，或假想監護：她們的法律成年年齡已經確定；她們本身能夠繼承遺產；她們所繼承的分額也應當是一樣的；她們應該掌握並支配自己的財產，在夫妻的共同生活中，我們主張實行財產分有制。但是在事關婚姻關係的問題上，涉及的範圍已不再是財產問題，而是牽涉到我們和母親，我們和姐妹，我們和女兒等等的關係問題；嘿！這時我們在法律上就不肯讓步了，我們不再承認平等了；我們要婦女自己承認低人一等，做我們的奴僕，我們要婦女發誓百依百順。眞的，我們看待金錢要比愛情重要；我們看待那裝滿埃居[28]的錢包，要比看待人類的尊嚴更重：因爲我們要解放婦女，讓她們有權做財產的主人；可是，我們的法律宣布婦女作爲妻子卻低人一等。

所以問題仍然在於最明顯的男女平等關係，可以說這個平等就是從這一關係裡產生的。在這種關係中，平等是必須宣布的，因爲沒有平等，這種關係也就不存在了。但是，由於荒謬的矛盾，我們的民法卻選擇了這個時刻來宣布婦女地位卑賤；強制婦女逆來順受，責令她們違心地發誓，並放縱情慾糟蹋自己的愛情。

我毫不懷疑，我們的法律中明確規定出這種愛情上的不平等，在未來的世紀中，這將會被看作我們這個時代道德、風尙的特徵。人們將會說我們很少懂得正義，乃至不懂得愛情，因爲愛情是正義的最神聖的部分；會說我們很少懂得愛情，乃至我們的司法對此毫無反映，在我們的法典這樣一本體現正義的書籍裡，對於神聖的婚姻所持有的概念，不是平等，而是不平等；不是和睦，而是不和；說我們不要平等的和地位一致的愛情，而提倡建立在婦女既具有同等身分，但又是低人一等、受奴役的基礎上的莫名其妙的古怪關係。是的，這就像今天我們列舉十二銅表法[29]的那些規定來用以證實古羅馬人的野蠻那樣，我們法典上的這項條款總有一天也將被用以證實我們的粗野和愚昧；我們既缺乏對正義的崇高含義的瞭解，同時也一樣缺乏對愛情的崇高含義的瞭解。

一切都隨著婦女的地位問題相應而來，更確切地說，一切都與這一點有關：因爲如果我們荒謬地否認婦女作爲配偶的平等，怎麼還會尊重婦女作爲一個人的平等呢？今天的婦女，作爲一個人，是不是眞正跟男人一樣被平等對待呢？我現在不想深入探討這個空泛的主題。我只想提出一個問題：婦女接受的是什麼教育？你們對待婦女就像對待平民一樣。你們把已經不適應你們自己的古老宗教留給婦女。人們盡可能長久地把孩子們套在緊身衣裡，這種方法如同要改變孩子的體型，或同時毀掉他們正直的思想和他們天眞的靈魂一樣的愚蠢。再則，社會又爲婦女們做了什麼呢？社會爲她們開闢了什麼生活出路呢？我們只要仔細想想就可以清楚地看出，如果我們的藝術、科學、工業有婦女參加，將會獲得很大的新的進步，就像幾個世紀以前，這些活動由於有農奴的參加，取得了巨大成績一樣。如果你們認爲貧困和不幸壓抑在你們悲慘的社會上面不好，那麼你們就應當廢除殘存的各種等級，廢除你們繼續奉行的使人類的一半仍處於禁閉之中的這種等級制度。

## ◆註解◆

【1】這是拿破崙對當時出訪法國的俄皇亞歷山大一世所說的一句話。——譯者。

【2】波利菲莫斯，希臘獨眼巨神，以吃人肉為生。傳說宇利斯在海上漂流，來到西西里島，誤入他的洞穴，一部分人被他吞掉。宇利斯設法用酒把他灌醉，又用燒燙的鐵釬戳瞎了他的獨眼，他才與其他的倖存者脫險逃生。——譯者

【3】同上註。宇利斯等逃出洞穴時是躲在羊的肚子下面，儘管波利菲莫斯守住洞口，由於他眼睛已瞎，他仍被宇利斯使用的巧妙詭計所愚弄和欺騙。——譯者

【4】阿卡迪，位於希臘伯羅奔尼撒半島的中部地區，這裡的居民都以畜牧業為生。古代希臘的許多傳說都出自這個地方，在文學上它往往是寧靜的田園風光和生活幸福的象徵。——譯者

【5】洛佛拉斯（西元一六一八～一六五七年），英國詩人和劇作家，青年時就是一個非同一般的紈褲子弟，他的名字後來很快成為「誘騙者」的代名詞。——譯者

【6】塔土夫，是法國古典主義著名劇作家莫里哀同名喜劇裡的主人翁，一個善於拐騙引誘、詭計多端的偽「教士」，莫里哀以此來攻擊天主教本身的腐朽墮落。由於該劇在社會上產生的巨大影響，塔土夫也就成了「騙子」的同義詞。——譯者

【7】卡多什（西元一六九三～一七二一年）、曼特蘭（西元一七二五～一七五五年），這兩人都是法國有名的強盜頭子，並建立各自的隊伍和武裝專門與行政當局分庭抗禮。——譯者

【8】羅伯爾．瑪蓋爾是小說裡的人物，也是另一種類型的強盜的化身；在現代社會中，他往往改頭換面，裝扮成銀行家和新聞記者的模樣，出沒於上流社會的權勢富貴之間。——譯者

【9】阿德里安（西元七六～一三八年），西元一一七至一三八年間的古羅馬皇帝，是先王特里讓的繼子。他執政期間，軍事上實行防守政策，政治上建立完整的行政管理體系，同時採取鼓勵經濟，繁榮文化藝術等辦法，使古羅馬的統治達到了全盛時期。——譯者

【10】邊沁（西元一七四八～一八三二年），英國哲學家和法學家，霍布斯的門徒。他創立了道德功利主義學

說，即所謂「最大多數人的最大幸福的原則」，這種哲學觀點在十九世紀初期的英國政治生活中發揮十分重大的作用。——譯者

【11】馬基維利（西元一四六九～一五二七年），義大利早期資產階級思想家，曾多次參與當時的政局或反政局活動，主張為達到目的可以不擇任何手段，以權謀家或權術家著稱於世。——譯者

【12】拉普拉斯（西元一七四九～一八二七年），法國物理學家和天文學家。——譯者

【13】維吉爾（西元前七一～前一九年），古羅馬詩人，也是奧古斯都最尊重的一位詩人。西元四世紀起，他被羅馬基督教會認為是未來世界的預言人和聖人。——譯者

【14】普魯托，希臘神話中的地獄之神，而在羅馬神話中變成了死神。但他面目善良，倒是土地的保護神，故又有「財富施予者」之稱。——譯者

【15】奧爾佛是特拉斯的詩人和歌手，他的妻子奧立狄斯死後，他追到陰間，並用琴聲感動了宙斯的女兒普西芬妮，她答應把詩人的妻子送回人間，但條件是他在路上不得回顧。當他們走出地面時，奧爾佛違背了諾言，結果妻子又回到了地獄，後來他被宙斯用雷擊死。——譯者

【16】凱撒（西元前一〇一～前四四年），古羅馬著名軍事將領及國家元首，他率領軍隊向歐洲各國，向北非，向中東地區進行一系列的遠征，擴展了古羅馬帝國的版圖。西元前五九年，他擔任了古羅馬執政官的職務，在西元前四四年元老院決定授予他古羅馬皇帝的會議中，他被布魯圖刺殺身亡。——譯者

【17】威克里夫（西元一三二〇～一三八四年），英國神學家和宗教改良主義者，他的作品被主教會議斥之為邪說。——譯者

【18】楊．胡斯（西元一三六九～一四一五年），捷克宗教改良主義者，布拉格大學的校長，深受威克里夫思想的影響。由於他堅決抨擊天主教的錯誤，他被主教會議宣判火刑。——譯者

【19】米諾陀是古希臘神話中人身牛頭的怪物，係克里特島米諾斯國王的妻子和一頭白毛公牛所生，每年（有的說每九年）要送給他七個童男和七個童女，他後來被特休斯殺死。——譯者

【20】但丁（西元一二六五～一三二一年），義大利詩人，是中古到文藝復興的代表性作家。他的代表作《神曲》分成三部分：〈地獄篇〉、〈煉獄篇〉、〈天國篇〉。〈地獄篇〉裡分成九個圈，藉自然景色來描

繪人物受苦的場面，痛苦絕望的境界。《帝制論》是他帶有空想色彩的政治觀點的拉丁文著作。——譯者

【21】維納斯，古羅馬象徵愛和美的女神，也是代表植物、花草的女神。——譯者

【22】攝政時期在法國是專指西元一七一五至一七二三年期間，由於路易十五代表了政權中的少數派，故實際的權力落在菲利浦·特·奧爾良公爵（親王）手中，故史學家稱這段時期為攝政時代。——譯者

【23】夏娃，亞當的妻子，人類之母。因偷食禁果，上帝讓她永遠受孕和遭受生兒育女之痛苦。——譯者

【24】濕婆，婆羅門教和印度教主神之一，即毀滅之神，苦行之神，舞蹈之神。濕婆教與梵天教、毗濕奴教並列為印度教和婆羅門教中的三大教派之一。內有很多分支，有的反對婆羅門特權，有的主張男女平等。——譯者

【25】杜爾卡，是梵文Durgā的音譯。印度教雪山神女的化身之一，她既是濕婆的妻子，又是一個相對的獨立女神——降魔女神。——譯者

【26】安凡丹（西元一七九六～一八六四年），法國工程師，空想社會主義者，奉行聖西門的學說和政治主張。——譯者

【27】米爾頓（西元一六〇八～一六七四年），地位僅次於莎士比亞的英國詩人，著有《失樂園》、《複樂園》等長詩，他的散文多半是年輕時代的政治見解，如《論教育》、《國王與官吏的職權》、《建立共和國的簡單辦法》等。——譯者

【28】埃居，是法文écu的音譯，法國古代的一種錢幣，種類繁多，價值不一。——譯者

【29】十二銅表法是在西元前四五一至前四四九年間，由古羅馬執政官根據羅馬平民的要求，為避免過去的法律往往隨著行政官員的意志，口頭上可以任意變動的情況，而正式制定的書面法律，並刻在銅板上，公布於眾，這就是古羅馬的十二銅表法。——譯者

# 第五章

## 現在社會的罪惡來自這個原則與其對立面的鬥爭。

我們剛才從各個角度審視了這個社會。既然人具有不可分割的知覺—感情—認識過程，既然人不是其他什麼東西，社會應由與人類本性三個方面相對應的三個領域所組成，並且包括在這三個領域之內。這三個領域彼此滲透，三方中如果缺少一方絕不能單獨存在，正如它們與之相對應的三種官能一樣。我們所說的這三個領域是：第一，知覺的社會世界，即是表現、活動、相互行爲、協定、契約等的社會世界；第二，感情的社會世界，即是無形的、尚未顯示出誘惑力的社會世界，它能團結社會上各方面的成員，使他們關係更加密切，並彼此承擔義務；第三，認識的社會世界，即是我們對自己的感情和行爲，對他人的感情和行爲，以及彼此交往中所認識的社會世界。除非在這三種世界中有某種規則，使得社會上每個成員的生命力得以施展和發揮，否則，任何社會就無法繼續生存下去。由此就產生了權利，權利是人在每個階段中對自己的眞正認識，人就把這種認識看作自己的守則。認識方面的權利產生宗教權利；感情方面的權利產生道德權利或風尙，生命的積極實踐權利構成了公民的政治權利。於是，在這三種權利的每一部分中，我們都看到了被宣告爲人類共同守則的平等；平等，這是今天我們唯一的合理原則和唯一的正義標準。

在與行動相對應的社會領域裡（政治權利和公民權利，即包括政治立法本身的舊時的臨時權力、工商業規則、公民的和軍事的等級制度、民法、刑事法和刑法），到處實行了平等，如今任何其他原則都已不合時宜：凡符合平等的事情必然是正確和合理的，違反平等的事情則是不正確的和荒謬的。

在與智力相對應的社會領域裡（宗教權利，即舊時的精神權力），同樣宣告平等和贊同平等。

最後，在與感情相對應的社會領域裡（道德權利或風尚，這就是從前被凱撒大帝或某一等級集團所篡奪的臨時權力以及被教皇或教會神職人員所篡奪的精神權力遺留給個人的全部份額），宣告平等和贊同平等，平等同樣成爲公認的原則。

因此，現在人們無論轉向哪一邊，似乎總能感覺到或接觸到平等。這完全是虛假的外表，騙人的幻景！人們得到的只是不平等。平等，平等！這只聽到這個聲音在我的周圍迴盪。然而，我到處看見的是刺眼的不平等現象，野蠻的專制主義和可恥的奴隸制度。

更令人可怕的是，我們大家在感情上都覺得要有一個更爲美好的世界，顯然這是因爲我們今天所確認的正義和理智的唯一原則乃是平等。熱那亞人[1]在他們監獄的牆上和在罪犯的鐵鐐上，都刻著自由這兩個字。既然我們註定不平等，我們怎麼反而到處寫上平等這兩個字呢？因而我們對待自己如同熱那亞人對待他們的囚徒和船上苦役犯一樣！

對，實際上，我們正是一些可憐的被判了罪刑的犯人。我在前面很早提及那些不幸的婦女，她們似乎居住在地獄的某個輪圈上。我認爲有時整個社會既具有平等的理想，又表現出奴隸狀態的現實，這使我感到，社會就像具有無數輪圈的地獄。「不必到世界以外尋找地獄」，偉大的詩人呂克萊斯（Lucrèce）[2]說道，「地獄就寓於社會之中」，這眞是一句至理名言。

事實上，在地獄的輪圈內，所有這些不幸者不都是世世代代被壓在難以忍受的貧困下面，卻到處看見寫著平等這兩個字嗎？當他們從艱苦而無休止的勞動中感到有兩種人存在時，爲什麼有人對他們說只有一種人，並說他們也不能確定，自己是亞伯種人，還是該隱種人！但他們自己的痛苦經歷至少可以證實，亞當的兒子們確實使人類的搖籃沾滿了鮮血，是該隱殺害了他的兄弟。詩人給我們描寫烏果闌（Ugolin）[3]和他的孩子永遠遭受飢餓的懲罰，做父親的目睹他的孩子們先他而死：這眞比古代唐塔爾[4]面對著海水和水果而死於飢渴的形象還要觸目驚心。而詩人做這種描寫時，所指的正是他們，你們也像唐塔爾那樣，甘願忍受飢渴，而你們的周圍卻是你們雙手生產出來而自己卻享受不到的奢侈品和財富。無產者們：你們像烏果闌一樣忍受著痛苦，眼睜睜望著你們的孩子面黃肌瘦，你們這些孩子和把你們關押在城堡內的暴君的孩子一樣漂亮可愛，你們飢腸轆轆備受折磨，這景象使人毛骨悚然，眞稱得上是地獄了！

而第二種領域，即感情領域，不也是出現種種刑罰和受苦的形象嗎？難道在地獄的輪圈之內，現在他們不也是抱著熾熱的靈魂在愛情中尋找生命嗎？依克西翁（Ixion）[5]，這個古代人的象徵，徒勞地繼續追隨著風的女神：這是因爲他愛戀的對象尚未在地球上生存，因爲凡人婦女只是一個孩子和奴隸；所以他往天空中尋找，而他擁抱到的只是雲彩而已。在但丁的詩中，婦女、妻子不再是夢幻了，而是一種眞實的存在；情郎看到自己的情侶，認識了她，他知道弗朗索瓦絲·德·黎米尼（Rimini (Françoise de)）[6]還活著；但是一種不可逾越的障礙把他們隔開，這一對情人淒涼地相對而視。今天，暴君的手，那隻用利劍武裝了的、從背後伸過來把情侶們隔開的手，已經不復存在。但是爲什麼他們的痛苦還總是折磨著他們呢？

至於第三個領域，即知識領域，當代的詩人們給我們舉出了多少新的酷刑！知識不再是奴隸；普羅米修斯（Prométhée）[7]不再被鎖在岩石上；他砸碎了鎖鏈，或許有人給他砸碎了鎖鏈，於是他跑遍全球。難道他獲得解放就是爲了這個嗎？啊！不，他變成了浮士德，他引來魔鬼，他從自己的知識中得到的只是痛苦；他變成了曼弗萊德（Manfred，自由人，解放了的人），他拼命攀登群山山巓，而禿鷲還不停地啄食他的心。

正如人們所說，這是因爲我們現在正處於兩個世界之間，處在一個即將結束的世界和一個正在開始的新世界之間。我們已經宣告活動領域裡平等的原則，但我們仍然無法根據這個原則組織活動的世界：由此產生了它的雙重性，即權利和事實，這樣就造成我們的巨大痛苦。我們在感情領域宣告了平等原則，可是我們並不能遵照這個原則組織感情的世界：由此就產生了它的雙重性，即權利和事實，它撕裂著我們的靈魂。我們在知識領域也宣告了平等原則，但我們無法組織知識的自由交流：由此產生了它的雙重性，即權利和事實，它折磨著我們，使我們永遠痛苦。

因而在我們身上，一切活動、感情、知識，在我們眼前的這個世界上都不能得到滿足。

在我們每個人身上，實際存在著兩種人，兩種傾向，兩種不同的生命。把我們劃分開來的兩個政治派別，舊制度派和革命派，恰恰反映著我們每個人身上經歷的一切：公民的分歧只是我們心靈內部分歧的反映。我認爲，在我們身上存在著兩種人：一個是未來的人，另一個是過去的人；一個是平等法律的人，另一個是奴役法律的人。我們的心靈，我們的理智，都把平等喻爲理想，而我們的實際生活所實現的卻是不平等，除此以外，我們再看不到別的了。

問題就在這裡：今日之社會，爲其雙重性所割裂，是否還能存在下去？什麼原則已贏得勝利以致成爲現實呢？是平等，還是不平等？如果是不平等，那麼，在我們樹立這種理想之前我們又會很快回到幾世紀前的黑暗之中。如果是平等，就讓我們邁步迎接這理想的實現吧！

事實上，這就像有人用凱撒式的軍事行動從母親的懷抱裡奪走了孩子，並又活生生地把他放在奄奄一息的母親懷抱裡，此時的母親再也不敢把孩子託付給天國的光芒一樣。難道這流血的革命，接下去又是綿延達二十年之久的戰事[8]，不就是規模相當的凱撒式軍事行動嗎？我想：你們眼前的新人類是不是就這樣處於生死之間？它是缺乏新的生存條件，還是可能不適應這些條件呢？當這個生命的全部活力徹底崩潰的時候，當他需要一個新環境、一個新生命的時候，你們卻硬要叫他按原樣生活下去，你們究竟是什麼醫生！快點吧，如果你們堅持這樣做，死神就要奪去這幼小的生命。

我認爲，這就是問題的癥結所在。這正是哈姆雷特（Hamlet）提的那個問題，是從一種生活轉變到另一種生活的問題，是生死存亡的問題：「活下去還是活不下去，這是一個問題。」[9]

但是，對於這種世界局勢的未來結局，不管人們有什麼想法，至少沒有誰能夠拒絕承認這種明顯的事實和這種結論，即無論從哪個角度來看，目前這個社會除了平等這一概念，再沒有其他基礎了。如果社會沒有這種基礎，那就該宣布它沒有任何基礎了。但是，如果你們想否認社會具有這一基礎，如果你們想把皮隆（Pyrrhon）[10]的懷疑主義理論應用到許多法律和宣言當中，甚至只承認某些事實的話，這都是徒然的。你們會說，這是事實。對，但這些事實是有其原因的；在這些事實背後，在這些事實下面，都存在著這些事實的原因；在每個促成這些事實的人的靈魂當中（整個社會都在一致促成這些事實，或者贊同這些事實，或者完全接受這些事實），都存在著造成這些事實和產生這些事實的某種概念。

你們會問我這個概念究竟是什麼，回答很簡單。過去，要知道某人是否有權在社會上生存，大家只問他的血統關係是什麼，屬於哪個等級階層。如今，一切等級階層均被推翻，這一個人的血統跟另一個人的血統同樣高貴，只有公民這個稱號能保證他所有的雄心抱負都是合法的。必須承認，單憑某人是公民這一點，他就有權享受城邦內各種利益和榮譽。這種新穎的、奇特的、從未出現過的信仰，若跟人類舊式的信仰相比，雖然它還不到一百年歷史，可是它已深深地銘刻在所有人的心靈之中，這就是這種概念之所以在一切事實中顯現出來的原因。在實踐它以前，人們就想到這個概念；然後，人們實踐這個概念，當然，實踐得很差，然而確實是在實踐它，或者人們自以爲在實踐這個概念。人們不再相信種族，而相信一切人，相信一切民族；人們把平等這個概念引進刑法、民法，直至政治法之中。

你們會說，人們並沒有走得很遠，因而就夠了，界限已經找到，平等實際上控制著它有權控制的範圍，這樣一切都完成了。

如此推理，簡直是狂熱！你們既然承認一種原則，那你們就必須承認它的後果。一個原則的內部蘊藏著許許多多的後果，而這些後果只能是斷斷續續地顯示出來。一個原則，就像一個征服者那樣向前邁進：在前進中獲得力量。一旦某種概念在人類的心靈中出現，它就開始萌芽、發展並日益壯大，最後升向穹蒼。

必須承認，平等不只是人們眼前的事實，不只是刑法、民法面前的平等事實；平等在成爲事實之前也是一種概念，一種信仰。它已經引起和取得了某些結果，它必將會取得其他的結果。

## ◆註解◆

【1】熱那亞是義大利北部地方的城市和港口，它面臨利古里亞海，對面是法國的科西嘉島。

【2】呂克萊斯（西元前九八～前五五年），古羅馬詩人，是《論自然》一書的作者，他較早地用樸素唯物主義的觀點去解釋宇宙和自然現象，力圖消除人們對神仙的恐懼。他的現實主義觀點又給後來的詩人，如前面提到的維吉爾等，開闢了創作道路。——譯者

【3】烏果闌是古代暴君，他和孩子被仇人囚禁在塔中，並讓他們活活餓死。見但丁《神曲．地獄篇》。——譯者

【4】唐塔爾，希臘神話中宙斯的兒子，呂狄亞國王。他經常偷吃神酒和神食，更有甚者，他把自己的兒子剁成肉醬獻給神吃，還把天神的祕密洩露出去，為此觸怒了主神。他受到了種種懲罰，如被捆綁在高山上，懸掛在峭壁中；如被淹在大海中，海水齊到頭頸，卻又喝不到水；又如被拴在果樹前，使他垂涎欲滴，卻始終吃不到水果等等。——譯者

【5】依克西翁是古代神話中的拉正特國王，但因得罪於天神，被綁在轉動不停的火輪上受苦。——譯者

【6】弗朗索瓦絲．德．黎米尼，十三世紀中葉義大利著名的高貴夫人，由於她在婚姻問題上屈從父母之命，不能如願，故憤然而死。但丁在《神曲．地獄篇》敘述了她的故事，並使她的愛情在地獄中如願以償。——譯者

【7】普羅米修斯是從天上偷火種為人類帶來了光明的一位天神，卻也因此觸怒了主神宙斯。他被綁在高加索山上，被神鷹天天啄食他的肝臟，直到神鷹被射死，他才得救。——譯者

【8】這裡指一七八九年的法蘭西革命，以及後來到拿破崙時期的對外戰爭，兩者加在一起約二十年左右。——譯者

【9】莎士比亞戲劇《哈姆雷特》中，主角王子的一句著名獨白。——譯者

【10】皮隆（西元前三六五～前二七五年），古希臘哲學家，懷疑主義的鼻祖。他否認人類能夠認識真理和掌握真理的可能性，並提倡他的懷疑論。——譯者

# 第六章

## 對第一部分的結論。

我認爲前面幾章已經闡明了今天人類思想上眾所周知的事實：（一）每個人，作爲一個人應擁有種種權利，可以確切地說，每個人都潛在地擁有跟其他人同等的權利；（二）城邦的每個成員，作爲一個公民，應擁有種種權利，同樣可以說，每個公民都潛在地擁有跟其他公民同等的權利。

這是人們所公認並早已闡明的權利。作爲一個人或作爲一個公民應享有的這種權利，竟由於我們今天的愚昧無知而被強行限制，但這又算得了什麼呢！這種權利既已爲大家所確認，那麼隨著時間的推移，它必將得到發展。

今天你們斷然限制這種權利，還說什麼：現在，每個人，作爲一個人，每個公民，作爲一個公民只在某些方面享有權利。可是我要對你們說：在將來，每個人作爲個人所具有的權利，每個公民作爲公民所具有的權利，要比你們所做的一切廣泛得多；每個人，以個人身分，每個公民，以公民身分，擁有的權利比你們所能想到的要多得多。

因此，請你們注意，不要把權利和目前的限制混淆。權利，是由人的身分和公民的身分所產生的，它具有無窮的潛在力。將來當然會有種種約束和限制，可是這中間也有合法和不合法，合理和不合理之分。應該很容易識別對權利進行限制的兩種理由。絕不能把必要的合理的限制和臨時的限制混爲一談。後者乃是由於今天的無知和錯誤造成的，經過大家努力，完全可以加以克服。

如果你們願意，你們可以對這個原則的合理的結果暫時不做判斷；但是對於這個原則及其合理的結果的必要性你們必須接受。因此，請你們眞心誠意地承認：

就迄今人們的智慧所能揭示的大自然範疇而言，人與人是平等的，而且無論如何，這個原則的合理的結果必將會出現。

就今天人們設想的城邦而言，公民與公民是平等的，同時，無論如何，這個原則的合理的結果必將會實現。

應當再次蒙上眼睛，想像在今天這個如此苦難，如此充滿災禍的社會中，人們已經發現了正義的海克力斯[1]界限，以及完美無缺的公正；最好把眼睛蒙上三層布條，以便大膽斷言，世上跟平等原則同樣新的原則，已經產生並全面推廣應用；但另一方面，也會有個喪失理智的人認爲這種原則的結果可以用暴力加以抹殺，或用詭詐予以掩蓋。這就是說，讓人們相信神奇的創造力不久將會熄滅。好吧，你們就讓宇宙的運動停止吧，讓星球停止轉動吧，擋住隕石的下落。

◆註解◆

【1】海克力斯，古羅馬神話中的英雄。根據傳說，他最出名的一場搏鬥是與一隻三頭噴火的怪物卡居斯拼搏的激動人心的場面，常被許多作家、詩人、畫家，作為描繪的中心主題。——譯者

# II

# 過去

根據萊辛（Lessing）的看法，人類要經過連續教育的各個階段。而在到達平等階段之前，則要經過三個可能的不平等階段：家庭等級制度、國家等級制度、財產等級制度。

# 第一章

要確立政治權利的基礎，必須達到人類平等，在此以前則沒有權利可言。

直到現在，我似乎還是認爲，公民平等和人的平等這兩種觀念是兩種彼此不同、互不依賴的觀念。我必須這樣來認識，因爲我要向固執己見的人闡明平等不是一個夢幻，一個烏托邦，一個空想，一個徒然荒誕的嚮往，或者簡單地說，平等不是一個事實，或者更確切地說，不是我不知其外表的、偶爾從我們的一切演說、推理、法規中發現的事實；平等是一項原則，一種信仰，一個觀念，這是關於社會和人類問題的並在今天人類思想上已經形成的唯一眞實、正確、合理的原則。現在我把問題分成兩個部分：首先我採用了我們對於與我國人無關，而與我們的異邦人、印度人、美洲人、黑人等有關的事情所做的必然判斷，從而證實我們承認人人都擁有作爲人所具有的權利。其次，我選擇了今日現實的公民社會：我已逐步從我們的法律、風俗和各種勞動中考察了這個社會，再次證實了我的論點。但是這種區別是否帶有根本性，是否存在著這種實質的區別呢？我以爲，在十九世紀的今天，我們是否眞正持有兩種不同的平等觀，兩種關於人的原則，兩種評價人的迥然不同的方式：即一種適用於一般人和另一種適用於我國人的方式？不，並非如此，這兩種觀念相互維持，以致在我們的思想上已經合二爲一了。在這兩種觀念中，足以構成信仰、原則、學說的最普遍的一個觀念，就是人類平等觀念，而公民平等只是一種特殊情況，可以說是一種必然結果。

如果說，在十九世紀的今天，我們信仰城市中的平等，這是因爲首先我們信仰人類平等。城邦賦予的權利，今天看來只是理性對於我們首先承認的人類最普遍的權利所採取的某種限制，這種限制是以事物的現有本性和人類的現有環境爲依據的。

古人所理解的平等則完全屬於另一種類型。古人不懂得人的平等，即作爲人的人類平等：情況與此相差很遠，對他們來說，平等倒是建立在這種觀念的否定基礎上。他們的宗旨可以說是使極少數人享受平等，而我們的願望則是使人人得到平等。我們在這方面創立了一門科學，一種學說；他們卻沒有。每當地球的某個角落裡人類的尊嚴備受凌辱時，公民的平等也就遭受損害和破壞。如果有人對我們公民的權利表示異議，我們則提出這是人類應該享有的權利；這就是我們的後盾，我們的呼籲，我們的根本道理所在，猶如從前武力和大砲是國王們的根本道理所在一樣。我們就是國王，我們有這樣一種感覺，我們宣告平等自由，因爲**我們是人**。這一點我們求助於我們共同的起源，統一的種族。我們的權利來自亞當；因此這個權利屬於每一個人，同時也是爲了每一個人。因此我們絕不能用擯棄別人的方式去實行平等，而在古代，他們盡可能把人排斥在城邦之外。在他們看來，城邦不屬於人類範圍，它建立於人類之外，並且反對人類，是爲了抵制人類或制服人類。請看希臘人吧！他們把自己以外的人看作野蠻人。再看看羅馬人吧！他們建立羅馬爲的是奴役全球。類似情形比比皆是。在當時人類情況下，這種敵對狀態是十分必要的。

再則，這種敵對狀態無論在城邦內或城邦外，都到處存在；我認爲那時候缺乏眞正的權利，因而難以在城邦內確立平等和和平。城邦內的平等是一種協議，一種藝術，一種契約，它是力量平衡的結果；它不是一個觀念，一種權利。在城邦內或城邦外，戰爭狀態才是人類的自然狀態。

我們最終必須承認人類的普遍平等：只要有一天缺乏這種平等，那麼戰爭狀態，我再說一遍，就是人類的自然狀態。

事實上，你們在思想上徒然地把人類的一小部分從它的整體中分隔出去，並說：平等就到此爲止，範圍不必更大。我看你們未必能在你們狹隘的小圈子裡建立什麼眞正的平等。因爲，一旦你們實現了這種分隔，被你們置於圈子外面的人必然會毫無權利。但是，就在這同時，他們這些人就會起來抗議遭到擯棄的待遇，並破壞你們圈子裡建立的權利。

無論怎麼說，外邦人也是人，雖然你們反對這點，神明卻已經賜給他們權利。那麼會發生什麼呢？首先發生的就是喪失權利的外邦人成爲敵人[1]。這兩個事實顯然是互相關聯的。只要外邦人是道道地地的外邦人，只要他們喪失了作爲一個人應有的權利，他們就是敵人。他們不可能無動於衷；因爲他們並非是靜止不動的東西。他們是人，與你們一樣的人，既然不是朋友，他們就成爲敵人。作爲人，自然賦予了他們巨大的能量以便有利於或有害於他人，他們在別人手裡，可能成爲獲取利潤的工具，好像地球上沒有人能與他們相比一樣；反之，假如外邦人反過來反對他們，外邦人就成爲一股可怕的力量。這個敵人比起最野蠻的動物還要可怕一千倍。因此這時人的性格就會帶來其後果。人與人可以成爲朋友，那麼人的權利應該得到承認，否則他就會成爲敵人。不存在什麼中間狀態；任何中間狀態都是荒謬的，也是不可能的。

因此，首先只要有一天人類平等沒有得到公認，戰爭狀態必然是部落與部落之間、民族與民族之間的自然狀態。

可是，你們看不出城邦以外的戰爭狀態必然會引起城邦以內的戰爭狀態嗎？霍布斯（Hobbes）[2]說得對，一旦所有的外邦人都成了敵人，公民本身就會成爲公民的天敵：這時只能用暴力和統治維持公民之間的和平。

事實上，爲什麼你們非要我把這個人，而不是另一個人當作朋友呢？這兩個人豈不都具有人的面相嗎？他們不是都具有同樣的本性嗎？他們兩個不都是一樣的人，而且也是我的同胞嗎？我知道假如我跟某人結爲朋友，我們兩人勢必將跟第三者開戰，這就叫做結社、等級、城邦；眞妙極了！但是建立在利益基礎上的這種結社，除了利益以外是否也有懲罰呢？這樣說來，明天，我的同夥或許就成爲我的敵人。

那麼，還是取消人類平等吧！霍布斯說得對。在爲尋求國家基礎而對利益進行深入研究的哲學家之間，儘管霍布斯的哲學體系如此惹人厭惡，並被認爲犯了某種冒犯人道之罪，但他仍然是唯一能認識眞理，並能敢於說出眞理的哲學家。可是，當霍布斯寫作時，人類平等尚未正式提出，甚至根本無人知曉。當人類平等被大家接受後，霍布斯就錯了。那些眼光不如這隻老鷹銳利的人們都比他看得更清楚。

結論是：要確立政治權利的基礎，必須達到人類平等；在此以前則沒有權利可言。

## ◆註解◆

【1】拉丁文Hostis一詞有「異邦人」和「敵人」兩種意義。——譯者

【2】霍布斯（西元一五八八～一六七九年），英國哲學家。他用機械唯物論研究物體的運動，他的哲學理論是把感覺和認識兩者結合起來，把經驗主義和功利主義兩者結合起來，反映在政治觀點上，又把社會契約觀點和極權觀點兩者結合起來。——譯者

# 第二章

**一切政治學家，從亞里斯多德（Aristote）[1]直到孟德斯鳩，都只懂得把事實提升爲權利。**

誠然，我認爲社會權利直到現在仍缺乏基礎，人類對於平等的信仰一旦被取消，任何國家都成了霍布斯所說的那種樣子：到處發生喪失理智的激情和敵對利益的衝突，在那裡唯有專制主義，即某種權力、某種統治〔霍布斯根據諧音稱之爲政權（imperium）〕才能建立起一種制度。我認爲，人類平等的信仰一旦被取消，城邦的平等則成了一個簡單的事實，它可以存在，也可以不存在，不過，如果它存在的話，那麼它除了它自身存在以外，已經喪失了其他任何存在的價值。

此外，政治學最引以爲榮的那些不朽的著作也證實了這一論斷。

那麼我倒要問，爲什麼生活在希臘共和國的亞里斯多德，會不加區別地接受君主制、貴族制和民主制，並將這些制度一律視爲合法的呢？爲什麼時代跟我們如此接近的孟德斯鳩，也模仿亞里斯多德，接受君主制、貴族制和民主制，並將這些制度一律視爲合法的呢？

這是因爲無論亞里斯多德還是孟德斯鳩，他們都沒有人類平等的信仰。由於他們缺乏這種信仰，他們就不能把平等當作一種權利在城邦內確定下來。因此他們承認由一個人，一小部分人，或者多數人組成的政府一律都是成功的、合理的組合。如果不是缺乏原則，他們怎麼會得出這個荒謬絕倫的結論呢？

在古人當中，柏拉圖（Platon）[2]、亞里斯多德和他們的弟子們都不能清楚地認識什麼是權利。他們生活在經常處於戰爭的小國中和建築在奴隸制基礎上的社會裡，其中最多只有三十分之一的人享有自由，他們怎麼能懂得權利呢？無論他們何等偉大，在這樣的環境裡，他們無法上升到人類平等觀念的高度；而既然他們缺乏這種觀念，他們對於社會的權利根本就無法論證，除非只依據一些武斷的觀點來論證。

同樣地，在現代哲學家中，布丹（Bodin）[3]、馬基維利、格勞修斯（Grotius）[4]、孟德斯鳩，他們也不能清楚地認識什麼是權利。大家認爲，他們每個人都以自己的方式把事實上升爲權利。然而，事實上，他們生活在奴役和戰爭的時代，在那些由僧侶、貴族、平民分別組成三個彼此截然不同的階級社會裡，在那個只有臣民，沒有公民的幾乎清一色的專制國家裡，他們怎麼能認識人權呢？不管他們多麼偉大，他們同樣也不能從這樣的環境中擺脫出來，上升到人類平等觀念的高度；由於他們缺少這種觀念，在社會權利問題上，他們就只能抱持武斷的看法。那麼，從柏拉圖、亞里斯多德開始直至孟德斯鳩，政治學究竟是怎麼回事呢？

有些人認爲，這是藝術家們的烏托邦，而另一些人則認爲，這是一門觀察的學問。有些人曾設想過一種理想的、符合他們美學觀點的社會，就像雕塑家鐫刻一尊塑像一樣。但是他們的美學觀點從來沒有發展到去設想全人類的平等。柏拉圖是這類空想主義者的典型，但他並沒有把空想主義發展到這種程度。其他的人也曾試圖努力去澄清事實，並去認識事物在現實中是怎樣演變的。亞里斯多德是這類學者的典型，但是他粗暴地否定了人類的平等。

對於他們的藝術和科學，我十分敬仰；但是，我要問這些空想主義者和學者們，什麼是人的權利，社會建立在什麼基礎上，他們無法答覆我，因爲他們並沒有認識人類平等。

## ◆註解◆

【1】亞里斯多德（西元前三八四～前三二二年），古希臘哲學家，百科全書式的學者，邏輯學的奠基人。他是柏拉圖的學生。馬克思稱他為古代最偉大的思想家。他主張維護奴隸制度，並由中等奴隸主來治理國家。在哲學上，他承認外部世界的實在性，提出「三實體」論：即感覺的個別事物為第一實體，種和族為第二實體，神為第三實體。他不僅強調感覺的作用，也重視理性的作用，認為理論知識比經驗技術更重要。主要著作有《政治學》，《形而上學》等。——譯者

【2】柏拉圖（西元前四二七～前三四五年），古希臘哲學家，客觀唯心主義哲學的創始人。從二十歲起他跟著蘇格拉底求學，後來他寫的四十多篇對話集，其對話的主角就是他的老師。柏拉圖的哲學，政治著作主要是《共和國》（今譯《理想國》）《法律篇》，主張由國王建立的理想共和國來恢復貴族統治，並由學識淵博，訓練有素的哲學家們參與這種統治等。——譯者

【3】布丹（西元一五二九～一五九六年），法國經濟學家和哲學家。他認為若要理解法律和政治，首先必須真正懂得歷史。——譯者

【4】格勞修斯（西元一五八三～一六四五年），荷蘭法學家，外交家。他是第一個制定國際法法規的人。——譯者

# 第三章

## 古代不存在平等。——亞里斯多德的《政治學》所做的論證

人與人之間的平等，公民之間的平等，這是一個概念的兩個不同面向。如果在概念上把這兩個不可分割的面向割裂開來，那就等於是扼殺這一概念。假如你們只要求在城邦內實現平等，這樣的平等就受到了限制，失去了普遍性，就不成其爲原則，而變爲一種利害關係。這就不再是平等了，因爲這既是平等，又是不平等。一部分人享有權利，另一部分人卻沒有權利，這是一種特權制度，這樣就確立了人的兩種截然不同的種類和狀況，並由此衍生出一系列別的種類和狀況，它必然形成城邦內外人們之間的等級和差異，城邦外的人喪失一切權利，城邦內的人卻能享受一切權利。從這些等級中的某一等級升到另一等級，並使自己進入城邦之內，這就成爲人類活動的目的。因此，引起了種種革命。外邦人、敵人若要進入城邦，需要經過受奴役，當奴隸，被解放這幾個階段。特權多少不等的各個階層，彼此重疊，一個壓在一個上面，它們時時企圖推翻高於自己的階層，而且爲了其自身利益，也時時刻刻壓迫低於它的階層。這就產生了城邦內外的戰爭；各種各樣的鬥爭，形形色色的對抗，這就是這一時期人類中間出現的景象。對於人們追求的這種「平等」，究竟應該如何理解呢？這不是人們追求的眞正平等，而只是跟上層人的競爭，對下

層人的統治。平等如此受到限制，實際上它成爲一種沒有價值的概念，它只能適用於人類的孩提時代。事物發生如此演變的那個世紀並不是一個平等的世紀，而是只有少數人獲得自由的世紀。所謂自由，也不過是名爲平等，實際上追求的卻是一種個人的自私自利的權利而已。

古時候，人們還不認識其他事物；人們熱愛過自由，但沒有追求過平等。古人也常常談到平等，但是對他們來說，平等還遠遠不能成爲一種理論；相反地，它卻成爲某些人爲謀求自由而不惜損害他們大批同胞的一種手段。一個人可以抹殺他同胞的性格，歧視其形象，壓制其本性，使其備受折磨，但這一切發展到了何等程度，你們知道嗎？請打開古代最嚴肅的政治書籍，從中取出亞里斯多德的著作，這無疑是最眞實的典型，堪稱整個古代的崇高典型。

我眞不知道經過多少難以想像的迷惘，才使當代的一位作家嚴肅地建議普遍推廣亞里斯多德的著作，把它喻爲「無愧於時代」的政治福音書，到處加以宣傳，使之家喻戶曉。在政治道德方面，今天，沒有一個無產者能夠超越亞里斯多德。

亞里斯多德的全部政治觀點已在他的著作的第一句話中加以說明和概括。他認爲社會的基礎不是權利，而是利益。他說：「我們見到每一個城邦（城市）都是某一種類的社會團體，一切社會團體的建立，其目的總是爲了完成某些善業——所有人類的某一種作爲，在他們自己看來，其本意總是在求取某一善果。既然一切社會團體都以善業爲目的，那麼我們也可說社會團體中最高而包含最廣的一種，它所求的善業也一定是最高而最廣的：這種至高而廣涵的社會團體就是所謂『城邦』，即政治社團。」[1]

霍布斯早就對亞里斯多德進行過仔細研究，並得出結論：人類的自然社會是一種戰爭和對抗狀態，並認爲唯有法律和統治才能奠定他們之間的權利。他這話錯了嗎？在這裡，他只是解釋亞里斯多德；當他指責他的老師對人下的定義，說人是一種社會動物，彷彿人與人之間彼此存在著某種同情心似的時候，霍布斯也只是對亞里斯多德進行了修正，使他回到自身的原則上。

然而，在亞里斯多德生活的世界，一個自由人也就意味存在著三十九個奴隸；亞里斯多德認爲這種情況既正常又合法。因而他把利益作爲社會的基礎，於是首先就得在四十個人中把三十九個人的利益完全抹殺。

爲此，他要進行什麼詭辯，才使他的理由站穩腳跟？這些詭辯術，大家都熟悉：誰沒有讀過他關於奴隸制的著名論述，或聽說過與此有關的論斷呢？奴隸是在城邦之外的人，不享有任何權利；他們沒有任何權利，是因爲他們天生屬於低等人。

可是怎麼啦！難道這種低等人不能提升、完善和改變嗎？如果可以，爲什麼你們不肯給他們一種可能的權利，一種應有的生存權利，一種現在看來是局限的、有限制的，而在未來必定會實現的權利呢？不，亞里斯多德對於奴隸，什麼都不想給。他本人，也就是說整個古代、希臘人、羅馬人一致決定：奴隸永遠是奴隸，奴隸永遠與動物爲伍，不同於人類，永遠是低等人；他們宣布把蠻族和奴隸永遠摒除……但願上蒼的正義得以實現，但願有一天奴隸和蠻族反過來打垮這些高傲的公民吧！

蠻族人和奴隸推翻了希臘城邦，推翻了羅馬帝國，推翻了那時代的文明。人們探索這順乎天意的理由。人們感到驚訝，人們抱怨，人們控訴神聖的正義，那種正義只是黑暗和神祕，對此人們完全否認這裡有什麼進步，有什麼改進。是的，好些人深信，古代文明成爲絆腳石，就應推翻。有人說，你們高談進步，爲什麼會出現中世紀？爲什麼又會有蠻族的勝利？如此壯觀的大變動豈不成爲你們學說上的一大難題嗎？然而，事實眞是如此。反之，要是看不到這種推翻的必要性和正義性，那他就是瞎子。你們要問：爲什麼希臘—羅馬文明會在奴隸們的起義和蠻族人的打擊下消失。對此我們的回答是，因爲存在著天意，如同它的正義性一樣正確的天意。你們問我罪惡在哪裡，下面就是：

亞里斯多德代表了整個古代，提出在奴隸和他們的主人之間不存在什麼協定，提出在自由人之間任何協定都建立在利害基礎上：這眞是對人的本性的雙重侮辱！下面是亞里斯多德的幾段話；讀讀吧，看看永恆的正義是否能忍受這類訓導，被詆毀的權利是否本來就不應該推翻一個世界，並由此得出如下教導：

亞里斯多德代表希臘—羅馬的文明說：「非常明顯，世上有些人天賦有自由的本性，另一些人則自然地成爲奴隸，對於後者，奴役既屬有益，而且也是正當的。」（《政治學》第一卷第二章）對於上述論點，永恆眞理宣布它是虛僞的，而且是非正義的。蠻族和奴隸回答亞里斯多德時引證了《創世紀》中的一句話：神按照自己的形象造就了人，而我們大家都來自亞當。

亞里斯多德還說：「人類的分別若符合於身體和靈魂，或人和獸的分別——例如在專用體力的職務而且只有在體力方面顯示優勝的人們，就顯然有這種分別——那麼，凡是這種只有體力的卑下的這一級就自然地應該成爲奴隸，而且按照上述原則，能夠被統治於一位主人，對於他實際上較爲合宜，而且有益。所以，凡自己缺乏理智，僅能感應別人的理智的，就可以成爲而且確實成爲別人的財產（用品），這種人就天然是奴隸。」（同上）[2]亞里斯多德藉口理性，這裡卻對理性進行了最大的侮辱。因爲理性告訴我們世界上沒有與其相類似的人，既然每個人都跟我們一樣，都具有智慧、感情和知覺，他們在生活中並不只是使用體力。您的奴隸不如您智力強，這完全可能，但是您是否就絕頂聰明到他的智力不能對您有所幫助，在某些地方爲您拾遺補闕，彌補您的疏漏不足呢？只要您承認他具有一點點智慧的火花，您就不能否定他，如果您完全否定他，那就像他完全否定您一樣，是不公平的。這正是永恆的理性（被亞里斯多德如此胡亂地加以引用）所反對的。它指出這些否定他們的奴隸具有理性的主人們在理性方面的缺陷和短處。這些自命不凡的主人，他們不懂得每個人的理性都來自眾人的理性。阻撓理性發展，不讓它在人類的大多數的身上顯現出來，就是限制理性的海洋，而在這個海洋裡，我們所有人都可以享受到陽光。上帝希望奴隸們的理性能夠擴大其領域，讓這些高傲的人在其中汲取他們的理性，同時要使這些奴隸和蠻族創造出暴君的才幹所無法臆測的東西。

此外，亞里斯多德這位古人，在這一點也背棄了自己；因爲，在涉及教育問題時，他反對奴隸接受教育，他說：「美德對於奴隸來說，只是在不讓他由於縱慾和懶惰而忽略他的勞動這個狹隘職責範圍內，才是十分必要的。」（同上，章五）這話說得眞是非常可憐，而且揭示了主人的自私自利。對於亞里斯多德來說，要是爲了使他的論點名副其實，應該提倡奴隸不必接受教育和學習美德才是。

大家知道，我在這裡指責的不是亞里斯多德這位天才，我指責的是古代人。在許多觀點上，我們可以看到亞里斯多德的天才是與當時的現實有矛盾的。許多奴隸揭穿了他的理論，而不少自由人也用他們的道德敗壞和卑鄙下流同樣戳穿了他的理論。遺憾的是，造物主沒有從身體體型和臉部表情上更好地標出兩者性質上的差別。然而偏見占了上風，亞里斯多德仍然到處在他的原則中頑固堅持「主人的權力是絕對的，至高無上的。」（同上，章五）——「奴隸已完全喪失意志」（同上）。奴隸和主人雖是兩個不同的人身，但從主奴體系上說，奴隸就成爲從屬於主人的一個部分（同上，章二）。[3]「奴隸是財產的一部分」（同上，章三）。[4]——最後，談到攫取財富時，他甚至這樣說：「這樣，戰爭在某種程度上還是攫取的一種自然方式，既然戰爭包括追逐野獸，也包括進攻那些生來應該服從而又拒絕服從的人們；這是自然界本身所進行的合法戰爭。」（同上，章三）亞里斯多德的徒子徒孫們，當土耳其人抓住你們的兒女去當他們的宮女的時候，你們該如何回答呢？因爲，如同上帝秉持正義進行神機妙算那樣，當希臘人被最強悍的蠻族人任意蹂躪的時候，降臨到他們頭上的奴隸制要比對其他任何種族的都更加殘酷。

## ◆註解◆

【1】亞里斯多德，《政治學》，商務印書館一九八一年版，卷一章一，第三頁。——譯者

【2】亞里斯多德，《政治學》，商務印書館一九八一年版，卷一章五，第十五頁。——譯者

【3】亞里斯多德，《政治學》，商務印書館一九八一年版，卷一章五。——譯者

【4】同上書，卷一章八。——譯者

# 第四章

## 古代不存在平等的新論證。——柏拉圖的《理想國》

撇開學者，讓我們請教空想主義者。亞里斯多德這位注重事實的人，他只能向我們披露他寫作時代的現實，古代的現實，如戰爭、對抗、奴役；但在把這些事實理論化的同時，他只能推繹出我們現在所見到的這種學說，即由他以才智出眾爲名所喬裝打扮過的強權學說。這種學說，與其說比霍布斯的學說更不道德，不如說正是霍布斯的學說，它簡直使人毛骨悚然。關於人類平等，或者關於正義——這對我們來說是同樣的事，我們應當精確地衡量一下古人對它的認識，我們來問問柏拉圖吧。請翻開他的《理想國》。他給它的標題不就是「關於正義的對話」嗎？還有蘇格拉底（Socrate）[1]這位古代最正直的人，他對正義有過長篇論述，並排除種種障礙，隨心所欲臆想出一個建立在美的觀念本身之上、任憑其心靈幻想馳騁的虛無縹緲的理想國。啊！我們無疑會感到滿意的。柏拉圖大概比亞里斯多德更深刻地瞭解人類的平等。

人們接近蘇格拉底和柏拉圖，猶如接近基督一樣，滿懷著崇敬和愛慕的心情。每當我讀到《理想國》裡包含的眞正的神聖含義時，我不禁想到，繼豐特奈爾（Fontenelle）[2]之後，盧梭正是把該書喻之爲《福音書》的；因爲《福音書》是出自人民之手的最偉大的書籍。在這裡我們可以說：友好的柏拉圖，友好的蘇格拉底，更加友好的眞理。

可以斷言，蘇格拉底雖然對正義進行過闡述，其實他並不懂正義；柏拉圖儘管探索了人類社會的美好理想，他卻糟蹋了自己的描繪，這話說來可怕，然而是多麼千眞萬確！我們能夠如此大膽地對於古代最偉大的天才提出批評，足見人類是進步了。正如人們常說的那樣，我們是站在這些巨人肩膀上的矮子，縱然他們目光犀利，我們的視野卻比他們更遠，能夠看到他們所看不到的地方。

總而言之，我們需要增加一個註解，才能心安理得地和虔誠地批評蘇格拉底和柏拉圖這兩位理想大師。當蘇格拉底在第五卷卷首開始闡述他那個類型的共和國的後果時，難道他不覺得由於自己的錯誤而戰慄嗎？難道他不預感到自己迷失方向嗎？他的朋友們鼓勵他說話，他卻遲疑不決，但是在他向負責懲辦非故意罪的天神阿德拉斯岱（Adrastée）[3]祈禱，請求原諒他也許會犯罪之後，他同意說明：

格羅公：「請您什麼也不用害怕，蘇格拉底。聽你談話的這些人，他們沒有喪失理智，也不固執己見，對您絕無惡意。」

蘇格拉底：「您跟我這樣說話的意思，是不是要我安下心來？」

格羅公：「是的。」

蘇格拉底：「那麼，您這番話在我身上產生的效果恰恰適得其反。如果我自己確信我要說的話都是事實，您的鼓勵則是合乎時宜的；因爲當人們對具有卓見的朋友們就他們感興趣的十分重要的主題說明眞相的時候，人們可以在他們面前大膽地、推心置腹地說出來。但是當人們像我一樣，一邊說話，一邊還要尋找和摸索的時候，人們擔心出現的危險倒不是使人不自主地發笑（這種擔心十分幼稚），而是背離眞實的事實，並讓朋友們跟著他對事實做出錯誤的判斷，可是這種最後結論理應正確無誤才是。所以我請求阿德拉斯岱對於我將要說的話不要大動肝火。因爲我認爲非故意殺人之罪要比在美、善、正義、誠實諸方面欺騙他人之罪輕微。另外，寧願爲他的敵人，而不是爲他的朋友去承擔更大的風險，這是更爲可貴的。」

格羅公：「蘇格拉底，假如你的演說會使我們犯錯的話，我們會把您作爲一個過失殺人犯而原諒您。」

蘇格拉底：「法律宣布在這一生中免訴的人是無辜的；既然他在這裡無罪，看來在地獄裡，他也必定是無罪的。[4]」

我們這些在地獄裡的人（如蘇格拉底所說），我們要回答蘇格拉底說，他實在是錯了，不過他是爲了設法拯救人類，是爲了給人類指引方向，因此他的錯誤不僅應受到原宥，而且還應當得到讚美。

人們知道蘇格拉底不敢說出的是哪些話。他所害怕洩露的並讓他的朋友們激烈爭執的祕密，就是婦女共同體和兒童共同體。實際上，蘇格拉底在這一點搞錯了，這並沒有什麼可懷疑的。人類過去沒有承認，將來也絕不會承認一個根本要剷除人類個性的共同體。但是蘇格拉底是否僅僅在這一點犯了他所害怕的並在無意中犯的罪呢？他是否在其他方面也如此危險地犯了錯誤呢？或者更確切地說，是不是由於他在主要方面游移到別的地方，他解決問題的整體方法是錯誤的，所以他就必然得出錯誤的結論呢？

這正是這樣一種關於內在聯繫的十分出色的例子：它把道德的各個部分連結在一起，也把道德和政治這兩者連結在一起，而實質上它把道德、政治、宗教連結在一起了！這是因爲蘇格拉底在奴隸問題上搞錯了，在愛情和婚姻問題上更是錯得出奇；這也因爲他在政治上缺少了美，在道德上缺少了美；而正是由於這個緣故，他的宗教不能成爲人類的宗教，還要等待基督教的來臨。

正像人們即將看到的那樣，蘇格拉底對於人類的平等沒有清晰的認識；他既然沒有想到人類平等，就更談不上想到公民平等。因此他寧可考慮在他的共和國裡組織等級制度，而不考慮組織職務分工。然後，爲了彌補等級制度的缺陷，他提出了取消家庭，而結果必然是取消婚姻的主張。就在這時，他擔心會無意中犯下某種罪過，而這罪過卻早已犯下了。依照我們的看法，當這種罪過在他身上滋生時，他從相反方向加以補救；當他被一種神奇的理想所驅使的時候，他則尋找這種原先所不曾發現的平等，並透過種種現象追求它，不管正確與否，直到得出這樣的結論：如果必要，就徹底消滅家庭和婚姻。他在這方面的想法是荒謬的，可是他在這方面的感情卻是眞摯的，因爲他確實是在尋找平等。人類從他的感情中得到啟示，但摒棄了他的這種想法；人類從別處找到了解決平等的辦法。

由於受到十八個世紀基督教的啟發，我們現在容易認識到蘇格拉底在宗教、道德和政治方面的缺陷，也容易認清柏拉圖熱烈稱頌爲「空前完美的理想國」的缺陷。是的，我們敢這麼說，蘇格拉底，您在美、善、正義、誠實等問題上是錯誤的；而且您在這些問題上的錯誤，不僅表現在您所擔心搞錯的問題上，而且還表現在您滿懷信心進行闡述的問題上，表現在您猶如一個自信步履坦途，自由自在地向前邁進的人那樣，自由加以發展的問題上。誠然，您是崇高的思想家，而在您生活的那個時代，由於人類還太缺乏教育，縱使您的心靈多麼聖潔，您仍然不敢抱有人類平等的想法。不過，您已經爲帶來平等做出了傑出貢獻，所以您在今天，以致將來始終可與您的繼承者耶穌媲美。

對《理想國》進行的分析，彷彿在一幅奇妙的、像由全部詩神同心協力創造的織錦上去尋找它的經緯和質地似的，我們可以獲得兩個公式，一個是人的形而上學公式；另一個是與前者相應的政治公式。蘇格拉底運用了無窮的藝術手法，組成這部名著的全部精華，以此掩蓋了他的形而上學公式；他似乎先天地構造他的社會，但實際上他是根據他人的定義著手構造社會的。爾後，在結尾時，他引進了人本身，同時指出人類具有三大功能，這三大功能與他想像中的共和國的三大社會等級相符合；在他看來，似乎這種會合和這樣的相似之處乃是機緣的巧合，於是他叫道：「你們請看！天上的神明把我們引向共和國的計畫中去，並帶領我們沿著正義的足跡前進。」（見該書第四章）

我覺得還是讓我們剖析一下藝術家的這部作品吧，柏拉圖似乎從索福克勒

（Sophocle）[5]和亞里斯多德等人身上竊取了他們的方法，才能引出千百個插曲和編造神奇的結局來；讓我們冷靜地觀察一下他所採用的形而上學公式是否眞實，而由此運用於政治上的做法是否恰當和嚴謹。

柏拉圖從人身上區別出來的三大官能，一是理智；二是感情，又稱爲力量、勇氣、怒慾，概括地說即是感情；三是感覺慾或占有慾，亦爲人體的眞實或誇大了的需要。

根據柏拉圖的說法，人的靈魂具有三重性；它由三樣東西，三種原則構成，人們能夠，也應該加以識別。這是一個偉大而又重要的眞理。對此，我們確信無疑，我們從這位哲學家之王、卓越的形而上學者柏拉圖那兒獲得眞理，這是令人無限欣喜的；幾年以前，當我們想把它提出來以反對當今人們所宣揚的僞心理學[6]的時候，我們還不知道這個眞理明確存在於他的著作之中。由於我們才疏學淺，當時爲了證實我們看到的這個眞理，我們僅僅援引了一些可敬的思想家的著作中的某些段落，雖然他們在形而上學方面並非有很大的權威。我們引證過的巴斯卡（Pascal）[7]和博須埃（Bossuet）[8]，目的是爲了向唯心的唯我心理學者們指出，基督教徒自己從來沒有想過人類的智力與他們的軀體毫無聯繫，從來沒有想過人就是天使[9]。正像巴斯卡所說：「人既不是天使，也不是畜生」；恰恰相反，他們始終相信人的軀體和智力，組成了「一個自然的整體」（根據博須埃的說法）。從理智（即認識）和知覺這兩大原則中，我們可以推論出第三個原則，即感情。它既屬於上述兩種原則，而又把它們聯繫在一起。以上是我們看到的心理學的實況。從此，我們在萊布尼茲那裡也看到了這一眞理；我們曾經指出整個德國哲學，或者說，自笛卡兒【10】以來，哲學界所做的大量的工作，其目的和結果就導致了對這一眞理進行全面的闡述【11】。柏拉圖的著作向我們極其明顯地展現出這一眞理，這是他最完美、最偉大的學說的基礎。在幾個世紀中，多少哲學家都一致認爲人就是三重本質的統一！

顯然，柏拉圖對人所下的定義，說到底與我們經常在論述中所使用的定義是一回事。我們認爲它是一切哲學的基礎。在本書一開始，我們就說過，在人的一生的全部活動中，知覺—感情—認識三者是不可分割地聯繫在一起的。

但是柏拉圖對這個關於人的定義的理解是否完全就是我們對它的理解呢？無論是柏拉圖本人發現的這個眞理，還是他從以前的哲學家【12】手中接受的眞理，應當承認柏拉圖並沒有把這個眞理引向頂峰。可以這樣說，柏拉圖清楚地看到人類靈魂的三位一體，但他對它的統一性認識不足，從而對三位一體本身也沒有很好地認識；從這個意義上來說，重要的是切不可把人類靈魂統一性的玄義和構成這種統一性的三大原則或方面的玄義分割開來。柏拉圖的做法頗像物理學家，他用分色稜鏡首先把一束光進行分色，然後對各種單色做出推斷。但他否認白色光束，因爲它雖不同於其他光色，卻包含了其他光色。與其說他把各部分聯繫起來看，不如說他是在進行區分、鑑別；他採用分析法進行分解，而不採用綜合法重新加以組合。總而言之，他在人類本性的三方面或功能中，過分強調了各個**部分**（他始終是這樣稱呼的），卻沒有足夠重視到正是這些個別部分的總合方可組成一個單一的整體，一個自然的整體，用博須埃的名言來說，一個最終的統一體。柏拉圖稱之爲人類靈魂；因而他也稱之爲一個統一體、整體、獨一的存在、單一的事物；但是，當他論述這個靈魂具有的三個部分時，他馬上又把上述統一體忘得一乾二淨。此時，他把三個部分當作三種存在，三種事物；他盡可能地把它們分開，而沒有考慮到三部分是在一起彼此促進、不可分割地發揮其作用的。他不理解三部分之所以能存在完全是因爲它們共存的關係。他把它們想像爲互不相關的獨立存在，各自爲政。並且認爲：就其本性來說，它們彼此是敵對的，是不相容的，是互相對立和鬥爭的。他把知覺放到最不重要的位置上，使其處於從屬地位，貶低它，歧視它。相反地，他卻賦予理智或認識以主宰人類靈魂的至高無上的權力，也就是說，它成爲這個分裂王國裡的專制君主。最終，柏拉圖在對第三部分即他稱之爲怒慾的去向進行了長時間研究之後，他決定對它進行恰當的教育，使之「拿起武器轉向理智一方」。唉！理智或許應該指揮；智慧是使人與動物有所區別的標誌。但是理智可以不需要知覺和感情嗎？或者更確切地說，在任何理智和認識的活動中，感情和知覺沒有必要介入嗎？

柏拉圖致力於他所設想的人類靈魂的重大劃分。同時，他運用他的辯證法去很好地確認理智是某種不同於身體本能和心靈本能的東西；不僅如此，他甚至還把理智想像爲不需要借助於外物而獨立存在的自我顯現；正是在這一點上他搞錯了。

他說，某一個人口渴，但他克制自己不去喝水，因爲喝水可能給他帶來危害。這裡你們難道不能發覺在他的靈魂深處有兩個毫不相干的部分存在著嗎？一個是促進他去喝水的部分，即占有慾；另一個是阻止他喝水的部分，即理智。

這種論證並不牢靠，一個人口渴之極卻不去喝水，那完全屬於這樣一種情況：即兩害之中取其輕者。因口渴而感受到的苦楚類似於受傷、生病和我們的知覺所能感受到的所有其他一切痛苦。而口渴又不去喝水，這同樣是因爲害怕喝了之後會使身體產生不適、苦痛。無疑地，理智在這兩種感覺之間很清楚地顯示了；但是，即使這樣，理智也不是獨立存在的。絕不能像蘇格拉底所說的那樣，首先由理智做出判斷，然後感情拿起武器站到理智一方；相反地應該說，只是因爲感情首先在理智之前發表了意見，理智才出面，並且歸結出符合它的規律和表現的結論；或者也可以說知覺、感情、認識構成了一個單一的、確實不可分割的同一行動。事情是很清楚的，在蘇格拉底使用的例子中，靈魂就像我剛才所說的那樣，處於當前的痛苦和未來的痛苦之間，而後者要比前者更加嚴重。靈魂是如何認識這未來的痛苦呢？如何稱呼靈魂對此所持的觀念呢？它被稱之爲感情；因爲我們說人在這種情形下，害怕自己會生病。這樣理智就從以下兩種感情的比較中顯示了：一種是如同疾病般的感覺，即口渴；一種是害怕產生另一種疾病的心情。理智爲了抵制知覺，在感情中找到了防禦據點。但是人們不得不稱之爲害怕、驚駭的這一類感情，實際上是一種激情；它自身也蘊藏著一種知覺。所以，理智雖然是與知覺完全不同的東西，它仍然與知覺同時表現出來；一個抵制柏拉圖的所謂占有慾的人，當他正在抵制時，他本人也表現出一種占有慾，即知覺。

這樣，柏拉圖就爲荒誕的斯多葛主義[13]和苦行僧主義打開了大門，前者即所謂禁慾主義，不認爲苦痛是一種壞事。後者蔑視生命，甚至認爲爲了顯示偉大，人們可以自殺，即透過破壞人的三方面的和諧[14]以達到目的。

這就是他的全部錯誤。這當然是嚴重的，因爲這些錯誤使他得出一切不正確的結論。這在他的《理想國》中到處可見，我覺得沒有必要再加以贅述了。

柏拉圖深深懂得社會反映出人的一切。這個眞理說明，社會就像一個人，人是一個小世界，而社會就是這小世界的大世界；在它們兩者之間存在著同一性，它們能互相反映；最後，推而廣之，人是人類的縮影，同樣地，人類也就體現在一個人身上；我可以說，這個被某些近代哲學家們有正當理由竭力堅持著的眞理，在柏拉圖思想中已有其萌芽，他說：「一個社會的情感和風尙可以在組成這個社會的每個成員身上找到，因爲只有這樣，它們才能進入社會。」（第四卷）在這種思想指導下，柏拉圖認爲可以根據對一個正直的人的觀念來組成一個合理的社會。這正是他的指南針；他讓我們認識並掌握他的指南針。當他結束了對這個完善的理想國的探討時，他又回到了個人來，他說：「因此，倘若我們發現人的靈魂的三部分相當於理想國中的三大等級，並且它們彼此具有相同的依附關係，那麼我們將給予個人的稱呼和我們已經給予社會的稱呼完全一致。」（第四卷）還是推翻這種說法吧，設想蘇格拉底這樣說過：「倘若我發現國家的三個等級相當於人類靈魂的三部分，並且它們彼此具有相同的依附關係，那麼這樣的社會豈不是一個完善的社會嗎？因爲它與一個完善無缺的人相似。」這樣，你們就可以知道柏拉圖設計他的理想國時的全部祕密了，同時也可以洞察他的各種謬誤的祕密所在。我以爲他的錯誤主要表現在他的形而上學公式上，同時他的政治主張也是錯誤的，正確地說，這是因爲他過分地應用了他早已形成的形而上學觀念。我的意思並不是說他錯在希望說明人類社會和人類靈魂的類似性，因爲這種類似性過去一直是，將來也仍然是組成社會的直接原因，無論這個原因是已知的還是未知的。

於是，蘇格拉底開始行動，但他並未告訴友人他是根據什麼指導思想去行動的，他仿照他所知道的人類所有的三部分，即認識、感情、知覺，或者用身體的象徵，即頭腦、心臟和軀體去創造一個社會，創造一個由一個頭腦，一顆心臟和一個軀體組成的社會。這等於說，智慧用於領導和統治，感情用來服從智慧，而平凡的本能只能和外界自然發生關係。由此得出理想國的三大社會等級：行政長官、軍隊士兵和手工藝者或莊稼人。

無疑地，這三大社會等級現在還存在，並將永遠存在於社會之中。柏拉圖並不是在這一點上有什麼錯誤，恰恰相反，這倒是他的莫大光榮，他借助形而上學進行了一次如此恰當的分類，以致全部歷史、任何民族、任何時代的歷史，都是這一說法的重複。柏拉圖懂得形而上學的必要性，他從這個詞的正確意義出發，認識到了從人的自然本能中得出的一個事實。是的，社會現在是，將來也是由三大等級或三種階級組成，它們中間有一部分人好像是人類本性的三方面中起著主導作用的一方面，而同時亦如在這三方面支配下生活的人，具有它的必要性。這三個等級，這三個階級，在印度是以婆羅門、夏特利和首陀羅（最低級）[15]的命名出現的，而在埃及則是以祭司、士兵和耕種者的名字出現的。雖然在希臘各城邦共和國或在羅馬這三個詞還十分明確，但總的來說並不十分清楚，相當含混。在中世紀時期又以僧侶、貴族和市民（第三等級）的名稱重新再現。

然而，在這一點上，什麼是人類的進步呢？進步，首先是這三種等級或階級各自成爲社會等級階層，在未來只能演變爲職責分工。進步，首先是這三個等級已經滲透到全體人民當中，以致倒像在印度這樣的國家，再也不存在什麼印度人，而只存在婆羅門、夏特利和首陀羅；甚至將來只存在整個社會所固有的三類職責中的這種或那種分工的人們。但他們將不會爲此而被社會所吞噬。

處於東方世界和西方世界交界處的柏拉圖既是埃及的門徒，又是基督的先師，他妄圖逃避等級制度，他用一隻手扶植這個制度，卻用另一隻手去推翻它。他想用消滅世襲的辦法來粉碎這個制度，但他又用另一種方式建立起這個制度，尤其因爲他取消了最初在他看來完全是荒唐的內容，所以使得這個制度更具有現實性。

是的，柏拉圖還設想過社會等級：他盡可能地使等級理想化，使其盡可能地完美、合理，但無論如何等級還是等級。他對行政長官和士兵特性的深刻研究是無與倫比的。當他研究行政長官的特性時，他發現了一位哲學家；[16]當他研究士兵的特性時，他爲我們指出了感情的人和藝術家。於是行政長官、士兵、勞動者這三個詞在他的筆下變成了哲學家、體操家和手工藝匠，或者換句話說，變成了學者、藝術家和企業家。然而在翻印柏拉圖著作所採用的最新分類法中，社會上的這三個階級似乎被蘇格拉底看作性質根本不同、可以說彼此毫不相干的三類人。因此，正像我們提及的這種近代體系的作者（他肯定是模仿了柏拉圖）一樣，柏拉圖終於概括出三大不同的等級，它們與人類本質三方面，即知覺、感情和認識相對應；因此，他這種體系具有我們所討論的體系的全部錯誤，或者不如說，知其一就能知其二了。

這是因爲，既然柏拉圖不理解他那形而上學公式的統一性，他也就完全忽視了在政治公式中的統一性。

人類靈魂確有三部分，對此我也承認，但前提是柏拉圖應當承認這三部分構成了一個整體。

同樣地，人類社會裡也必然存在三個部分，但前提是這三部分形成一個整體。

然而，在什麼條件下，這三部分才構成一個整體呢？條件是這個整體是可以感覺到的、實實在在存在著的。它不只是智慧的抽象作用所理解的對象，而且是能夠捉摸到的，正如剛才我所說的那樣，它生活著。

這個整體就必須在某個地方寓於有生命的實體之中。

然而，眞正生存的只是組成社會的人。就社會本身而言，它並非一個眞正存在的有生命的實體。

因此，社會的統一性必須在一個人、幾個人或者所有人的身上可以感覺到並表現出來。

可是，有什麼理由說這樣的統一性體現在某一個人身上，而不是在其他人身上呢？它應該寓於所有人的身上。這就是問題的癥結：這個共和國內的三個部分表面上進行競爭，難道它能維持其自身的統一嗎？柏拉圖相信這一點，然而他錯了。由此而設想的社會統一性只是一種虛構，一種抽象，一個空泛的影子，一個字眼而已。

人們稱之爲社會的總體或集體，它之所以眞正能存在，只是因爲這總體反映在個別人的身上，也反映在眞正生存的人的身上。沒有人就不成其爲社會。因此問題不單是根據三部分適當的比例去組成一個共和國，而且是出於造就一個人的目的去根據三部分適當比例組成共和國，並且，這個人也是和共和國一樣，以三部分的適當比例組成。總之，社會或共和國只是由人以他自己的模式創造的一個環境，以便能在其中生活和正常地發展。人是根據神明的模樣被創造出來的，而今輪到他依照自身的形象進行創造了；可他所創造的東西並非是他的最終目的，也絕不是他自己的既定目的。人既定的目的，則是他的自身，並透過他自身發展神明所賦予他的東西，這就是說天主給他神的模樣；所以歸根結底，人注視的目標仍然是神明。但是沉醉於社會、周圍的環境、人類這面鏡子以及他自己的作品，以致忘卻上帝按照自己意願所創造的眞實存在的人類自己，這實際上是一種拜物主義，一種偶像崇拜，一種謬誤。蘇格拉底，你可以當藝術家，但請不要忘記藝術的目的是人類本身。

蘇格拉底在他的共和國裡把人徹底遺忘，他為藝術而藝術，只要接觸到在他看來已經完美無缺的共和國的觀念，他就心滿意足；至於單獨的個人在他的共和國裡是否完美無缺，他則毫不考慮。

應該看到，在柏拉圖那部令人難忘的作品中洋溢著一種天才的樸實熱忱，即使他犯了根本性的錯誤，他對人類所做的貢獻還是很大的。以下是我做了刪節的蘇格拉底的一段優美的文章，在這裡，他扼要地對他的朋友們證明他的共和國是十全十美的。

蘇格拉底：「亞里斯多德的子孫們，我們的城市終於建成。請召喚你們的兄弟，請召喚波萊瑪律克[17]和所有聚集在這裡的人們。你們一起點燃火把，去發現正義和偽善藏在何方……倘若我們制定的法律是良好的，我們的城市將會是完美的……因此我們的城市顯然應該是謹慎、強大、節慾和正義的……我們的共和國普遍地表現著謹慎態度，因為到處都有善意的勸告……行政長官，他們是國家真正的守衛者，他們必須舉止謹慎……因為任何治理得好的共和國，它之所以行事謹慎是由於共和國本身最小一部分人，即處於共和國之首的身為統治者的那部分人辦事科學，看來是自然造就了這一小部分人，他們屬於能夠擔當起眾多科學之中唯一稱得上謹慎科學的人……至於力量，這在我們共和國裡不難找到，它是共和國存在的實體，並使國家享有強大這樣的美名……我們的城市之所以強大乃是由於城市的一小部分人擁有某種保守的美德，這種美德建立在立法者透過教育使他們所接受的觀念基礎上。力量事實上並不是粗暴和兇殘人的勇氣，而是關於對任何事物有無必要畏懼的那種正確和合理的觀念……假如我們經過精心挑選並經過音樂和體操訓練的士兵們對於所有令人畏懼的事物始終保持著清醒的頭腦，那麼共和國必定會是強大的。至於其他的公民，膽怯或勇敢，這對國家的盛衰不能得出任何結論……我們的共和國也是節慾的，它能控制自己，如果眞的應該對任何一個人和任何一個國家——在那裡最受尊敬的一部分人支配有遜於它的另一部分人——可以稱之爲節慾和控制自己的話。誠然，在我們的共和國裡，確實存在著無數各式各樣感情衝動的事例，在婦女、奴隸甚至大部分自由人那裡不是沒有歡樂和苦痛。你們在那裡極少發現單純而溫和的、建立在正確信念基礎之上並由理智控制的欲望；它只在既有天然美德，又有優良教育的人身上體現出來。然而，難道你們同時沒有看到，在我們的城市中，成千上萬屬於下層等級的人們的欲望和激情正是由一小部分稱之爲賢者的審愼和意志加以調節和控制的嗎？……」

在這裡，我們要打斷蘇格拉底的話，以便指出他把謹愼或智慧局限爲行政官員所有，把勇氣和力量局限爲軍隊士兵所有，在這之後，他不再採用類似辦法，把他觀察到的第三種政治品德，即善於節慾的品德，歸之於第三階級。但是他將如何能把類比的方法進行到底呢？第三階級的人，對科學和藝術一竅不通，正如柏拉圖所說，他們是具有占有慾的人，或者我們今天也許稱之爲只有知覺的人，他們是手工藝者、工業家，他們必然聽命於知覺，既然他們自己已經喪失了智慧和感情。況且，他們也並不自由，因為他們受到軍隊士兵的看守和控制，正如後者自己也受到行政長官或哲學家的控制一樣。他們既然受著那種被認為是他們的本性的低下的知覺和占有慾所驅使，他們必然還會處於奴隸狀態下而受人鄙視。他們怎麼會具有與他們的先天條件和教育條件直接相對立的優良品德呢？這是荒誕的。他們只是受人利用和受人控制的一大群人。柏拉圖從來就是這樣看他們的。他們之所以變得節慾只是由於他們受人控制。根據柏拉圖的觀點，他們恰好符合第三種品德，符合節慾的品德，然而這種符合是間接的、強制的，是別人強加於他們身上的結果，不需要徵求他們的智慧和感情的同意。因此，柏拉圖在尋找安置節慾的地方的時候，把這種品德既放在他們的身上，但同時又不屬於他們。

蘇格拉底：「當社會上的成員這樣安排就緒的時候，您說節慾的品德應放在何人身上呢？放在統治者的身上，還是聽命者的身上呢？」

格羅公：「既在這些人身上，也在另一些人身上。」

蘇格拉底：「的確這樣。節慾不同於謹慎和威力，後者每每只能集中於國家的某一部分人身上，卻使國家變得審慎和強大；而節慾卻是建立在一個社會或一個人內部的高級部分和低級部分之間的本性的一種和諧，以便確立究竟哪一部分該統治另一部分。」

蘇格拉底只需要做出結論。而事實上他用正義這個偉大的字眼做了結論，這個字對他來說等同於美德和完善。然而，這正義又在何方？請仔細聽：

蘇格拉底：「共和國是合理的，因爲組成這共和國的三大等級的每一等級都單獨履行著屬於它職責範圍內的一切義務。」

以上就是蘇格拉底和柏拉圖關於人類正義的最後一句話。正義乃是存在於每個等級內的三種範疇：牧羊人、牧羊犬和一群羊；行政長官好比機靈的牧羊人，軍隊士兵好比這些牧羊人豢養的靈活牧羊犬，而絕大部分人則是聽命於這些牧羊人和牧羊犬的羊群。

在此，我們要以今日的倫理賦予我們的全部堅定信念去大聲疾呼，以反對蘇格拉底。不，政治的目的並非以三種本質不同的人所組成的一個國家：一種是名叫手工藝者的粗野人，另一種是稱之爲民眾保衛者的軍隊士兵，最後一種是命名爲行政長官的有識之士。政治的目的是使一切人盡可能地成爲一個完整的人，亦即一個具有智慧、感情和知覺的人。

顯然，柏拉圖出於他對社會理想的需要而扼殺了人。更有甚者，他根本就沒有找到這種理想。而當這位醉心於他事業的偉大藝術家驚呼：「這曾是最理想的理想國」的時候，我們有權對他說，我們還設想出另一個更好的理想國。他的理想國只是在表面上建立起來，它只有表面上的完美，只是表面上代表正義。它缺少某種東西，即缺少靈魂，缺少統一性。

柏拉圖過分地割裂和肢解人類靈魂，同樣地他也過分地割裂和肢解人類社會。我已經指出，這就是他的全部謬誤的根源；這也說明爲什麼他的理想國不是他所追求的理想。

在識別了一個國家內三個等級即三種職能之後，必須接著說明爲什麼一個國家既不是這種職能又不是那種職能，也不是第三種職能，更不是三種職能的混合；而作爲眞正國家的這個不可分割的統一體怎樣歸之於這三種職能的和諧一致；然後抓住個體和社會的類似性，進一步指出公民在這個國家裡並非以公務員的身分，即作爲一個部分出現的，而是以公民的身分，即以完整的、與國家一致的、具有同樣性質的統一體出現的。這種新的綜合正是柏拉圖理想國中所缺少的，也是與他所採取的立場不相容的。

事實上，在一個充滿著眞正等級的社會裡，在一個其延續原則是少數聰明人運用手段、詭計和手腕實行統治，另一部分人像牧羊人的看家狗那樣馴服、屈從，第三部分人則是無知、下流、缺乏勇氣、膽小怕事，在這個社會裡，一個完整的人怎麼能夠生存下去呢？然而我想得更遠，我要對柏拉圖說，根據他自己的原則，他的結論說明他的前提是荒謬的，或者說他的前提使他得出荒謬的結論。因爲，喔，柏拉圖，在這樣的一個理想國裡，哪裡能找到你的完美的人呢？你的理想國是合理的，我也希望如此，可惜不存在完美的人。你說過，一個完美的人乃是一個用智慧統治感情和知覺的人。你的手工藝者是完美的嗎？他們尚未具備駕馭自己的智慧；因爲駕馭他們的是外部的智慧。同樣地，他們尚未具備感情，藉以協助他們所缺乏的理智；因爲感情是你的士兵們所擁有的威力。同樣地，你的士兵們是否完美呢？不，因爲在他們的行政長官和他們的神父們的神聖祕密中，指導性的智慧是不爲他們所有的。因此只有後者才是完美的：可是他們忙於用計謀來控制他們的學生亦即士兵的暴躁情緒，同時要把手工藝者和奴隸們像下賤的牲畜一般踩在腳下，難道他們會是完美的嗎？所以，在你的理想國裡，按照你的定義幾乎沒有一個屬於完美的人，或者至少說絕大多數的人不是完美的。如此，蘇格拉底對正義所闡述的意義本身，就把正義從這個理想國裡放逐出去了。然而，如果沒有這個理想國，蘇格拉底就不會在地球上看見正義。

既然在這樣的理想國裡沒有完美的人，那理想國本身又怎能談得上完美呢？蘇格拉底在他的共和國裡所發覺的這種正義，這種完善，正如我已經指出的那樣，只是一種表面現象，是一句空話，沒有任何實際內容。置於這個社會頂峰的智慧不是一般的智慧；因為具有這種智慧的人被認為僅僅是智慧的代表；根據柏拉圖慣用的比較方法，他區別於其他人，猶如牧羊人區別於他的牧羊犬和他的羊群。出於什麼同情心理促使他們關心這些羊群呢？毫無同情之心。可是脫離感情，脫離當今可以感覺到的現實的智慧又是什麼呢？一個十分蹩腳的嚮導，可能導致最嚴重的錯誤，並把人們引向黑暗的深淵。這種對人類全然陌生的智慧的眞正靈感究竟從何而來呢？柏拉圖爲他的城邦安排的首領是那些缺心少肺的德高望重的老年人，如果他們眞懷好意，也許會把人類拖入荒誕的苦行主義之中；或者如果他們被感情所支配，他們就會變成老練的僞善者和偉大的故弄玄虛的人。旁證是我即將進行論證的羅馬教皇，他在某種程度上使柏拉圖政府成爲現實。

柏拉圖式的感情，到頭來也不過是一種盲目的、狂熱的和迷信的勇氣。人們用熟練的手腕率領這些柏拉圖的士兵好像山嶽黨元老的侍從和中世紀的十字軍士兵，最後，那種受人歧視，名譽掃地並被踩在腳下的感覺，也像站立起來的蛇企圖實行報復；最邪惡的激情會煽動柏拉圖城邦裡的老百姓，他們實爲一群烏合之眾的奴隸。因而在這個理想國裡，無論是智慧、感情和知覺，一切都是反常的。一旦把代表著人的神聖事業徹底推翻之後，柏拉圖在他人爲的作品即社會中所能實現的只是一隻眞正的怪物。

我重複一遍，這是由於柏拉圖並未理解人與社會眞正關係的緣故。他幻想著使人透過社會人爲地生活。事實上，人在生活，而且應該透過社會來生活；但是他應該透過社會自然地生活。對此，我的理解是，人總應該作爲人而完滿地生活，並且是根據他的本性，甚至透過社會來生活。然而，如果說人不透過自己就無法完滿地生活，那麼如果社會把人排斥在外，不透過人，不歸屬於人，演變成除人之外的其他什麼玩意兒，人同樣無法完滿地生活。因此，人跟社會具有根本性的徹底的區別，同時人跟社會具有同一性。以上就是柏拉圖尚未領悟的奧祕。

在人或公民與社會之間，實際上存在著同一性。但是人們抓住的往往不是它們之間應該存在著的眞正的同一性，而是一種虛假的同一性；這正是柏拉圖的錯誤。

同樣地，在人或公民與社會之間，需要確立起某種實際的和確實的差別。但是，人們抓住的往往不是這眞正的差異，而是另一種虛假的差異；這也同樣是柏拉圖的錯誤。

柏拉圖對他的公民說：你在理想國裡將是手工藝者、士兵或行政長官，你不是別的東西，你不再是人。此刻，他既確立了人和社會的虛假的同一性，又確立了人和這同一社會的虛假的差異。事實上，他對人和社會的識別和區分是把人分爲智慧、感情或知覺，換句話說，把人分爲頭腦、心臟或四肢，而把共和國作爲這一切的整體。這種差異太明顯了：人既然作爲三重性的一部分，卻被置於組成國家三重性的對立面，他必然會被全部消滅；因爲人與社會的差異太大，以致在雙方中間的任何一種聯繫都不可能受到重視。反之亦然，當柏拉圖在完整的同一性（即人是這個社會裡眞心的頭腦，或心臟，或肌肉）中尋找人和社會的同一性時，這社會本身也就消失，並趨向滅亡；因爲在這個享有社會權力，以致可能成爲社會之首的活生生的人面前，這個所謂社會的抽象生命不過是一個空泛的影子和毫無意義的字眼罷了。社會隸屬於處在社會之首的這個人，他把社會挑在肩上；人即社會，因而社會就在人的身上；正像某一位君主所說過的：「朕即國家」[18]，他能夠，也應該說：朕即人類。由此再一次產生了東方的喇嘛教或西方的教皇，也就是說人類在一個人身上滅亡。

不，人和社會眞正的同一性，和它眞正的差異並不在這裡。這種同一性和這種差異就在於社會具有行政長官—士兵—手工藝者，或換句話說，學者—藝術家—企業家這一完整生命反映在具有認識—感情—知覺的完整人身上。這社會符合人的全部本性，給人的全部官能提供食糧，眞正哺育著人，並統治著人；反之亦然，社會就是人的所有這些共同官能的歸結，是這人的產物，它由這人養育和統治，總而言之，社會是這人的創造，也可以說是他的家，是他生存的唯一環境。

後面我還會提到這一看法；我要指出這才是人與社會之間的眞正關係；我還將研究這種平衡，研究這種彼此滲透是怎麼產生並如何隨著人類的不斷完善一步步地實現的。暫且我只做某種對比，粗略地把我的觀念勾畫出來。我們如何認識自己的身體呢？難道不是在觀察另一個反映我們特點的身體上認識自己嗎？我們這樣觀察到的東西其實不是我們的身體，而是我們藉以觀察自己的鏡子。因而構成我們形象的則是鏡子。但是，假如我們的身體不是站在鏡子面前，那麼鏡子本身就反射不出我們的形象。其實正是我們的身體構成了自身的形象。然而我們的身體和鏡子完全是彼此獨立的，縱然我們只是透過兩者才能認識自己的身體。人類的生命也是這樣。人類生命就是產生於人和社會的相互共存的認識、感情和知覺：如果取消其中一個部分，生命就會停止，正像我們剛才討論的形象同樣會消失一樣。然而人和社會就像我們的身體和照出自己形象的鏡子一樣，既有差別，又有各自的獨立性。但是由人到社會，由社會到人之間，存在著一種相互滲透，透過這種滲透，兩者互相交融，不斷地表現著差別，猶如我們的身體和鏡子構成形象時融爲一體一樣。然而，在什麼條件下我們說一個人從鏡子中看到自己，或是鏡子中再現一個人的形象呢？條件是這個人能看到自己全身以及鏡子要大到使人能夠這樣做。因此，要使人和社會正常存在，人必須在社會裡成爲一個完整的人。社會也必須成爲一個完整的社會。這絕不是柏拉圖式的人，也不是柏拉圖式的社會。柏拉圖在他的理想國那面鏡子裡分成三個廂房。上面是專門給頭腦使用的第一廂房；中間是專門給胸部使用的第二廂房；最下層是專門給雙腿使用的第三廂房。然後他採用魔術手法，即對一部分人實行教育，卻拒絕另一部分人，以便使這面鏡子在同一時間內，只能從一個廂房內反映出那些正在鏡子中照著自己的人們的相貌。於是，在這面鏡子面前經過的人們就被分割了：一些人只有頭顱，卻沒有胸部和雙腿；相反地，另一些人只有斷頭缺腿的胸部；最後一些人只剩下了雙腿。柏拉圖覺得這面鏡子精彩地照出了物體，因爲他把一些人的頭放到了另一些人的胸部和雙腿上去。但是人們可以實在地說，這樣的鏡子和人並不存在。

柏拉圖把智慧、感情、知覺分散到社會的三個不同部分上去，並用絕對的方式使其固定下來，這顯然只會使印度和埃及重現。他不認爲人類只有一種，而認爲有三種；這樣，他恰恰降低到了吠陀[19]的水準：「根據《摩奴法典》[20]的規定，至高無上的主人，透過他的嘴巴（相應於頭腦），透過他的手臂（相應於胸部和心臟），透過他的雙腳（支撐部分，並與大地接觸），爲了傳播人種，造就了婆羅門、夏特利和首陀羅。」[21]（該書第一章）

那是印度，那是埃及：對此，柏拉圖這位希臘天才的最高化身，還要補充什麼呢？在確認婆羅門（哲學家或行政長官）、夏特利（士兵）和首陀羅（手工藝者）的絕對存在以後，我說柏拉圖是怎樣迴避等級永恆存在的原則的呢？關於他竭力迴避這個原則的問題，我已經做過論述，他採用的辦法是根本廢除一切繼承權、一切財產和一切個性。

這裡表現出了柏拉圖的天才的一個新生面，它爲希臘恢復名譽，把希臘提到高於印度和埃及的程度，使柏拉圖發揮東方和基督教之間的調解人作用。柏拉圖在創造了等級之後，又鼓吹統一，設法從他自身開始消滅等級。

這眞是這位天才的離奇對比：柏拉圖在他那《理想國》裡有兩種傾向，也可以說像雅努斯[22]在古代的象徵一樣具有兩種面貌。他既看著過去，又看到未來：也可以說他既留戀著古老的東方，但同時又嚮往著正在誕生的西方；他像僧侶一樣主張等級制度，但又贊成平等主義；他宣揚等級制，但又鼓吹消滅等級；他的原則是區別智慧、感情和知覺，即區別頭腦、胸部和雙腳。這種區別和婆羅門的宗派信徒的區別一樣明顯和強烈；但他的另一個原則則像佛教徒和基督教徒那樣贊成統一。印度佛教的傳教士早在柏拉圖前四、五世紀就主張廢除等級。從柏拉圖到基督教又經歷了相同的時間。柏拉圖處於佛教和耶穌兩者中間，他不可能不從中獲得啟發。事實上，他也這樣做了，而且達到了很高的程度。請在《法律篇》一書中聽聽他對他自己的《理想國》的精神所歸納的話吧：「最美好的城邦，最完善的政府形式，以及最完美的法律應該是在國家的各部分切切實實地實現那句古老的格言：『一切都如同朋友之間休戚相關』。因此，這個城邦在某個地方達到或者在某一天可能達到婦女公有，兒童公有，一切財富屬於集體所有，人們盡一切努力清除生活中的商業作風，直到廢除所有制這一詞本身；以致使本性賦予每個人的財富本身，在某種意義上，盡可能變爲公有的財物。如同人們的眼睛、耳朵和雙手一樣，要使所有的公民都相信他們在視、聽和行動方面是一致的，使大家對善與惡有共同的感情，把他們的歡樂和苦難建立在相同的事物基礎之上。總而言之，法律到處以它既有的全部權力使國家達到完美的統一，我們可以確信那裡的政治美德達到了頂峰；如果誰想給這個社會另取一個名稱，那他肯定找不到更好、更確切的詞了。在這樣的城邦裡，居民都是神仙，或是神仙的兒女，這神仙不只是一個，那兒的生活是在歡樂和幸福中度過的。所以沒有必要再到別處尋找完善的理想國榜樣了；而應緊緊地抓住這個榜樣，並盡最大可能接近它。」（《法律篇》第五卷）

有哪一個故弄玄虛的基督徒曾把這個共同體的觀念更向前發展了呢？

眞的，有人會把柏拉圖跟他自身對立起來；人們答覆柏拉圖說：如果社會的最高原則乃是朋友之間一切不分彼此，那麼先得看看這個社會上是否只是朋友。然而，你們所做的卻差得很遠。事實上，無論所謂朋友之間的聯繫是什麼，社會是擁有包括行政長官、軍隊士兵和勞動者如此明顯差別的三種等級的結合。不管是怎樣一種統一體，一個社會無非是被分裂爲三種社會，一種民族被分割成三種民族！[23]

人們還答覆柏拉圖說，他力圖糾正關於等級的錯誤方法本身就是錯誤的；說他在人與人之間進行了十分明顯的區分以後，又在他們之間建立起一個十分強而有力的共同體；說他採用兩種方式毀滅人類，首先用區分法，其次用混淆法：第一是把人和其他人群分割開來，把人和全部整體割裂開來；第二是把人和其他人群混在一起，把人完全融合在國家劃分爲各單位的每一部分的絕大多數組成人員之中。

然而若把柏拉圖體系擱在一邊，摒棄他的觀念，僅保留他的感情部分，我們就會發現柏拉圖把人類推向兩大崇高的目標，即社會的組織和社會的統一。你們實際上把他的等級變成職務分工；並假設人類在某一天能自行組織起來，以致社會上的每個成員，被柏拉圖劃分在三種職能之一的範圍內，互相配合完成社會事業，可是仍不失爲一個完整的人：告訴我是否不能由此得出結論，說柏拉圖使人明白一件大事，即社會的等級和社會被分爲三大功能範疇所必須的組織；這樣他是否尚未踏上眞理的征途。你們同樣以爲人們終於建立人與人之間的社會共同體，在那裡人類個性並未因建立共同體而遭受損害，而且他們眞正實現了人類的統一，並不因此使人類遭到毀滅：告訴我柏拉圖是否尚未具備天才預言家的稟賦，以及在這一方面他是否尚未踏上眞理的征途。他的謬誤表現在他的兩種感情所賦予的形式中；他的謬誤也表現在觀念中，即在他的思想的表達上面。但是，揭去了它的外殼、它的表層、它的形式，柏拉圖的雙重思想則是眞實的、豐富的、不朽的。

確實，這是令人驚歎的事，我們曾經在其他許多偉人身上看到過：一個哲學家的思想可能是對的，而他表現思想的觀點甚至是錯誤的[24]。倘若你們從他短暫的、瞬間的形式裡抽出思想；倘若你們抓住他思想的本質，可以說，你們就得到了偉大的眞理。但是倘若你們只注重形式，你們會犯下某種錯誤，這種錯誤大概在他那個時代是不可避免地要出現的；這種錯誤可能造成嚴重影響，可能危害人類，但總歸是一種錯誤。下面就是柏拉圖的做法：他宣傳廢除繼承權、財產和個性，是爲了實現他的社會理想，也就是說爲了提倡等級制度，他認爲他的這種宣傳是爲了人類的統一；同樣地他宣傳建立等級制，他認爲這種宣傳使人們懂得根據職能組織社會，以便確定最終廢除等級制的辦法。

在我看來，柏拉圖的全部思想可以概括在這一半爲眞理部分，一半爲謬誤部分的荒誕而又高尚的演講之中，蘇格拉底說，他向他的公民們做這個演講，目的是爲了使他們採納他的體系，即等級制和兒童共同體體系：「**你們大家都是親兄弟**，」我對他們說，「可是創造你們的天主在創造你們中間的一部分適宜於統治別人的行政長官時摻進了金子，因而他們是最寶貴的人。他在創造軍隊士兵時摻進了銀子，在創造勞動者和其他手工藝者時卻放進了鐵和青銅。然後，但願你們大家都屬於同一宗族，在通常情況下，你們的下一代孩子們將和你們十分類似。不過，金子種族的公民有可能生出一個銀子種族的兒子；而銀子種族的另一個公民倒會生出一個金子種族的兒子，類似的現象甚至也會在第三種族中出現。然而天主特別關照行政長官們要在一切問題上，注意每個孩子的心靈在組合時的金屬成分。如果他們自己的孩子是鐵和青銅的混合體，天主不會寬恕他們，只讓他們繼承適宜於他們的原始狀態，或手工藝者，或勞動者。如果上述這些人撫養出屬於金子或銀子種族的孩子，天主也要撫養他們，其中一部分孩子符合軍隊士兵的條件，另一部分孩子爬上了行政長官的顯耀職位，因爲有一條神諭是這麼說的，當共和國被鐵或青銅統治的時候，它將趨於崩潰。」（《理想國》第三卷）

你們大家都是親兄弟！多麼動聽的言辭，眞不愧爲基督的先驅！當蘇格拉底實現四海之內皆兄弟的聖諭時，他値得人們欽佩。我認爲他在向耶穌靠近。大家切記，此時此刻，爲他照亮的光芒卻又變得黯淡無光，當他說：「你們中間有一些人是金子種族，另一些人是銀子種族，第三部分人屬於青銅種族」的時候，他又回到了吠陀身邊，回到了東方世界，回到了等級社會。之所以如此，那是因爲我們不是兄弟！我們並非同胞手足；因爲我們不能彼此息息相通，既然我們都賦有如此各異的官能，既然我們的本性不能眞正彼此溝通！這正是蘇格拉底所無法跨越，需要耶穌來跨過去的一步。

我再說一遍，吠陀信徒也對印度人說：你們大家都是親兄弟，就是說你們大家都來自婆羅門：可是一些人出自它的頭腦，另一些人出自它的胸部，最後一些人出自它的雙腳。當蘇格拉底對一些人說：你們是用金子做的；對另一些人說：你們是用銀子做的；對最後一些人說：你們是用青銅做的時候，他未曾推翻等級制。

該由耶穌登上山巓，並高聲宣告：**精神上可憐的人們**，你們眞幸運呀！

長時期內，我無法理解耶穌的這句聖言。它被理解爲對智慧的鄙視，這也未必眞實和富有見地。它究竟要表達什麼呢？它是爲了反對出於智慧的權利而提出的抗議，而對於這種權利，無論是柏拉圖還是亞里斯多德，都爲了維持等級制而加以宣揚。它表明：你們大家屬於同一本性，你們大家都是金、銀、青銅混合體，也就是說認識、感情、知覺的同一組合體。即使青銅占主導地位的混合體也跟其他物體一樣稱呼；他們與天國，亦即理想之國的其他人相比也並不遜色。他們跟其他人一樣享有同等權利，因爲他們身上蘊藏的活力能使他們跟其他人相類似，尤其對於青銅物體，可以採用把金銀成分摻入青銅的方法，使之變爲一個跟類似純金體同樣珍貴的混合體。絕不可否認賦予精神上可憐人的法權，不要把他們拋到某一個等級社會中去，對他們的稱呼和其他人一樣，不應該說他們出身於婆羅門的雙腳，不應該說他們整個一生永遠保留著這個出身的痕跡；也不應該說他們不過是青銅；也不要用這些青銅爲你們的金子頭像鑄造粗大的臺座。

以上乃是耶穌所說的聖言，這要比蘇格拉底早已說過的話高明得多。蘇格拉底的榮譽，柏拉圖的榮譽，爲基督的學說充當了先導的角色。他們先於基督，並爲基督的來臨做了準備，或許他們培養了基督，正如下面我要馬上闡明的那樣：無論怎樣，他們先於基督舉起了火把，基督從他們手上接過火把，使其光芒照耀到世界更遠的地方。

## ◆註解◆

【1】蘇格拉底（西元前四六九～前三九九年），古希臘唯心主義哲學家。他宣揚神學目的論，反對研究自然。哲學應研究自己，「認識自己」，即認識人的精神本身。但他的詭辯方法卻具有古代最早的「辯證法」。由於他在青年中進行宣傳，被判處服毒的死刑。——譯者

【2】豐特奈爾（西元一六五七～一七五七年），法國詩人，哲學家。他被認為是十八世紀哲學家的先驅。——譯者

【3】阿德拉斯岱，古希臘神話中的阿職斯王，負責懲罰罪人的天神。——譯者

【4】據格魯譯文。

【5】索福克勒（西元前四九六～前四〇六年），古希臘悲劇大師，一生寫過一百二十多個劇本。他對於專制國王和藉由民眾的力量獲得政權的僭主深惡痛絕。他的宗教觀點是保守的，他維護傳統的宗教信仰。——譯者

【6】引自《百科雜誌》（西元一八三二～一八三五年）。

【7】巴斯卡（西元一六二三～一六六二年），法國科學家、散文家、思想家。他參與了十七世紀中葉耶穌會和冉森派關於神學問題的論爭，他的思想代表了綜合科學和哲學方法的世俗思想。——譯者

【8】博須埃（西元一六二七～一七〇四年），法國作家，演說家（宣道者）。一六六二年向國王路易十四宣道。他是嚴格的天主教正統派，堅決反對新教，他的傳教講演稿具有很高的文學價值。——譯者

【9】此處是指人非為完美無缺的意思。——譯者

【10】笛卡兒（西元一五九六～一六五〇年），法國著名哲學家、科學家。他提倡理性，反對盲目信仰，以懷疑為武器反對經院哲學，反映了資產階級的進步要求。他從「我思故我在」的命題出發，透過推理，推出心靈、上帝、物質三實體，得出心靈、物質兩實體性質各異，互不相通的二元論哲學。——譯者

【11】戈斯林書店版第一卷本以及《新百科全書》。

【12】我認為柏拉圖從埃及和畢達哥拉斯流派那裡得到的這個真理是可以肯定的。倘若詳盡闡述這一點，則將

遠離本題。請參閱《論折衷主義》以及《新百科全書》裡有關畢達哥拉斯和柏拉圖的詞條。

[13] 斯多葛主義是在西元前四世紀末由賽普勒斯的芝諾創立於雅典，可分早、中、晚三個發展時期。它的代表人物中，有的承認事實的存在，有的認為認識是對外界事物的反映，有的相信感覺在認識中的作用等，但由於他們不能擺脫「神所安排的必然命運」，故走向了唯心主義和宿命論。他們還宣傳一種禁慾主義，認為有道德的人在精神上是自給自足的，不被喜怒哀樂所干擾。這種思想後來被基督教所吸收。——譯者

[14] 畢達哥拉斯和柏拉圖對人類靈魂三方面的關係和演變所做解釋的方式，構成了他們的哲學的主要內容。十分清楚，我無法在這裡討論如此廣泛的主題。請參閱《新百科全書》關於上述兩人的詞條。

[15] 婆羅門即哲學家或行政長官；夏特利即軍隊士兵；首陀羅即手工藝者。這在作者以後的闡述中多次出現。——譯者

[16] 這裡似乎有雙重意思，一是指柏拉圖發現了才華出眾的亞里斯多德；另一點是指哲學家在擔任行政長官期間建立理想的政治制度。——譯者

[17] 波萊瑪律克，是採用Polémarque的大寫音譯法，指的是古希臘時期雅典城內九個執政官中的第三執政官，即負責指揮戰爭的軍隊司令官。——譯者

[18] 這是法國國王路易十四說過的一句話。——譯者

[19] 梵文Veda的音譯。吠陀是婆羅門教、印度教最古老的經典，約於西元前二千至一千年之間制定入冊。主要是對神的讚歌、祭詞、咒詞等。——譯者

[20] 《摩奴法典》，是婆羅門教的法典。內容涉及吠陀俗、慣例和說教的法律條文。約於西元前二百年至西元二百年間制定入冊。——譯者

[21] 我所引證的文章還增加了第四種等級階層，稱之為「維斯亞」，說是由婆羅門的大腿上滋生出來的，然而首陀羅是從婆羅門的雙腳上長出來的。但我認為「維斯亞」（主要是財主和商人）所榮獲的重要性倒是區別於前者和首陀羅的唯一因素。這一點十分清楚。

[22] 雅努斯，古羅馬神話中守護門戶的雙面神。農神薩多林被朱彼德趕出逃到地上，受到了雅努斯的熱情接

待。作為酬謝，薩多林使他擁有前後兩個面孔，既可瞻前又可顧後。他死後成為雙面神，掌管門戶出入和水陸交通。——譯者

【23】這個真理，即柏拉圖的社會或民族被分割成為三種真正民族的真理，沒有逃脫柏拉圖的手。有時他把他的社會等級稱之為民族：「手工藝者民族歸屬於伏爾岡（古羅馬火神——譯者註）和米諾娃（智慧女神——譯者註），並由此我們獲得生活必需的手藝；正如另一些民族，透過其他的手藝，保衛和保障手工藝者的工作，並歸屬於馬爾斯（古羅馬戰神——譯者註）和米諾娃（智慧女神——譯者註）一樣。」（《法律篇》第十一卷）

【24】參閱《批駁折衷主義》和《新百科全書》的幾種詞條。

# 第五章

## 在平等觀念上對柏拉圖和亞里斯多德進行的比較。

撇開柏拉圖的崇高理想，撇開激勵他的這種先知精神；研究他思想的形式，而不是他思想的實質；探索他的觀念，而不是深入到隱藏在這種觀念背後的內容；那麼，我們就可以看到，柏拉圖在倫理方面並沒有超越亞里斯多德。

當柏拉圖心裡只想到軍隊士兵和手工藝者的時候，他充滿著人情味，非常熱忱和溫柔。可以說他當時的思想已經提升到能直覺絕對眞理的程度。但就其範圍和人們可以稱之爲這種思想的空間來說，它並沒有超出這個優等社會階層，柏拉圖認爲這個等級就像一個苗圃，從這裡可以培養出天然的哲學家、學者和行政長官。對他來說，全人類都集中在這塊渺小的空間之內：他是在這種形式下觀察人類的，其他地方的人們，他一概視而不見。無須跟他談論第三等級，談論那些成群而庸俗的無恥之徒。他幾乎對他們的存在不屑一顧。

所以，他思想的實質就寓於他對優等階層所發表的見解之中：我要重申，他所認識和熱愛的全人類就是這個社會等級。正是這樣，從這局限的方式出發，他顯得偉大、崇高、充滿著溫柔，正如我剛才所說的，他的虔誠令人欽佩。但是由於他的思想停留在這個圈子內，這就顯得粗淺和不道德。

這正是存在於他和亞里斯多德之間的差別。柏拉圖是透過他自己打開的一個缺口去看未來的：這不是整個蒼天，而是坐井觀天。可以這麼說，亞里斯多德試圖撥開籠罩著天空的重重雲霧，但因為他沒有找到任何一個光點，我們可以說他不僅沒有看到天空，而且他根本沒有去探索。一個是透過他的天才造成的錯誤形式感覺到了眞理；他的思想比他的觀念更加深刻。而另一個恰巧相反，他的思想形式符合他的思想實質。

因此，在我看來，經常提出有關亞里斯多德和柏拉圖的問題，並為之進行爭論是最沒有意義的事情：例如誰是最狂熱的共和派，誰最有利人民的事業，誰對奴隸最富有人道精神，誰最主張平等。若要我對這些無益的問題發表見解，我承認當我嚴肅考慮這些問題時，我則偏袒亞里斯多德。柏拉圖把全部注意力集中在優越等級上，這使他透過發揮聰明才智看清楚了一切，但他在人道方面卻喪失了某些東西，而這些東西被亞里斯多德重新拾了起來，這是亞里斯多德的高明之處。亞里斯多德不像他的老師那樣只注意少數人，因而比他更贊成共和主義，對奴隸更富有人道精神，更主張某些平等。

但是我還要說明，無論是前者還是後者，他們都不懂得權利。大家已經看到亞里斯多德承認這一點，即君主制、貴族政治和民主都是同樣合法的東西，但最終他承認民主。柏拉圖絕對反對民主，把民主擺在他認為不合理的統治手段之列（《理想國》第九卷）。他的著作與其稱為柏拉圖的《理想國》，還不如稱為柏拉圖的《君主國》。因為在以少數站在群眾之首的智者來代表全體人民之後，這篇名著將又會以單獨一個人來代表這些少數智者，於是就產生君主制。實際上，柏拉圖非但不對此反感，而且還不惜以大量篇幅來加以讚賞。可是由於他的行政長官是一些眞正的學者和哲學家，還由於他特別談到的那樣，這些哲學家都是一些玄學家和教士，因此，他的君主歸根結底就是一個至高無上的教皇。柏拉圖的觀念似乎透過基督教和野蠻夷族已經實現，他從教皇和僧侶身上找到了國王、行政長官或哲學家，又從稱爲貴族的軍隊士兵身上找到了民眾的保衛者，最後從擁有農奴的第三等級身上找到了手工藝者及其附屬的奴隸。

亞里斯多德，雖然也和他的老師一樣，以智慧爲原則，認爲應該根據一個人的智慧高低來決定他是否處於受支配地位，但他承認所有自由人在某種程度上的平等；在他看來，社會是一種組合，它的成員以爲眾人謀利益爲共同原則。所以他認爲眾人的幸福需要得到立法者的深切關心。因此他絕對不會犧牲企業家的利益去迎合藝術家和學者。我已經說過，在柏拉圖的《理想國》或《法律篇》這兩部著作裡，沒有任何文字表明他曾關心過第三等級，即手工藝者和勞動者，一句話，即人民大眾，也就是在他的理想國裡以及在任何社會裡人數最多的這個階級。關於軍隊士兵和行政長官，他在論述應該對他們實行教育時竟滔滔不絕；他爲他們獻出了他全部的聰明才智；爲了他們的利益，他指出百科知識之間彼此的關係，以及藝術的影響，以便更好地引導和控制人類心靈的發展。可是他絲毫沒有談到對平民的教育，甚至大家不知道他所認可的軍隊士兵這個團體能否擴展到平民這一階層。也許他根本不相信這一大批人能夠接受教育，並從事教育工作。至少在這個問題上，他不表明自己的看法。[1]他認爲立法者不值得制定種種法律，正像以牧羊人的聰明，再加上牧羊犬的勇敢和忠誠，就不需要再給羊群施加法律一樣。

他有更充分的理由無須關心奴隸。他認爲關心這些人猶如褻瀆聖物。很顯然，對他或對亞里斯多德來說，與其說奴隸像人，還不如說更像野蠻人。關於奴隸問題，他援引了荷馬（Homère）[2]這樣深刻的一句話：「當一個人淪爲奴隸時，朱彼德（Jupiter）[3]就奪走了他的一半靈魂。」但他不去考慮奪走人的靈魂或一半靈魂是否合法，是否還有什麼法律可以保護如此沉淪的人。關於這一點，我再說一遍，他顯然是贊成亞里斯多德的主張的；他認爲奴隸只是一種所有財產。但由於他的共和國典範大大高於人類現狀，他只好放棄它而又不得已對他那時代的社會改革提出某些法規，請聽聽他在第二部論著中提倡的法律吧：

「凡殺害自家奴隸的人，只要洗滌他心靈上的罪惡就行了。若出於憤怒殺死了他家奴隸，他將給奴隸的主人賠償損失。」

「如果一個奴隸毆打了自由人，無論是外國人還是公民，他將被捆綁著交給他所毆打的那個自由人。後者給他帶上鐐銬，並用皮鞭抽打他，但不會把奴隸打得傷勢太重而得罪了他的主人。當他認爲已經給予這奴隸應有的懲罰後，再把奴隸歸還給他的主人，以便讓其主人根據如下法律去懲治他。任何毆打自由人的奴隸將被他所毆打的自由人捆綁著送還

給他的主人；而他的主人將其銬上鐵鐐，直到奴隸獲得被他毆打的那個人的寬恕為止。」（《法律篇》第九卷）

當然，亞里斯多德並不更殘忍，儘管我引述了他的名言。相反地，當論述到人們應該如何行動的時候，他盡可能減輕奴隸制的野蠻性。況且，至少他不辭辛勞地進行爭辯，從智者為上的法律中尋找弱肉強食的法律依據。柏拉圖對於在他看來缺乏聰明才智的人表現出強烈的蔑視，以致他不屑談論這個問題。在《理想國》這部著作中，他曾這樣考慮：軍隊士兵參戰是否為了捕獲獵物？他認為對他們來說，這是很卑鄙的。正是在這一點上，他表達了希臘人民要求停止戰事，以免彼此淪為奴隸的願望。但他抨擊的不是奴隸制。

關於婦女問題，柏拉圖的思想境界並未超越亞里斯多德。亞里斯多德在論述了主人和奴隸的關係之後，又說道：「兩性關係也類似於此；一個進行指揮，另一個服從」；（《政治學》卷一章二）在另一處，他又說：「家庭的管理建立在三種權力基礎上：統治權、父權和夫權。奴隸是完全被剝奪意志的人；婦女雖有某種意志，卻處於隸屬地位；孩子則不能表現出完全的意志。在倫理道德方面也是這樣。」（同上第五章）確實柏拉圖常常將婦女和男人同等看待。他贊成女兵和男兵一樣接受同等教育。但是，難道就這樣理解男女平等嗎？他的女兵必然會低於男兵；因此，這樣的同化只會擴大兩性之間的距離，甚至至這種距離還會加倍地擴大。柏拉圖也承認這一點，但他看不出有什麼缺陷。顯然對他本人來說，以及在他的思想體系中，婦女只是一些低等男人。由此產生了他在愛情問題上的全部謬誤；由此也發生了行政長官對兩性結合和繁殖生育方面的干涉現象，這就貶低了人類，使其降到了動物的地位。

不，柏拉圖在婦女問題上的觀念並不高於亞里斯多德形成的觀念。他只在表面上對婦女顯得寬容些。他不懂得婦女作爲妻子和母親的平等地位；這就是爲什麼當婦女被男人同化時，他沒有眞正把婦女提高到和男人同等的地位，而是恰恰相反，他把婦女作爲一種低等生物，無需根據什麼法律條文就交給男人。對於「那些在戰爭中或在其他地方表現出眾的人們」來說，愛情被轉換成合法的獎賞，這豈不令人回想起封建制度最淒慘的惡習嗎？在那些不把婦女當成人而把她們任意擺布的地方，以及把婦女當作只是另一個更加勇猛性別的征服品和戰利品的地方，婦女變成了什麼呢？由於柏拉圖在沒有認識到強弱平等、男女平等以及喊出第一聲哇哇的嬰兒和給他生命的父親之間是平等的情況下寫成了《理想國》第五卷，書中提到多少世紀以來的進步所造就的今日人類靈魂，已被糟蹋得令人害怕。我敢說沒有人在閱讀第五卷時不感到心裡非常難過。什麼立法！事實上，就是取消眞誠的愛情，消滅婚姻，直到強迫墮胎，准許棄嬰，溺死嬰兒。柏拉圖的行政長官——牧羊人的關懷是「爲了使羊群不致變壞」；他們爲節日安排的這些祭品和婚禮祝詞，「可以更好地掩蓋他們的伎倆，要不然，羊群就有公開叛亂的可能」；實行抽籤辦法，「他們可以巧妙地玩弄手腕，以致不規矩的臣民只去爭奪財富，而不同行政官員鬧事，要不，他們就有遭受驅逐的厄運」；建造公共棚舍，孩子出世後立刻送到這裡來，「使所有的母親再也認不出她們自己的孩子」；允許達到一定年齡的男女縱慾放蕩；這種自由權造成的大量儲備物可使共和國免遭損失；最後還有這祕密無人知曉的地方，「它適合於隱藏壞臣民的孩子，甚至其他人的畸形孩子」；上述一切迄今使人恐懼萬狀！

由此可見，由於缺乏對人類平等的認識，藝術家柏拉圖對於人類的冒犯並不亞於他的門徒和學者亞里斯多德；我甚至不清楚他是否更加殘酷地摧殘人性：無論如何，他的親友夥伴們是非常痛苦的，因爲他們都有一顆友愛赤誠的心。於是，出現了布魯特斯（Brutus）[4]的匕首相見。人類能夠告訴柏拉圖：「我的兒子，原來你也是如此！」

## ◆註解◆

【1】他雖不從正面加以闡述，但一切表明這就是他的觀點。很顯然地，在他的理想國裡，唯有生活在共同體中的人才是真正的人：至於其他人則不算人，而是低等物種，即使不這麼說，也是野蠻人，他們的法律就是財產所有制。財富的創造、經濟以及擴大了的工業就是民眾在財產所有制下表現出的個人主義和吝嗇的事實。柏拉圖之所以在關於第三等級即勞動者的共同財產或個人財產問題上沒有明確表明自己的觀點，這是因為他沒有想到這會成為問題。這第三等級也許應該在私人財產方面處於下等地位。況且，很顯然地，《理想國》的第三卷中對此就有下面這麼一段論述，當蘇格拉底把他設想的軍隊士兵等級制和適用於廣大民眾的制度做對比的時候，他說：「首先我希望他們之中任何人都不擁有屬於他個人的東西，除非這是絕對需要；其次他們也不擁有住宅和人人能進入的商店。關於勇敢而節儉的軍隊士兵所需要的適量的糧食，將由其他公民負責供應他們，作為對他們服務的正當報酬；然而要使他們在一年裡得到的既不太多也不太少。讓他們在開飯時走進公共餐室，讓他們像軍隊士兵在軍營中那樣共同生活。要讓他們懂得諸神已在他們的靈魂中灌進了神聖的金銀，因此他們無須人間的金銀，也不允許他們用地面上的合金去玷汙他們擁有的這不朽的金子；要讓他們懂得他們的金子是純金，而世間的金子時刻都會成為種種罪孽的根源。這樣，他們是公民中間唯一被禁止使用，乃至接觸金銀的人，他們被禁止居住在放置金銀的房屋裡，他們的服裝不能配帶金銀飾物，他們也不能使用金銀酒杯。這是保存他們自己和國家的唯一辦法。但是，一旦他們把土地、房屋、金錢據為己有，他們立即就將從現在的看守者變為管事和勞動者：從國家的保衛者變成國家的敵人和專制者。那他們整日就將彼此怨恨，互相設置圈套；較之來自外部的敵人，他們則更害怕內部的敵人。那麼，他們這些人以及共和國則將很快地趨於死亡。」這一段話清楚表明，應該給軍隊士兵提供糧食的其他公民以及與軍隊士兵有著根本區別的管事和勞動人民是可以把土地、房屋和金錢據為己有的，正是這些人組成了柏拉圖的第三等級。柏拉圖在這一點仿照了埃及文明的典型，其中前兩種等級擁有共同的財富，而其他各種工業者階層則在財產私有制度下生活。

【2】荷馬，相傳古希臘的兩部著名史詩：《伊利亞德》和《奧德賽》的作者。內容非常豐富，從歷史、地

理、考古學和民俗學方面都有許多值得探討的東西，兩千多年來，一直受到西方學者的高度評價，馬克思說它具有「永久的魅力」，是「一種規範和高不可及的範本。」——譯者

【3】朱彼德是古羅馬神話中的主神，相當於古希臘神話中的宙斯。——譯者

【4】布魯特斯（西元前八五～前四二年），古羅馬政治家。他是凱撒的繼子。雖然他參與了反對派龐培反對凱撒的戰爭，凱撒仍然任命他為內高盧的行省總督，以及後來的羅馬大法官等職。西元前四四年，他又參與了政治陰謀，殺死了凱撒，不久後他自己也自殺。——譯者

# 第六章

**在柏拉圖和亞里斯多德之後，人類需要取得的進步能使哲學產生新的發展成為可能。這是從柏拉圖直到耶穌基督這段歷史時期內，人類在缺乏新思想的光芒和其他理想的條件下跨出的一步。**

現在我們對於古人在平等問題上的認識有了正確的評價，他們的歷史學家、詩人和哲學家對共和國懷有的美好感情不再能使我們產生任何幻想。我們相信，他們既然不懂得人權，也就無法懂得公民權；換句話說，既然他們粗暴地踐踏了奴隸間的人類平等，他們對於城邦的平等就缺乏眞正的觀念。我們發現連他們之中最道德、最聰明的人都不知道權利是怎麼回事，因此他們不能爲政治提供任何牢靠的基礎；但是，即使人們給予他們崇高的讚美，他們也只能做到像亞里斯多德那樣，提供事實，或者像柏拉圖那樣，用錯誤的形式使這種事實理想化；其結果是，儘管他們具有罕見的天才，他們也只能認識他們眼前的這個奴隸社會，這是一個沒有權利，喪失原則的社會，或者是一個理想的社會，可以說後者是前者的精華，從而顯得更崇高，也更荒謬，因爲它接受了前者的全部缺陷，使之合法化和神聖化。

這就是我們曾在別處[1]對哲學家和人類的必然關係提出的一個重要而值得注意的證

明。當哲學家從他們當代的人類那裡得到啟發，貢獻出他們能夠獻出的一切的時候，人類又在他們的啟發影響下向前邁出一大步。在柏拉圖和亞里斯多德身後，人類獲得了巨大的進步，並使哲學上的新的進展成爲可能。這是從柏拉圖到耶穌基督這一歷史時期內，人類在缺乏新的思想光芒和其他理想的條件下跨出的一步。

希臘式的共和國宛如偶爾在火山熔岩上形成的一些綠色小島：也許能在某一天毀滅這些綠洲的火焰，會給正在等待著災禍的人們帶來幸福和歡樂。彷彿自然界的威力，不能使深淵中產生任何生物，卻全都集中於地面，使它生長出無數奇花異草。爲希臘城邦提供奴隸的這個野蠻世界，眞可謂是城邦下的火山！似乎它的存在就是爲了讓城邦公民在和平時期得到消遣，在戰爭年代從事作戰，而又使他們時時刻刻不忘自身的高貴，並爲之感到自豪。亞里斯多德、柏拉圖以及所有其他人開始總是這麼說：我假設這座火山將會永遠處於靜止狀態；我假設這些火山熔岩將是最後的熔岩；我假設這地心火焰除了迄今我們遭遇過的火山噴射外，絕不會再爆發；這樣我就可以建造我的共和國了。作爲共和國的地基，他們安置了稱之爲奴隸的這一類人。一旦某一天這個地基垮了，那麼這座大廈必將徹底倒塌。

古人在他們的建築中都留下了這一眞理的象徵。希臘和羅馬的建築師不是常用女像柱來支撐他們的建築物嗎？而這些女像柱，是些……什麼呢？野蠻人、戴鐐銬的人、奴隸。這些充當支柱的女像柱早已被壓彎了，一旦它們站立起來，即可推倒大廈，猶如桑松推倒加什的支柱一樣。[2]

在三、四十個人中間，只有一個眞正的人[3]，這種說法確實是荒唐的、錯誤的和卑鄙的。應該建立另一個世界，應該創造另一種理想以取代柏拉圖的共和國。亞歷山大被凱撒取代，柏拉圖則被耶穌基督取代。

對人類進行這種改造，使奴隸變成自由人，希臘也許曾是一個十分可憐的場所。整個地中海盆地以及四周的邊緣地區都不是實行這類革命的廣闊舞臺。羅馬因此而發跡，這是它繼希臘之後開創的事業。義大利的一個小部落暫時擔負起奴役世界的重任，其目的乃是在某一天使這世界能得到解放和拯救。羅馬，更確切地說是古羅馬貴族，竟實行奴役達五百年之久。希臘落入羅馬人的手裡。無數的民族都有過同樣的命運。後來緊緊控制這些組成部分的繩結開始斷裂：這繩結，就是古羅馬貴族的城邦。人們向這個城邦發動了總攻擊。有參加社會戰爭的拉丁人，有參加內戰的羅馬平民，有參加奴役戰爭的奴隸，他們都爭先恐後地投入摧毀這城邦的戰鬥。那時出現的是一片混亂；然而，這恰恰是上帝爲等待某種新理想的到來所要求的世界。這是各民族暴力的匯合，這種粗野的、世俗的、毫無原則的統一最終體現到一個人身上，他名叫凱撒。什麼叫帝國？什麼叫凱撒？這是一群從天涯海角彙集起來、沒有權利、沒有理想、缺乏道德和宗教信仰、期待著耶穌基督的人們。在這個黑暗的古代社會裡，事實上已經不存在羅馬貴族和平民，不存在老闆和顧客，不存在羅馬人和聯合者，不存在自由人和解放者，也不存在主人和奴隸，因而所有的人都是奴隸；只有這混亂不堪的一群人，有一個人站在這群人之上：凱撒，死亡者向你致敬。人類依賴他一個人，這是多麼壯觀的景象，而又是怎樣的教訓呀！古代社會的全部權利合法地概括在成爲眾人之主的這個人的權利之中，這個人是自由人的唯一代表，父親對兒子，主人對奴隸的那種專制權力的化身，唯一的公民和獨一無二的議員；這個人盲目無知，像朱利．凱撒（Jules-César）[4]那樣爲所欲爲，狂暴無常，否認諸神和未來生活，像尼祿（Néron）[5]那樣邪惡多端，或像卡利古拉（Caligula）[6]那樣瘋狂和殘暴。何等的災難！而這些年代又是怎樣貼上了神聖的標籤！但這還沒有完：上帝希望有更多的人受到召喚參加這一次約會。要讓長期以來一直爲羅馬世界提供奴隸的各民族自己去占領這舞臺。羅馬曾到遠方去尋找蠻夷人，現在輪到蠻夷人向羅馬發動進攻了。他們從天涯海角向這裡跑來。他們要做什麼？誰鼓動他們這樣做？去問問阿提拉（Attila）[7]或亞拉里克（Alaric）[8]吧；他們回答說有某種無形的力量推動著他們。某種力量？什麼樣的力量？他們不清楚。他們卻被召來了，他們在前進。當羅馬過去向他們進軍時，它是否更清楚它所做的一切呢？卡皮托利山丘[9]上的神諭是否比日爾曼森林裡的神諭更加明白呢？那就問一問西塞羅（Cicéron）[10]或維吉爾爲何羅馬要去征服世界；他們也一無所知。基督教才是這個謎語的謎底；羅馬征服了世界，後來又輪到蠻族人征服羅馬，由此開始了人類的團結、友愛和統一。

事實上，恰恰在奧古斯都（Auguste）[11]和梯貝爾（Tibère）[12]建立起一個眞正的實際統一的時候，世界上出現了一個人，一位賢人，他來向世界提出一種共和國的新方案。他來爲沒有奴隸的世界建立一個烏托邦，一個相似於柏拉圖爲奴隸世界建立的烏托邦，這個人就是耶穌基督。

耶穌事業的全部榮譽應歸功於他自己。我們應當承認，如果撇開人們先於基督曾在東方說過的一切，那麼耶穌將要對西方說的一切則全是新的。請讀一讀，反覆讀一讀希臘和羅馬的全部古典文學吧，在這些文學著作裡，你們能發現人類信仰嗎？你們能發現人類團結得像一個人那樣嗎？你們從中不僅看不到人類深厚的兄弟般情誼；更何況在這全部文學著作裡，根本就不存在使這種友愛成爲認識和信條的抽象概念。

直到耶穌即將出生的年代，我們才在古人中發現了某些相似於他的福音的帶有人情味的語言。除去泰朗斯（Térence）[13]的一句詩，西塞羅的幾個字，賽納克（Sénèque）[14]的幾個句子，整個古代就沒有什麼可以使人做出某種結論的東西了。我指的不是人類的彼此團結和人類的統一，而是說在最通俗的意義上的人與人之間的兄弟情誼。全體人類的感情第一次是由一個被解放了的奴隸在羅馬表達出來的，這是一個迦太基[15]的孩子，他被羅馬人從他的家裡搶走，當作奴隸撫養，是他表達了人類的感情；他的話是那樣新奇，以致所有的人都驚訝不已。聖・奧古斯都說：「當有人第一次在羅馬舞臺上朗誦泰朗斯這首動聽的詩：

『我是人，我認爲人間的一切對我都不陌生』時，整個階梯劇場內響起了一片歡呼聲，在這個如此盛大的集會上，所有羅馬人和他們帝國的附屬國或聯盟國的使節，個個都爲這一聲自然的吶喊而心情激動。」這確實是一聲新的吶喊，我還要重複一遍，這件事是很了不起的，因爲這是由一位被解放了的奴隸讓羅馬人聽見了福音的先聲。而且，對於羅馬人來說，這不過是在他們劇場的娛樂聲中突然降落在他們中間的一句漂亮的詩句；可以說泰朗斯本人就如同女預言家一樣，對於上帝啟示她們所說的東西根本就不懂，或者似懂非懂。在泰朗斯以後，沒有一個羅馬人在這條道路上走得比他更遠。西塞羅善於朗誦和欣賞泰朗斯的詩句；他甚至樂意談論那種可以聯繫全人類的仁慈、博愛精神。可是，他從這個直覺中得出了什麼結論呢？什麼都沒有。彷彿他只是爲了從人類的友愛中找到幾句響亮的詩句才隱約察覺到這種關係。一直等到賽納克出現才有了比較確切的東西。賽納克認爲仁慈之心，人皆有之，奴隸會有，自由人也會有，而且他說，它是從自然的需要中產生出來的：對羅馬人來說，好處是什麼呢？本性要求他們有利於人。不管奴隸是自由的，或生來是自由的和已被解放了的，也不管他們的自由是正義或聯繫的結果，這又有什麼重要呢？哪裡有人群的地方，哪裡就存在著人，哪裡也就存在著利害。但是正當賽納克這樣表達他的意見的時候，先進的自由思想早已趨於形成一種新的宗教；正當賽納克把這一點還作爲一種次要觀點加以論說的時候，耶穌由於他在這方面的思想確立成爲一種教義而被釘死在十字架上。

## ◆註解◆

【1】參見《論折衷主義》第一部分第三節。

【2】桑松，原意為「小太陽」、「強壯」。《聖經》故事中古代猶太人的領袖之一。據記載，他終身蓄髮，故具有超人之力。腓力斯女子達利拉趁他酣睡之時將其頭髮剃光，遂被人抓住投之獄中。之後他恢復活力，一日趁腓力斯人在加什城的達宮大殿內獻祭時，他奮力搖動二柱，使大殿倒塌，他和腓力斯人同被壓死。——譯者

【3】如果包括婦女在內，這個比例可能更高；不過這個近似的比例只在希臘成為事實。而在羅馬共和國中，奴隸和自由人的比例高得令人害怕。在格拉古王朝時期，羅馬人把被他們征服的平民的土地據為己有，有錢人很快吞併了全部戰利品，並且為了耕種他們的田地，他們大幅度地增加奴隸數量；義大利到處充斥著名為「奴隸地牢」的私人監獄。晚上，他們把奴隸們分成每十五人一組，關押起來：「窮苦的人們，」普魯塔克（《格拉古王族史》）說，「因為他們被剝奪了全部財產，對於軍事服役之類的事已不再懷有熱情，也不再願意養育孩子。這樣義大利便很快喪失自由居民，全國到處充斥著為富人們耕種田地的蠻族奴隸，他們取代了已被趕走的公民。」底波里斯．格拉居斯正是從義大利的羅馬到奴芒斯的旅途中看到居民流浪，奴隸比比皆是的情景，才醞釀出實行土地法的計畫。在羅馬，擁有二萬奴隸的公民並不少。他們把這些奴隸編成十人一組，假如把奴隸們集中在一起，可與二支軍隊相匹敵。

【4】朱利．凱撒，即凱撒的全名。——譯者

【5】尼祿（西元三五～六八年），古羅馬國王。他統治期間擔心有人謀害或篡位，他把身邊的許多親信，保護者，甚至連扶他上臺的親生母親都一一殺害，這樣他開始實行政治上的高壓政策和專制統治，但在對外戰爭中取得了輝煌的勝利。——譯者

【6】卡利古拉（西元十二～四一年），古羅馬國王。因幼年從軍經常穿著一種叫做「卡利格」的軍鞋故得名。他統治時期實行自由化政策，但由於生性乖戾，行為狂暴，精神瘋狂，最後被他人刺死。——譯者

【7】阿提拉（西元三九五～四五三年），東歐潘諾尼亞地區（今匈牙利）的國王。由於實力強大，對巴爾幹

地區，對德國、法國大肆入侵，甚至遠征到義大利。他死後該帝國也隨之垮臺。——譯者

【8】亞拉里克（西元三七〇~四一〇年），西歐維西各特部落的首領。他在阿提拉出征的影響下，也跨過多瑙河對法國、西班牙、義大利等國進行侵略。死後傳位於亞拉里克二世。——譯者

【9】卡皮托利山是羅馬城七個山丘中的一個，是古羅馬帝國宗教活動和政治活動的中心。迄今仍保留著許多古代建築，如寺廟、大殿、元老院、古城等遺蹟。——譯者

【10】西塞羅（西元前一〇六~前四三年），古羅馬政治家、雄辯家和哲學家。西元前六十三年擔任執政官。西塞羅企圖折衷古羅馬各哲學派別，如斯多葛派等的學說，成為古代唯心主義的大雜燴。他反對無神論觀點，宣揚神恩、命運和靈魂不死的宗教信仰；在倫理學上，他宣揚禁慾主義。在政治觀點上，他認為最理想的制度是由君主、貴族和民主派聯合組成的奴隸主國家。——譯者

【11】奧古斯都（西元前六三~西元十四年）古羅馬國王，是凱撒養子屋大維的尊稱。西元前二七年，古羅馬元老院以「奧古斯都」（即「神聖」、「莊嚴」之意）的稱號獻給他，並正式確立羅馬帝國。——譯者

【12】梯貝爾（西元前四二~西元三七年），古羅馬國王。西元十四年繼承王位時，他已五十六歲，他推行和平政策，著重財政、法律和外省行政的管理，後來他退居幕後參與國事。——譯者

【13】泰朗斯（西元前一九〇~前一五九年），古羅馬喜劇作家。生於北非迦太基，幼年來到羅馬，淪為奴隸，後被主人賞識，被解除奴籍。他一生寫過六部喜劇，都是依據希臘新喜劇改編而成，對歐洲文藝復興時期文學產生較大影響。——譯者

【14】賽納克（西元前四~西元六五年），古羅馬哲學家，斯多葛主義的主要代表人物之一。他的主要著作有一百多篇，如《論神意》，《論道德的書簡》等。他宣揚宗教神祕主義和宿命論，認為人在命運面前是無能為力的，聽天由命是美德。他的名言是「願意的人，命運領著走；不願意的人，命運牽著走」。此外他還宣揚禁慾主義。他的哲學後來被基督教吸收，故恩格斯說賽納克是「基督教的教父」。——譯者

【15】迦太基，位於北非突尼斯灣，距今日突尼斯市約十六公里地方的一個城市。早在西元前八世紀該城就初具規模，是古代北非與古羅馬、古希臘聯絡的經濟中心和思想中心，後歷年來戰火紛飛，城市也幾經建設和毀滅，十二世紀時只剩下小小的一個城鎮。——譯者

# 第七章

## 耶穌是社會等級的摧毀人。

耶穌是西方的菩薩，是**社會等級的摧毀人**。十八個世紀後甦醒的世界對他做出反響，把他尊爲最崇高的革命者，法蘭西革命承認他爲革命的準則和源泉。他是體現博愛精神的立法者，他一邊期待著平等的實現，一邊來到世界傳播人類統一的學說。世界在十八個世紀中雖然崇拜他，但並不理解他，而只有當人們對他不再迷信的時候，他才眞正被理解。

從某種程度上說，人們只要看到《福音書》中的這一點就行了：**由耶穌制定和執行的計畫**賦予古老共和國的平等標誌以深刻的意義；如此構思的《福音書》不能不爲人們所敬佩。

而古老共和國裡公民平等的標誌是什麼呢？**公共用膳**。

那麼，耶穌正是用自己的聖體體現了這一標誌，這一平等的象徵，並使之臻於完美。

耶穌的全部教誨就在於此。他告訴人們所有的人只有一個軀體，一個靈魂。有一個創世者，一個救世主，他以犧牲自己的生命教會人們這樣做。古代有一個德西烏斯（Décius）[1]，爲了拯救羅馬，他跳進了深淵；還有一個蘇格拉底，他寧可死，卻不願說謊：而今有一個比德西烏斯更高的德西烏斯，猶如人類勝過羅馬一樣；有這樣一個蘇格拉底，他不僅不滿足於死難臨頭時甘願去死，而且他肩負著十分重大的使命，迎著死亡向前走去。

請聽耶穌本人事先昭示的意圖：

「我是生活的麵包。你們的父輩在沙漠裡吃過嗎哪（la manne）[2]，可是他們死了。這兒是從天上降下的麵包，以使吃過這麵包的人不再死亡。我就是從天而降的活生生的麵包。如果有人吃了它，他就永生不滅。而我要給的麵包，就是我要賦予世界生命的我的肉體。」（《聖約翰》第六章）

一切正像他所希望的那樣得到了實現。《福音書》就是一齣劇，而耶穌和他的信徒們歡慶的復活節則是這齣劇的結局；因爲在復活節和耶穌之死中間，沒有時間的間隔。

耶穌來到耶路撒冷慶祝他的復活節，也正是爲了他的死亡。他召來他的信徒們，親手爲他們洗腳，和他們一起用餐。「當他們吃飯時，耶穌拿起麵包，在表示感激以後，他切開麵包，並分發給他的信徒，說：『拿吧，吃吧，這就是我的軀體。』然後，他端起了酒杯，又感謝了一次，他把酒分給了他們，就說『大家喝吧；因爲這是我的血，新結合的血，它爲許多人赦罪。可是我對你們說，今後我不再喝葡萄園裡的果酒。等到我和你們到我聖父的天國裡的那一天再喝它。』」（《聖馬蒂於》第二十六章，第二十六～二十九頁）

信徒們向耶穌提出問題：他的講話爲他們的靈魂增強了力量；然後，考慮到一切都已結束，他的使命業已完成，他已建立了平等用膳，他就想到死亡的來臨，因爲他必須用生命賦予這頓晚餐意義和價值，於是他使靈魂離開大地，並開始祈禱：

「耶穌說完這些話，然後舉目望天，說道：『我的父親，時間已經到了……我已在大地上爲你讚美；我完成了你交給我的事業。』」（《聖約翰》第十七章）

他完成的事業究竟是什麼呢？你們希望瞭解嗎？請聽他爲他的信徒們以及在他們身上體現的人類所做的禱告吧：「聖父，請以你的名義留下你交給我的人們，好讓他們像我們這樣融爲一體……然而，我不僅爲他們祈禱，我還爲那些用自己的語言表明信仰我的人們祈禱，目的是讓所有的人團結一致。聖父呀，正像你我一樣，你中有我，我中有你，但願在他們中間也有我們，但願所有的人相信是你把我派去的。我讓他們分享你賜予我的光輝，好讓他們團結得像一個人，正如我們是一個人那樣。我體現在他們身上，而你體現在我的身上，好讓他們在統一中成爲盡善盡美的人。」（同上）

當他做完了這次禱告，他的使命便告結束；他穿過西特隆[3]的急流，看到猶大（Judas）[4]帶著彼拉多（Pilate）[5]的打手朝他奔來。

犧牲已經完成；一切都已結束。團結的標記已經找到；殉難者已經死去。然而他是死而不朽的；他將永遠爲人們提供公共用膳，讓他們歡度復活節和舉行平等者的宴會。統一的學說已經播種於全世界。聖保羅（Paul (saint)）[6]高聲喊道：「沒有猶太人，希臘人；沒有奴隸，自由人；也沒有男人，女人。因爲你們大家是耶穌基督身上的統一體。」友愛餐開始了；友愛餐，也就是吃團結飯，吃相愛飯。

與基督的友愛餐相比，希臘城邦的公共用膳，柏拉圖和亞里斯多德的自由人的用餐又算得了什麼！誰會參加柏拉圖和亞里斯多德的友愛餐呢？奴隸們被排斥在外；參加者只能是自由人；三、四十人中間只有一個應邀出席。在柏拉圖和亞里斯多德的友愛餐上，有像耶穌自稱的道德食糧和精神麵包嗎？那兒都是物質的東西；人們吃的麵包，就是麵包。只是人們聚集在一起來吃飯罷了，可是他們不懂得他們的生活沒有發生變化。應該有一個人犧牲生命，也就是說將自己的生命作爲糧食獻給其他人，以便教會他們在精神上彼此吸取養分，在生活上相互依靠，他們組成的是同一個軀體，他們只有一條生命。

儘管這個人爲盛餐貢獻自己的生命，做出偉大的榜樣，他卻告誡自己切不可把奴隸們排除在盛餐之外。不但如此，他正是和窮人們一起慶祝了他的接納祭餐的。

喔，耶穌，你仍然是那麼偉大，雖然你在蘇格拉底之後，雖然他走在你痛苦道路的前面，並和你一樣爲了拯救人類而捐軀！

## ◆註解◆

【1】德西烏斯（西元二〇〇～二五一年），古羅馬國王。他為了恢復古羅馬帝國在傳統宗教基礎上的精神團結，發動了一次大規模的迫害基督教徒運動，結果適得其反，事隔一年，他本人也被殺死。這就是文中所說的「他跳進了深淵」。——譯者

【2】嗎哪是《聖經》中所說的古代以色列人在四十年的曠野生活中所獲得的神賜食物。——譯者

【3】西特隆河發源於約旦，流經耶路撒冷聖地，它的河谷至今保存著許多洞窟和墓穴。相傳在這裡響起了「最後審判」的號角。——譯者

【4】猶大，耶穌十二使徒之一。《聖經》故事中說他是出賣耶穌的人。——譯者

【5】彼拉多（約西元一世紀），古羅馬帝國駐猶太等地的總督。據《聖經》記載，彼拉多派人抓耶穌、審判並把他釘死在十字架上。——譯者

【6】聖保羅，《聖經》故事人物。耶穌升天後向他顯現而直接挑選的使徒。他被派往各地傳教，後被羅馬皇帝處死。——譯者

# 第八章

**連接耶穌和先於他的西方立法者的紐帶。耶穌繼承了古代立法者的精神，但賦予他們的思想新的適用範圍。**

儘管耶穌非常偉大，但是如果人們想要理解他，卻不能把他跟人類隔絕開來。

幾乎就在基督降臨之前，羅馬帝國建立了，它的建立無疑是我論證到現在爲止提出的最顯著的證明，即古代平等和博愛的認識不像我們今天在基督教之後對它們的認識，我們把它們看作一種教義，一項原則和一種法律。當人們看到羅馬在經歷了五百年的共和國之後過渡到專制政權，除了特權階層的反抗以外，沒有遇到任何阻礙；當人們想到這種反抗只是一種沒有借助於法律的事實上的反抗，想到這一切由於沒有任何一種哲學思想的指導，而只能局限於盲目的鬥爭、交戰、放逐和殘殺；當人們看到在塔西佗（Tacite）[1]的歷史著作裡，達拉西亞人、索拉尼斯人、賽納克人等在一位暴君的命令下喪生，他們就像舞臺上的鬥士那樣泰然自若，堂堂正正地死去，既不抗議又不申訴，似乎這種暴君制是很合法的，似乎法律根本就不應該占上風，人們就愈來愈相信這個眞理：古代人缺乏對人類平等的認識，因此，他們也就不認識法律。

但是，如果說古人沒有法律，那麼至少他們已有了法律的萌芽。事實上，雖然他們沒有作爲制定法律的基礎，但對人類平等觀念，他們已經有了這方面的萌芽：因爲凡涉及人的整體的時候，即使他們否認人類的博愛，他們卻承認在狹隘圈子內人與人之間的友愛，即等級內的友愛；這樣他們同時就有了博愛、平等和法律的萌芽。

這就是耶穌培育了的萌芽；在當時的社會裡，雖不能自由地培育它，至少他拯救了它，把它放到某個神聖的地方，即**教會**。當我說到耶穌的時候，我的意思並不是說在這項事業中所有一切都是他一個人做的。一大批配得上與他合作的人參加了這項工作；在他之前已有先驅者，在他之後又有繼承者。

現在應該懂得：人們通常所說的那種神的**啟示**並不是什麼超人的啟示；在人們稱之爲啟示者的這個人前面已經有了一大群其他啟示者；耶穌就彷彿是我們西方的東方菩薩，但他遠遠晚於菩薩降臨人間，因爲耶穌踩著他的腳印往前走，也就只能和他一樣，繼承古代立法者的精神，並賦予他們的思想一個新的形式。

正如我剛才所說的以及我馬上要論證的那樣，古代立法者的思想並不要體現人類的平等，而是一部分被挑選來對其他人實行統治的人的平等；並非要體現全體人之間的博愛，而是同等人之間的博愛，也就是說等級內部的博愛。菩薩和耶穌在摧毀等級制度的同時，表現出人類博愛精神。在凱撒時代，西方世界是一派極其混亂的狀況。等級制度雖然消滅了，但它在原則上和事實上並沒有遭到破壞。奴隸制雖然消滅了，但它在原則上和事實上也並沒有遭到破壞。因而需要有一個人在這種動盪的情況下挺身而出恢復古代立法者的思想，並賦予這種思想格外廣闊的形式和完全嶄新的面貌，這既合乎人道，也具有神聖意義。

這位在新環境下恢復古代立法者思想的人，雖然和他的前驅者們受到同樣的啟示，但他是和新的人類打交道，他必須既和他們相同，又和他們不同；既體現舊的觀念，又表現新的思想，也可以說既是抄襲，又有獨創，這就是立法者，或者人們樂於稱呼的神的啟示者耶穌。

我要指出耶穌和在他之前的西方立法者們之間的關係；我要指出：他的法律，他的《福音書》，他的好消息，不是什麼史無前例的反常的東西；相反地，從某種觀點上看來，它只是在他之前的立法的繼續、翻版和發展，雖然從另一種觀點來看，也就是從取消等級制度這方面來看，它和以前的立法具有根本的區別。

佛教徒把菩薩視爲眞理精神的最終化身，在菩薩之前，這種眞理精神曾鼓舞了克里斯納（Chrisna）、毗瑟拿以及印度所有被奉若神明的先知。雖然如此，佛教仍然體現出摧毀等級制度的思想，相反地，婆羅門教，毗瑟拿主義則被聖化。那麼，佛教徒是怎樣理解菩薩既是等級制度的摧毀者，同時又是以前曾建立和神化了等級制度的那種神聖意志的化身呢？其道理在這裡：因爲根據他們的觀點，等級制度的摧毀，也可以說已暗中包括在克里斯納或毗瑟拿對等級制度的神化中，因爲當克里斯納和毗瑟拿在單獨向婆羅門教徒布講博愛的同時，他們也暗暗地布講了人類博愛，正像以後菩薩所做的那樣。

那麼，同樣我認爲耶穌是眞理精神的新化身，這種眞理精神也鼓舞了等級制和奴隸制時期的西方立法者們，雖然耶穌的傳教如同菩薩的傳教，目的都在於摧毀由上述立法者建立或維護的等級制和奴隸制，但我認爲，《福音書》的作者，以一個更加莊嚴、更加宏偉的新形式，主要表達了促使柏拉圖寫《理想國》的生動思想，表達了在立法方面給畢達哥拉斯（Pythagore）[2]以啟發的思想，表達了促使萊庫古（Lycurgue）[3]編寫斯巴達法律，米諾王[4]編寫克里特島法律，摩西（Moyse）編寫猶太人法律，賽索斯特里（Sésostris）[5]或愛爾美斯[6]編寫埃及法律，被神化的婆羅門徒編寫印度法律的思想。

讀者們，你們一定要有耐心，你們要繼續聽我的論證；因爲倘若你們不像我這樣理解耶穌的特點和使命，那麼關於平等我也就無話可說了。如果我們缺乏對過去的共同理解，那我們對於現在和將來也就無法取得一致意見。

◆註解◆

【1】塔西佗（約西元五五～一二〇年），古羅馬歷史學家。他的傳世作品有五種，如《歷史》、《編年史》等。他是一個正統的共和派，嚮往古老的共和國，憎惡個人專制。——譯者

【2】畢達哥拉斯（約西元前五八〇～前五〇〇年），古希臘早期哲學家和數學家，畢達哥爾學派的創始人。他提出了一個由政治、宗教、哲學三位一體組成的哲學體系，即畢達哥爾學派。他提出「數」是萬物的本源。他認為「靈魂的理性部分是不死的」，不死的靈魂在人死後就轉生在其他軀體中。他列舉了數學上的許多對立面，又強調對立面的和諧，斷言「一切都是和諧的」、「美德乃是一種和諧」。——譯者

【3】萊庫古（約西元前九世紀），斯巴達立法者。根據傳說，他在制定立法前，曾出訪克里特島、埃及及亞洲等國考察取經，然後正式確定了斯巴達的法律。據說他臨死前曾囑咐他人不要隨意更改法律。——譯者

【4】米諾王，古希臘傳說中的克里特王，是主神宙斯的兒子。傳說他是一位公正的君王，明智的立法者，死後他又成為地獄三判官之一。——譯者

【5】賽索斯特里，指四千年前古埃及的君主，稱賽索斯特里一世，二世，三世。尤其在三世時期，古埃及的領土大大擴張，它的統治範圍伸展到了巴勒斯坦地區、紅海地區，以及敘利亞、克里特島等。——譯者

【6】愛爾美斯，古希臘神話中眾神的使者，是宙斯的兒子，主管商業、交通、畜牧等。——譯者

# 第九章

## 基督教從古代城邦遍及到每一個人。

這裡我強加給自己探討的主題異常龐大。它涉及基督教的主要意義。我也許會把大量的初步認識堆積起來。人們對基督教已經做了足夠多的引言。我則寧願深入問題的核心，探討問題的本身。

因此我請求允許我繼續研究我已經發表過的觀點，即基督教不是別的，而是從古代城邦遍及到每一個人的東西，即耶穌的犧牲和他的聖體只是這種觀念的象徵。從這既定的關係中會派生出更多的其他關係，它們將會揭開耶穌的眞正特徵和眞正使命。

確實，沒有一個人膽敢承認聖體是基督教的縮影。那麼我說聖體就是斯巴達以及所有古代希臘城邦遍及每一個人的**平等之餐**。

這**平等之餐**，正如我將要論證的那樣，是古代所有立法的基礎，也是耶穌立法的根本。從這意義上說，耶穌只是模仿了先前的立法者。但是他和他身後的使徒們，尤其是聖保羅，把平等人之餐擴大到所有的人：這就是耶穌的光榮和創新。

我首先要論證我的第一個命題，即**公共用膳曾是西方所有古代立法的臨時性精神基**

•礎。爾後我將論證我的第二個命題，即耶穌創建的法規和他前輩們制定的法規之間的相似之處。

# 第十章

平等之餐，雖只局限於社會等級，卻是西方所有古代立法的精神基礎和時間基礎。對於這種真理的闡述：一、透過拉西第蒙[1]的斐迪西[2]；二、透過克里特島[3]的安德里[4]；三、透過義大利古代人民多利安族的小亞細亞部分人民以及迦太基海泰里人的公共用膳；四、透過畢達哥拉斯的修士院；五、透過埃及士兵和傳教士的共同生活。

大家聽說過斯巴達的公共用膳；但幾乎都對此持有兩種錯誤的觀念。首先人們以為這正是斯巴達的一種特殊法規。人們以孟德斯鳩的方式把斯巴達看成為某種陌生、奇特、古代獨一無二的立法。孟德斯鳩說：「當你們從萊庫古傳記裡看到他為拉西第蒙人制定的奇特的法律時，你們便彷彿是在讀《棲瓦楠布人的歷史》。」[5]（《論法的精神》第四章第六節）這些法律，對於斯巴達人來說，並非如人們想像的那樣奇怪，那樣特殊；例如公共用膳，則是平等人的精神共同體的象徵，以及他們臨時共同體的支柱。我們將會看到，這在所有的古代城邦中比比皆是。其次，人們以為這種用膳僅僅是吃飯而已，即只是物質上的生活方式，家庭經濟的安排之類的東西而已；這實在是一個很大的錯誤；這種用膳之所以具有共同性，乃是因為立法的精神代表著共同體，換句話說，代表著平等人之間的博愛。

斯巴達是一個什麼樣的城市？它是平等人的城市。斯巴達人作爲眞正公民的社會名稱究竟是什麼呢？平等人。斯巴達，它是一萬個平等人組成的城邦，統治著三萬個沒有平等人頭銜的拉科尼人和伊洛特農奴以及奴隸們。這就是所謂的斯巴達：一種多麼令人憎惡的不平等，一種其兇殘性連大自然都感到不寒而慄的野蠻，如果你考慮組成拉西第蒙帝國並生活在這領土上的全體成員的話；可是，它也是一個十分博愛的模範，一個平等的模範，一個共同體的模範，如果單從眞正的拉西第蒙人，亦即平等人的階層的角度來考慮的話。

顯然，斯巴達對於畢達哥拉斯，對於蘇格拉底、柏拉圖、色諾芬（Xénophon）[6]、亞里斯多德、芝諾（Zénon）[7]以及古代一切嚴肅認眞的哲學家來說，無疑是再好不過的，因而也可以說是令人鼓舞的城市。無論雅典，還是其他任何城市，在他們看來都沒有它那樣的聲譽。斯巴達在他們的心目中成了神聖的令人敬仰的形象。正像羅馬對於羅馬人，耶路撒冷對於猶太人，現代羅馬對於天主教徒那樣。斯巴達法律的締造者萊庫古，使哲學家們覺得他披上了一層類似後來代表著聖者的大名所特有的光彩。

然而，在他們的目光裡，斯巴達的這種神聖和萊庫古的法規究竟從何而來呢？柏拉圖爲什麼總在他理想的、據他認爲只有在天國裡，即在神聖理想中才能找到的完美典範的共和國裡提到斯巴達呢？爲什麼另一名蘇格拉底的弟子色諾芬，在萊庫古的全部立法中，只感到令人羨慕的神聖的完美呢？爲什麼他口口聲聲說許多才智都是受朱彼德的啟示而來的呢？（《斯巴達共和國》）爲什麼全部古人都證明，阿波羅（Apollo）[8]本人和女祭司皮提亞（Pythie）[9]被視如曾給萊庫古指導的忠告，並用他們的神諭迫使拉西第蒙人遵循他的指示和捍衛這些指示呢？[10][11][12]事實上，這是由於所有這些法規內部包含著某種神聖的觀念，一個從神明靜修自身中汲取的神聖目的。這觀念，這目的，正是要確立人類博愛，亦即建立人類的眞正社會。

萊庫古法律的所有一切都圍繞這個目標，而公共用膳只是體現在這些法律裡面的平等思想的標誌。這些膳食不單是物質上的享受：它是一種祝聖儀式，用神學語言來說，它是一樁聖事；它是城邦聖事的標誌。如果某人不是一個平等人，他就不能參加；如果某人不是經常性地參加，他也不是一個平等人。出席公共用膳，按亞里斯多德的說法，意味著授予斯巴達公民的政治權利。（《政治學》第二卷）因此一個斯巴達公民就是在公共盛餐上取得一席席位的人；這就是萊庫古的全部立法精神所在。讓我們聽聽普魯塔克（Plutarque）[13]的話；當他談完了萊庫古提出的純政治改革即設立元老院和監察官之後，他是這樣繼續說下去的：

「第二點，在萊庫古種種實施中最大膽的一點，就是平分土地。公民之間在這方面，存在著那樣巨大的不平等，以致大部分人被剝奪了財產所有權，陷於貧困，他們成爲城市的負擔，而所有的財產卻集中在一小部分人的手中。萊庫古希望從斯巴達清除蠻橫、嫉妒、吝嗇、奢侈以及各屆政府任期內兩種最大的，也是最古老的弊病：財富和貧困。他說服斯巴達人把全部土地歸於公有，實行一種新的分配辦法，今後在完全平等的氣氛中生活，以便用功過的唯一標準判斷一切差別，並且除了出自對邪惡必然的蔑視和對美德的必然崇敬以外，再不承認其他任何差別。他立刻著手實行這種分配，把拉科尼亞的田地分成三萬份，並分配給農村居民；同時，把斯巴達領域內的田地分成九千份，分配給同等數量的公民……幾年以後，萊庫古在一次旅行的返回途中，經過剛收割完了的拉科尼亞，當他看到一堆堆完全相等的穀堆時，他微笑著對陪同他的人們說，拉科尼亞好像幾個兄弟剛剛分完了的一筆遺產……爲了消滅形形色色的不平等，他對動產也進行了分配。但是，預料到倘若他公開拿走這些財產，人們即使同意也會感到很難過，他就採用了另一種辦法，並間接地對吝嗇發起攻擊。他首先開始取消金幣、銀幣，只准使用鐵幣。這種新幣可以消除斯巴達的種種不平等……最後，爲了進一步消除奢侈享受並從根本上剷除人們的財富慾，萊庫古建立了第三項法規，人們一致認爲這是他最精彩的創舉之一：即實行公共用膳。他逼迫公民們一起用膳，根據法律的規定吃同樣的肉……這種公共用膳，克里特島人稱之爲安德里亞（Andria），而拉西第蒙人則稱之爲斐迪西亞（phiditia），也許因爲這可以使他們牢固地把善意和友誼結合在一起，斐迪西亞爲斐利西亞（philitia）的近音，即希臘語中『愛』的意思；再則，也許因爲他們習慣儉樸和節省，這在希臘語中的讀音是斐多（pheido）。但這絕不意味著他們不能用其他的綴詞加在這個詞的第一個字母前面，這樣愛迪西亞（éditia）變成了斐迪西亞，即希臘語裡表示『吃飯』的意思。[14]每張桌子上有十五個人左右……孩子們也一起吃飯；他們被領到那裡好像被帶進一所節慾學校那樣，並

將聽取關於政府的報告等等。」（《萊庫古傳》）

共同體、博愛、統一，毫無疑問這些是促使萊庫古制定他全部法律的精神實質；這共同體、博愛、統一的標誌就是公共用膳。所以柏拉圖稱斯巴達爲最優秀的哲學城市，並認爲希臘人中只有斯巴達人是孕育眞正才華和眞正科學（普羅塔哥拉（Protagoras）[15]）的人們，在他的觀念中，他把公共用膳不可分割地和博愛聯繫在一起。一旦他描繪出共和國的規劃藍圖並組織軍隊士兵等級以後，他就大聲疾呼：「讓他們到開飯時，走進公共餐廳，讓他們共同生活在一起，好像兵營裡的士兵應該生活的那樣。」（《理想國》第三卷）

但是，這種象徵博愛和平等的公共用膳習俗，是否只是斯巴達的特殊情況，只能在那裡找到或在柏拉圖想像的理想國裡找到呢？不，斯巴達並非爲個別情形，恰恰相反，人們可以肯定地說，古代各民族幾乎早已普遍使用過這種辦法，或至少說所有立法者都曾規定了這種辦法，作爲人與人之間的宗教員警的標誌。

亞里斯多德向我們指出的這種辦法可以追溯到遠古時代，他把這種習俗和建立等級制度並列在一起，可想而知，它也同樣是十分古老的。他間接地指責柏拉圖把公民劃爲不同的社會等級和把某些社會等級或階級組織的共同體作爲他的天才發明，他說：「作爲政治哲學，必須把個人劃分爲不同的階級，一邊是軍隊士兵，另一邊是勞動者的這種做法並非是當代發現，也不是最新發明。它迄今還在埃及和克里特島存在著。據說，前者是由賽索斯特里[16]法律，後者是由米諾王法律建立起來的。公共用膳的建立遠及古代，在克里特島可以追溯到米諾王統治時期，在義大利可上溯到更加遙遠的年代。這後一個國家中相傳有一個名叫意大侶斯的人，成為安諾特里的國王，由此安諾特里人改換了他們的名稱，變成今日的義大利人。有人還說意大侶斯使過去從事游牧的安諾特里人變成農民，還說在其他法規中，他為他們制定出關於公共用膳的規定。時至今日，仍有某些鄉區保存著意大侶斯法律的這種習慣。它在第勒尼安海沿岸的居民奧必克人中繼續存在，他們還稱呼著安索尼人古老的雅名。沿著愛奧尼亞海灣和依阿畢及海岸名叫西爾蒂斯之國的肖尼人也有同樣的情形。此外，大家知道肖尼人的祖先就是安諾特里人。公共用膳因而誕生於義大利；劃分階級卻來自埃及，因為賽索斯特里遠遠先於米諾王。況且大家認為多少世紀以來，人類的天才曾多次相遇，或者說得更確切些，不計其數地相遇：共同的需要提出了滿足這些需要的共同方法；人們對於一系列風尚特有的想法，也同樣反映在政治法規之中。在這問題上，一切都顯得十分古老。」（《政治學》第四卷第九章）

尼布爾（Niebuhr）[17]（《羅馬史》第一卷）認為亞里斯多德不得已寫出的關於古代義大利的全部這些珍貴資料，是從早於他一百年左右的、哈利卡納索斯[18]的丹尼斯（Denys）[19]和斯特拉波（Strabo）[20]經常談到的錫臘庫斯歷史學家安底奧修斯（Antiochus）[21]的著作中抽出來的。但是，無論亞里斯多德吸取的源泉怎樣變化，對於這種論斷，即公共用膳在義大利可以追溯到遠遠先於克里特島法律的年代的說法，我們會有什麼看法呢？眾所周知，萊庫古的立法是從米諾王那裡因襲過來的。但是，我們在萊庫古立法上牢牢抓住一端的這條鍊子不是如亞里斯多德所說的那樣，可以追溯得更遠嗎；那麼亞里斯多德對我們提及的義大利古老立法和克里特立法之間又存在著什麼關係呢？根據我們的看法，義大利立法雖然緊接在克里特立法前面，義大利立法仍然沒有與其聯結在一起。當亞里斯多德證實義大利的古代風俗先於米諾王，並非直接來自克里特島的時候，他並沒有錯；儘管如此，我們覺得它仍然和克里特立法具有密切的聯繫。這是因爲米諾王立法本身，正如古代查有實據的證據所能表明的那樣，就是古代立法的發展，它與達克底勒—衣岱人一起從腓尼基出發，經過連續多次的遷徙，過渡到希臘和義大利。正是達克底勒人的立法初步開化了希臘和義大利。事實上，希臘和義大利的傳統表明宗教和人類文明是在腓尼基和克里特島上誕生的。農神薩多林（Saturne）[22]從腓尼基來到義大利安身。在克里特島上，居雷特人或高黎邦特人，即傳教士等級取代了蒂唐人的軍隊士兵等級，如同特洛伊人併入高盧人，瑪什人併入波斯人，薩里人併入薩班人一樣，他們把年輕的朱彼德神從他那盛怒的父親薩多林那裡救了出來。有關薩多林和朱彼德的古希臘和古義大利宗教似乎使我相信，它在古代的立法中已經產生了最初的根源，它一旦傳入希臘和義大利，就可用來教育和開化這些地區的野蠻居民。看到米諾王立法以如此明顯的方式發展他關於等級階層結社的原則，我得承認，我不禁認爲，這種觀念同樣出現在先前的文明中，即出現在薩多林和朱彼德的文明中。這就清楚地闡明了亞里斯多德爲我們指出的存在於古代義大利和古代克里特島的顯著的一致性。亞里斯多德說，義大利本身的名稱是同公共用膳這一法律一起由一位名叫意大侶斯的國王給予安諾特里人的，這使人想起神聖的衣岱，達克底勒人是由此而取名爲衣岱人的。這又清楚地闡明了在薩多林統治時期的輝煌世紀裡，他爲羅馬文明確定了範圍和起點，因此薩多林人早就保存著他的畫像。

我不得不補充說明，我在閱讀希羅多德（Hérodote）時注意到一個離奇的事實，它使我對這個問題有了一些瞭解。我們剛才提到，亞里斯多德特別在具有**公共用膳**的義大利平民中列舉了居住在大希臘境內，處於義大利最南端的肖尼人（希臘文爲χῶνες）。大家知道在這些肖尼人的對面，在亞得里亞海灣的另一端，恰巧是埃皮爾的一個省，那裡的居民也叫做肖尼人或夏尼人（χάονες）。著名的多都納森林就在埃皮爾的這部分地區。據說，在這裡古希臘人長時期食用橡栗爲生，他們因接受朱彼德的神諭而早已開化，卻被荷馬和索福克勒提及的一種名叫賽爾的隱居修士們所詆毀。然而，這些並不是古代提及的唯一的肖尼人。希羅多德也提到了小亞細亞的戈尼人或高尼人（根據原稿，寫成ηαῦνιοι，ηῶνιοι或ηαυχῶνιοι，以及地理學家們通常使用的Caunus或Conus）；他所轉述的有關他們的一些背景使我相信，儘管由於字體上的差異，希羅多德提到的高尼人就是一種類似埃皮爾省的夏尼人，並和大希臘的肖尼人屬於同一種民族。他說：「這個民族的法律與其他民族的法律區別很大，也與他的鄰族（加里人）不盡相同。因爲對於高尼人來說，世上最美好的事莫過於聚集在飯桌前，按年齡和友誼組成小組，不分男女和孩子，在一起痛飲。」希羅多德補充寫道，這些高尼人吹噓他們出身於克里特島。在被小亞細亞的高尼人看作爲高尚的宗教法規的公共灑祭中，閉眼不看自稱來自克里特島的民族的公共用膳，我覺得是很困難的；與此相仿，在這個部落和大希臘肖尼人之間，看不出兩者之間存在的聯繫也是不可能的。公共用膳的這個特點給希羅多德的印象很深，使他感到這正是識別該民族的標誌。根據亞里斯多德的報告，它同樣是識別義大利肖尼人的標誌。我得承認，這個特點使我深信高尼人（Coniens）的名字本身，像希羅多德所寫的那樣，或者帶h噓音，那就是肖尼人（Choniens），這一名字本身是代表這種生活共同體的具有特別意義的名字[23]。從那時起，人們理解了亞里斯多德對這個名字的另一種稱呼，也知道了出身於安諾特里的人如何採用了肖尼人的名字，這個名字說明一種別人使他們接受下來的生活方式。

但是，無論人們怎樣考慮去接近亞里斯多德所列舉的有關義大利的一些事實，他們至少不可能懷疑在克里特立法中「公共用膳」的存在。我重複一遍，整個古代向我們證明萊庫古曾經在克里特島探索他的法律，而且克里特島的法律一直存在到柏拉圖和亞里斯多德的時代。至於米諾立法方面，我將滿足於引述一個知識淵博的教授的總結性意見，事實上，他的意見是根據最可靠的權威人士的見解得出來的。

他說（《古代史簡要》）：「克里特島上接連不斷居住著名叫愛蒂奧克里特人的當地土人，後來又住進了隸屬彼拉斯、阿蓋安和多列安族的各種希臘部落。克里特島是通往各殖民地的交通要道，從利比亞、下埃及、腓尼基直達希臘，它很早接受這些國家的不同宗教信仰和文明的種子。所以希臘人使大多數天神在島上誕生了，尤其誕生了朱彼德。大約西元前一千五百年，當龐地安（Pandion）[24]統治著雅典的時候，米諾王第一和達克底勒—衣岱人從亞洲來到了克里特島。米諾王召集了他法律管轄下的全部平民，興建了許多城市，特別是格諾斯、費斯多斯和錫提尼，爲此他制定了法律，假想是從朱彼德那裡得到的旨意。從他建立的政府體制中可以發現自由人的種種社團，他們全部統一在同一個政府的管理之下，他們之間人人平等，均由奴隸服侍他們，**個人沒有土地所有權**，大家在**公共餐桌上吃飯**，他們的家屬的生活必需品也是由公家供給，年輕人接受正規的體操、航海、軍事訓練；用嚴厲的法律維持嚴肅的風俗習尚，年資和功績是唯一能獲得榮譽的報償，整個共同體只承認一個世襲君主的特權，他由朱彼德授予權威，只要他始終如一尊重正義，並保持他的臣民們不可轉讓的特權，他就受天神們的庇護。當米諾王爲克里特人奠定這種政府形式時，他的兄弟拉達芒特[25]在愛琴海的諸島，如開俄斯島、利姆諾斯島以及基克拉迪群島上站穩了腳跟，並把這些島嶼從海盜的掠奪行徑中解放出來，爲他們制定了如此公正的法律，以致好多其他島嶼自動前來接受他的統治，其中包括小亞細亞沿海的居民。在泰芮（Thésée）[26]和萊庫古效仿米諾王的立法以前，多少世紀已經過去了。但是，從那英雄年代一開始，希臘人十分讚賞拉達芒特在早先制定的初步規則中把打擊海盜行徑作爲他們的權利；希臘北部和特拉斯，由於達克底勒—依岱人或居雷特人進入希臘和愛琴海上諸島而部分地從野蠻狀態中擺脫出來。在克里特島上發明了鐵器的那些傳教士，學會從地底下挖掘金屬，進行冶煉和鍛造武器與工具。他們在農業方面是熟練的能手，他們還教導人們把農村中流竄的動物集中起來，成群地馴化牠們；他們飼養蜜蜂，從蜂箱中取蜜。最後他們還運用神奇般的魅力和魔力取得人對大自然的統治權力；他們犯有錯誤，也許是由於缺乏對物理現象的眞正認識。一方面，達克底勒人或居雷特人進入薩莫色雷斯島，把他們的祕密和他們的知識傳授給奧爾佛，促使該島短暫文明的誕生，這種短暫的文明至今在色臘基地區尚可發現。另一方面，人們看到他們在傳布宗教信仰和政治一體的熱忱的鼓舞下，成功地使原先依從迪加利奧[27]的巴拿斯鄰近的希臘人歸附於他們的信仰和教義，並以愛萊納人的名義開始在希臘發揮重要作用。在希臘的這部分地區內，他們傳播自己的藝術，同時他們成爲朱彼德信仰的傳教士和司祭，他們還在德勒菲制定了對阿波羅的禮拜，創立了他的神諭和第一座寺宇。」

我再轉述亞里斯多德爲我們提供的有關古代城邦公共用膳的其他證據。亞里斯多德在他的著作中對存在於他那個時代的各種不同政府採用比較政治辦法，幾乎總是從公共用膳的國家比較著手的。這就說明爲什麼他把克里特法律放在優先於斯巴達法律地位的理由之一：「公共用膳（斯巴達人取名爲斐迪西）組織得很差，其責任應歸咎於他們的締造者。膳費應像克里特島那樣由國家承擔。相反地，在拉西第蒙，每人都要付出法律規定的一份。有些非常窮困的公民甚至付不起這筆開銷。立法者根本沒有想到這一點。他要把公共用膳作爲全民化的一項法規，可是由於法律的關係，這法規完全不是那回事。最窮的人不能參加這樣的用膳。不過，遠古以來，政治權利只有在這種條件下才能獲得。對於無力支

付這筆負擔的人也必然喪失政治權利。」（《政治學》第二卷第六章）

亞里斯多德後來論述這一點時又回到克里特的優越性上來：「公共用膳的組織工作在克里特島要比拉西第蒙爲好。在斯巴達，人人要支付法律規定的一份膳費。不然，如我已經說過的那樣，他們將被剝奪政治權利：克里特島上的法規是大得人心的。人們收割的水果和飼養的牲畜，無論是屬於國家的，還是作爲農奴支付的租金，人們都分成兩份，一份作爲祭神和對公共官員提供的費用，另一份提供給公共用膳，他們就這樣由國家撥款，男人、女人和孩子們共同就餐。」（同書第七章）

不僅在義大利，在希臘，在拉西第蒙，亞里斯多德向我們指出公共用膳存在的事實；他還斷言迦太基的政體部分地建立在這種法規的基礎之上：「迦太基好像也具有一個良好的政體，許多方面表現出要比其他一切國家更加完善，而在某些方面也和拉西第蒙的政體相似。克里特島、斯巴達和迦太基這三個政府之間有著很多聯繫，並大大超越所有那些出名的政府；這就清楚地表明他們政體的合理性：迦太基政體雖然規定人民有部分權利，卻從來不發生暴動，也無須暴君，這確是十分罕見的事實。我還將舉斯巴達和迦太基之間幾個相同的例子。迦太基祕密團體的公共用膳很像拉西第蒙的斐迪西等等。」（第二卷第八章）

根據亞里斯多德引證的事實，我們再來研究他對公共用膳的個人看法，以及他希望這種制度在一個模範城中的應用。他是非常重視這一方面的。他認爲透過公共教育和公共用膳有可能把眞正人類社會具有的統一性和共同體特點貫穿到國家內部。亞里斯多德據理批評柏拉圖《理想國》中蘇格拉底把人和社會看作絕對一樣的東西的觀點，他同時確信公民和國家的協調一致將會是令人滿意的，如果教育和就餐實行公費制度的話。他說：「在拉西第蒙，在克里特島，立法者在實行公共用膳的基礎上建立共同體方面表現出非常的才智。」亞里斯多德承認這種法規，因此在他的模範城邦規劃中，制定了這一方面的法律：「一般說來，人們認爲建立公共用膳制度完全適用於任何組織得完善的國家。我也同意這種看法。但是所有公民必須毫無例外地參加公共用膳；若要窮人們支付由法律規定的一份餐費，而且還需要負擔他們家屬的所有其他開支，那麼事情就難辦了。神聖信仰的費用又是城邦的一項公共負擔。因此要把土地分成兩份，一份歸公眾，另一份歸個人。第一份再分成兩小份，以便同時維持祭祀的開支和公共用膳的費用。至於第二份，也可以再分，讓每位公民，同時占有邊境和城邦四郊的土地，他就同時注視著這兩處的防衛工作。這種分配本身較爲公允，它保證了公民的平等和對付共同敵人的團結一致。」（第四卷第九章）

亞里斯多德就這樣把公共用膳作爲社會生活的基礎，同時，爲了在執行時便於進行調節，他沒有忽視任何細節。他著手貫徹執行，就連城市的建築都沒有放過：「因爲公共用膳需要把公民分成許多小組，需要在城牆上每隔一定距離選擇最恰當的地點設置城堡和哨所。很自然，這些城堡將專門用來接納公民聯隊，這是十分清楚的。」（同書第十一章）然而，亞里斯多德的政治和道德觀念表現得更加明確的卻在他所注重的關於行政官員的公共用膳的細節上：「爲高級神職人員建造的大廈，應該十分壯觀，既可用來作爲行政官員的莊嚴餐廳，亦可當作舉行各種沒有被法律或皮提亞的神諭視爲祕密禮儀的場所。大廈可選擇在四周各街道都能看到的地方，居高臨下，並顯得與大廈所容納的那些大人物的尊嚴相稱。在高大建築所在地最好擴建一所公共廣場，建築得像德薩利人所稱呼的自由廣場那樣。這廣場絕不被商品所玷汙，成群的手工藝者，莊稼人和這個階級以外的任何個人一律禁止入內，除非行政長官正式召喚他們……；至於下級官員，例如負責對契約、刑事、民事活動或有關這一類訴訟的仲裁人或者負責市場的保安工作以及城市公安工作的人，他們就餐的地點應在公共廣場和熙熙攘攘的街道附近。進行種種交易的市場廣場附近尤其適合上述用途。但是關於我們前面談到的廣場，它應該一直保持絕對的安靜；相反地，後面所說的廣場則完全用於物質方面的交流。」

我們看到，亞里斯多德由於他天生的癖好，他更多地把建立公共用膳當作一種具有實際意義的行動，當作一種古老的、可尊敬的，同時也是有用的習俗，而不單是當作隱藏在這個事實之下的精神方面的活動，也就是說，亞里斯多德把它當作人的社會共同體，更確切地說，當作人的精神共同體。這與柏拉圖是完全不同的。但是最後當亞里斯多德承認國家內部的共同體並涉及如何組織各級共同體的時候，他覺得公共聚餐兼具公民平等的物質聯繫和精神聯繫的作用。毫無疑義，他不像柏拉圖那樣，把這樣的聚餐看作宗教一類的東西，以致達到神聖的地步。再說一遍，原因是共同體對他的感激不如對柏拉圖那樣深厚；

不過他仍然賦予共同體的建立崇高的意義和無比的重要性，同時具有政治、道德、宗教的意義。我說，你們可以問他本人他那共和國的統一表現在何處，他會向你們指出表現在**公共教育和公共用膳**方面。所以，雖然不很明顯，但人們仍然能夠在他那裡發現他那個**等級社會共同體**的社會原則，這個原則曾經啟發過他的導師柏拉圖以及更早的柏拉圖的導師畢達哥拉斯。

至於後者，眾所周知，他創建的學院實實在在是建立在共同體的基礎上的。人們被他的團體所接納，其條件是把他的財物歸公，理由是，據一位古人說，「朋友之間的財產應該是公共的」；我們已經知道這也是柏拉圖在《理想國》和《法律篇》這兩本書中的基本原則。對畢達哥拉斯的弟子們的生活制度所瞭解的全部情況和基督徒修道士的共同體是如此相似，以致確實沒有必要再在這裡反覆強調。基督教**隱居**或**公共**生活，在其他許多關係方面，如同在財產共同體的基本關係方面一樣，只是畢達哥拉斯隱居生活的翻版；關於這一點，我只要引述奧侶格爾（Aulu-Gelle）[28]的證詞就夠了。

「凡是被畢達哥拉斯一起接納為他的門徒者，無論其家產是些什麼，都應一律獻給全體；這樣的一種結社，幾乎和原始共同體緊密相連，而就其事物的本身和使用的語言來看，它也能稱作隱居共同體。」（《雅典之夜》第一部分第九章）不妨這樣考慮：在義大利出身於畢達哥拉斯學派[29]的許多立法者，例如夏龍大（Charondas）和札勒居斯（Zaleucus）[30]等，倘若未能在公民之間建立完整的共同體，至少推廣實行了**公共用膳**。

這是非常可能的，因爲畢達哥拉斯的弟子發現在義大利已經實行這種制度，那是由古希臘移民傳過去的，或更確切地說，如我們所指出的，是由達克底勒－衣岱人傳去的。實際上，我們已經看到亞里斯多德確認公共用膳的實行，早在米諾王到達克里特島做出規定之前，在第勒尼安海和愛奧尼亞海的沿岸地帶已實際存在。況且，只要我們細細考慮一下，畢達哥拉斯弟子們在大希臘地區進行的尖銳鬥爭以及對他們進行的血腥鎮壓直至把他們全部消滅，其起因都是他們企圖以一種狂熱崇拜的宗教赤忱把平等和共同體引入社會的緣故。

我擔心讀者會對我不得不枯燥地列舉這些事實感到厭倦，同時擔心他們會對基督教感到渺茫。我確實認爲人們開始不太容易看清楚克里特島和斯巴達兩地平等聚餐之間的關係，甚至也難以覺察畢達哥拉斯弟子們的共同生活和耶穌的神祕之餐兩者之間的聯繫。但是請耐心些，我們馬上把聖事上的耶穌最後晚餐和摩西的復活節緊密聯繫起來，正像我們在參加埃塞尼人的公共用膳時，幾乎做了阿迦勃的近鄰一樣。

可是，在轉入摩西立法之前，我們必須就埃及說幾句話，因爲摩西和畢達哥拉斯都出生於埃及。埃及實際是人們稱之爲基督教這個新的綜合體的主要成分之一。如果基督教眞是部分地源於埃及並且有埃及的傳統，那麼基督教的本質，即我們認爲的人的博愛、天主的統一性這樣一些教義在埃及等級社會的外表下，必然會表現出來。那麼，在埃及我們仍然會發現公共用膳嗎？更有甚者。我們在埃及還發現了作爲立法的基本事實的共同生活。埃及確實大半是建立在等級社會共同體的原則基礎上的。古代一切證據爲我們證實了埃及的兩個較高的等級——傳教士和軍隊士兵就是以共同體方式生活的。大家知道埃及的所有居民劃分爲三種階級，即教士、士兵、莊稼人和手工藝者。[31]斯特拉波告訴我們（第十七卷），由於這種分化的結果，埃及每個郡的田地也分成適合於這三個等級的相等三部分。[32]埃及的教士們生活在公共的大廈裡，俯首貼耳於遞升的等級制，他們實際上毫無個人財產，就像基督教神父對於教會的財產那樣，也像密布於歐洲各種不同的宗教等級裡的修道士那樣，只有使用公共財產的權利。軍人等級階層，在某種程度上也是同樣。關於這個等級的財產和公共資金，確有某些財產可能轉移到個別成員手裡；但這只是由於職責關係所引起的一種轉移。軍人由於他的職責關係，可以有十二阿爾龐（arpent）[33]土地的合法田產。可是即使這樣，上述財產中的一部分仍歸國王，另一部分歸傳教士，第三部分歸打仗的軍人。實際上，這兩位同時代的作者之間的差別只是表面的，並且容易加以說明。調撥給僧侶和軍隊等級的土地可以免除一切賦稅，正如希羅多德向我們指出的那樣。（該書第二卷）第三部分需要上繳賦稅的土地應屬於國王所有，應隸屬於國王的主權範圍。況且，根據希羅多德（第二卷）的報導，這種主權可以追溯到由賽索斯特里提倡的古老土地分配法，並強迫所有得到分配土地的人繳納貢品。所有權也並不因此而歸私人所有。關於這一點，希羅多德有一段精彩的論述。根據他的看法，軍事集團階層已經達到四十多萬人，某些省內叫作卡拉西爾（Calasires），另一些省內，又取名愛爾莫底皮

（Hermotybies），以後，希羅多德又做了補充：「唯有他們僅次於傳教士，並在埃及享有根據法律贈與他們十二阿爾龐土地的重要特權，同時免除種種負擔或租金。一阿爾龐等於埃及的一百鼓代（coudée）[34]，而埃及的鼓代又類似於薩莫斯的鼓代。這十二阿爾龐是贈送和分發給所有的人；可是他們擁有的這些田地只能以輪流繼承的方式進行，而且同樣的人絕不能享有同樣的田地。每年有一千名卡拉西爾士兵和同等數量的愛爾莫底皮士兵要爲國王護駕；那時候，他們除了分得十二阿爾龐土地外，每人每天尚可得到五斤麵包，二斤肉和二至三品脫（pinte）[35]的葡萄酒。」（第二卷）我不知道是否可以從這個段落裡得出如下結論，即每位教士，根據他的頭銜，也有十二阿爾龐的土地。我覺得希羅多德在論述打仗士兵的特權時提及教士只是爲了更明顯地把兩個較高等級同較低等級區別開來，前者擁有可以免除一切貢品的土地財產所有權，而後者卻在繳納賦稅條件下的私有制中生活。關於傳教士，我還要說，種種跡象表明他們在一個完整的共同體中生活。爲了確信無疑，我們只需讀一下鮑菲爾（Porphyre）[36]根據夏爾蒙（Chaeramon）的論著所寫的關於預言家的報導即可。夏爾蒙是斯多葛[37]派哲學家，他曾去埃及遊覽，並以眼光敏銳、筆調眞摯的觀察家著稱。這些先知大概是以摒棄對一切實際生活的關注開始的，鮑菲爾說：「在埃及，教士們的共同規律是這樣的：凡願意從事研究和解釋神聖事物的人應該首先摒棄一切物質上的縈懷，同時也應該毅然拋棄一切應由其他人奔波的繁瑣事務，以便把自己的整個生命獻給上帝。」接著，他向我們指出那些深居聖殿的先知們，爲了避免一般俗人撞見，故受到一群低級教士的保護，這些人也可以說是他們的保鏢；當他們進行研究，舉行洗身禮和特殊的禮拜儀式時，他們總是要迴避普通人，甚至其他教士；除此以外，他們和別的教士一起過著一種非常簡樸，十分貧困的生活，也就是說，完全拋棄一切個人的財產。然後，敘述到他們晚上從事星宿觀察，夜間祈禱的時候，他說他們常常插入種種對話，用以打消睡意。那種充滿著節制的，只能適用於先知、寺院聖者（他們的衣著以及他們的人品本身意味著神聖之物）和寺院文書（他們的職務是撰寫歷史和傳授宗教學說）的生活方式對他們是適合的；然而他補充說道，對於其他傳教士，對於成群的搬運工、裝飾匠以及爲神明服務的其他人員，他們也要採用同樣的生活方式，也要用同樣的方式進行淨身。有人妄圖將這種教士共同體縮簡爲三個大主教所在城市芒菲斯、泰勃斯和埃里奧波里斯的教士團體形式。隸屬於這三個大團體的整個教士等級事實上遍及整個埃及；而且，寺院和其他宗教建築非常繁多[38]，這就清楚地表明他們都獻身於共同生活。再則，根據希羅多德的說法，爲了不使共同體的原則受到損害，同樣是軍隊士兵卻從未能夠享有相同的土地，而是由他們輪流耕種這些土地。當人們看到埃及人小心謹慎到了這種地步的時候，怎麼能夠相信僧侶等級更有理由不主張這種共同體和完全拋棄個人所有權呢？我要補充說，人們可能只有根據希臘哲學家們從埃及吸取的學說做出這種推斷。古人不是告訴過我們，畢達哥拉斯的學說以及創辦學院的觀念都是從埃及和泰勃斯城的僧侶那裡接受過來的嗎？柏拉圖在他的《理想國》裡，不是把他的注意力既轉向克里特島或斯巴達的共同體，也轉向埃及嗎？尚需指出的是，在僧侶等級的不同職責中，根據希臘人翻譯的名稱，我們首先找到了稱爲科麥斯特的這些人（是從西奈席於斯（Synesius）[39]的《論上帝》一書中找到的），這些人主持寺院的盛餐，其職責類似羅馬的愛必洛納[40]。最終我們應該相信摩西是根據埃及聖職的準則在猶太人中間確立大祭司職責的；我們知道；摩西既不願意大祭司，也不願意教士參與土地分配，目的是不讓他們私人擁有土地。因此，這一切表明了不僅埃及的教士共同擁有財產（這是一個毋庸置疑的事實），而且連僧侶等級的這份共同財產，在全體成員的實際使用中也是共有的，只有對這些土地的產品收入才根據他們的等級差別進行分配。

## ◆註解◆

【1】古希臘城市名，即斯巴達。——譯者

【2】古代斯巴達的公共用膳。——譯者

【3】希臘島名，位於地中海。——譯者

【4】即古希臘克里特島人的公共用膳。——譯者

【5】一本類似湯瑪斯．摩爾的《烏托邦》式的政治小說，該書於十八世紀初葉在荷蘭出版。

【6】色諾芬（西元前五六五～前四七三年），古希臘早期哲學家和詩人。他認為人按照自己的形象創造了神，批判了多神教，主張神是唯一的，而且是永生不滅的。——譯者

【7】芝諾（西元前約三三六～前二六四年），古希臘斯多葛學派的創始人。他引用了火的學說，認為自然現象是可以相互轉換的，但認為人應順應自然，服從命運。他認為感覺和意識是人對客觀事物的反映。——譯者

【8】阿波羅，希臘神話中的太陽神，宙斯的兒子。權力很大，主管光明、畜牧、音樂、詩歌等，並代表主神宣詔神旨。——譯者

【9】皮提亞，代表阿波羅傳達神旨的女祭司。相傳她坐在三腳鼎上，頭上戴著桂花枝，口中念念有詞，以示天意的旨命。——譯者

【10】西塞羅說（《論神之本義》第一章）：「萊庫古利用德勒菲人阿波羅的地位以證實他為拉西第蒙人制定的法律。」普魯塔克談到萊庫古在提出他的法律之前，他到德勒菲去，向阿波羅進行獻祭。從這裡他帶回來了著名的神諭，而女祭司稱他為「神仙們的寵兒，與其說是一個人，不如說是一個神。」我們在希羅多德【11】那兒找到這條神諭，而在狄奧多勒【12】那裡則更長。

【11】希羅多德（約西元前四八四～前四二五年），古希臘歷史學家。在西方史學中有「歷史之父」之稱。——譯者

【12】狄奧多勒（Théodoret，約西元三九三～四五八年），希臘神學家。——譯者

【13】普魯塔克（約西元四六～一二五年），希臘傳記作家和倫理學家。他的作品像柏拉圖對話一樣，涉及倫理道理、宗教、政治、教育、歷史、文學等等。他主張上帝不滅，靈魂不死，力圖挽回當時處於崩潰之中的希臘傳統宗教。他的研究重點是關於道德的實踐，並從歷史、心理、社會的角度刻劃了古希臘的許多人物性格。——譯者

【14】愛迪西亞或斐迪西亞可能是希臘語φιλῶν ἐδῖτια的結合，即「朋友們的公餐」；可是這個詞更可能與克里特人使用的安德里亞完全相近，並從希臘詞「男人」（φώς）、「勇敢地」（ἴρι）的第一個音節分化出來，就像安德里亞也由「男人」這個單詞分化出來一樣。

【15】普羅塔哥拉（約西元前四八五～前四一〇年），古希臘智者學派代表人物，思想家，政治活動家。他參與制定法律工作，認為奴隸主民主制是最好的國家形式。他繼承了萬物皆變的思想，在認識論上，他過於強調感覺的作用，認為「知識就是感覺」。他的哲學思想具有懷疑論和相對主義的傾向，但這種相對主義在當時是對傳統宗教觀念的否定，故具有一定的積極意義。——譯者

【16】賽索斯特里，古埃及第十二王朝時期三位國王的稱號。——譯者

【17】尼布林（西元一七七六～一八三一年），德國歷史學家，曾任普魯士駐羅馬使節及柏林大學和波昂大學的羅馬史教授，他的主要著作是《羅馬史》。——譯者

【18】哈利卡納索斯（小亞細亞）聞名於世，是由於加里亞國王摩索拉斯的陵墓成為古代世界的七大奇觀之一，墓頂有國王與王后乘四馬戰車像。這裡也是德尼斯和希羅多德的故鄉。——譯者

【19】德尼斯（約西元前一世紀），古希臘歷史學家和批評家。著有《羅馬考古學》等。——譯者

【20】斯特拉波（西元前六四／前六三～西元二三年），希臘地理學家和歷史學家。研究民族起源，遷移，帝國形成，人與自然的關係等。——譯者

【21】安底奧修斯（約西元前一三〇～前六八年），古希臘歷史學家和哲學家。是費隆的弟子，學術上主張回到柏拉圖的觀點上去。——譯者

【22】薩多林，古希臘羅馬神話中的農神，主管播種和葡萄園。——譯者

【23】希臘文ηοινοφ表示「公共」之意，由此產生了「聚居的修士」、「聚居修士生活」等詞。

【24】龐地安，古希臘傳說中的雅典國王。——譯者

【25】拉達芒特，克里特島上的英雄，相傳他是宙斯的兒子，米諾王的兄弟。由於他明智的統治，死後就成為與米諾王、埃阿克並列的地獄三大判官之一。——譯者

【26】泰芮（一譯賽修斯），傳說中的希臘英雄。關於他的身世有許多說法。是他殺死了人身牛頭怪物米諾托爾，是他統一全國，修建雅典城，並登上王位，故又被稱為是雅典國家的奠基人。——譯者

【27】迪加利奧，普羅米修斯的兒子。相傳主神宙斯被青銅時代的人類所做的壞事而激怒，決定大發洪水消滅人類，最後只剩下他和他妻子皮勒。後來在神意指引下，他們重造了人類。——譯者

【28】奧侶格爾（約西元二世紀），古羅馬學者。他是《雅典之夜》的作者。——譯者

【29】畢達哥拉斯學派是指由畢達哥拉斯本人創建的一個政治、宗教、哲學三位一體的古代學派。——譯者

【30】畢達哥拉斯的弟子除夏龍大、札勒居斯外，還有梯麥、阿基塔斯、費羅拉渥斯等。——譯者

【31】希羅多德把這第三等級階層再分成牧羊人、養豬工、小商販、表演者和海上勞工。其他一些古代作者提出不同的分級方法。但是，對於上層兩大等級和下層等級之間存在的嚴格分界線，則無可爭議。希羅多德說：「在埃及軍事階級成員中，沒有一個人是學習一門機械手藝的；而是所有的人，從父親到兒子，個個醉心於戰爭這個職業。」（第二卷）希羅多德早就注意到在這方面東方各古老民族的根本法中出現的類似現象，以及斯巴達政體和等級制度之間的特別的相似之處。他說（同上）：「說真的，我無法斷定希臘人是否從埃及借來了戰爭職業可以父子相傳的這種習俗。事實上，我看到在特拉斯人、西脫人、波斯人、里底安人中間，以及在幾乎所有的蠻族人中間，凡不從事機械手藝的人，凡操持軍事的人則被尊為最高貴者，反之，凡從事手藝的人和他們的孩子則被貶為各個民族的小人和下等人。」這類情形在希臘人，尤其在拉西第蒙人中間也有反映。可是在科林特則不是這麼回事，那裡的人們十分重視手工藝者。

【32】迪奧道爾（該書第一卷）並未銷毀這段證詞，反而進一步得到論證，並說埃及的全部土地劃分為三部分。

【33】阿爾龐是古代的土地面積單位，相當於二十公畝到五十公畝左右。——譯者

【34】鼓代，法國古代長度名，約為半公尺左右。——譯者

【35】品脫，法國古代液體容量單位，等於〇．九三升。——譯者

【36】鮑菲爾（西元二三四～三〇五年），新柏拉圖派的敘利亞哲學家。——譯者

【37】斯多葛派，斯多葛主義（le stoicisme）是哲學上的一支流派，又名畫廊派。參見第一一七頁註【13】。——譯者

【38】根據一份從十分古老的科普特語書籍翻譯過來，並經瑪葉引用的阿拉伯文原稿（《埃及描述》）核實，這些建築的數目可達五萬處之多。

【39】西奈席於斯（西元三七〇～四一三年），希臘哲學家。他曾擔任過主教。他的思想是柏拉圖主義和基督教的結合。——譯者

【40】古羅馬主持祭禮盛宴的祭司。——譯者

# 第十一章

**透過摩西立法來證明同一條真理。反映在摩西法律中的逾越節與反映在米諾王和萊庫古法律中的斐迪西具有相同的意義。**

現在我轉入猶太人的逾越節，我認爲反映在摩西法律中的這項規定與米諾王和萊庫古法律裡制定的公共用餐或斐迪西都是一個意思。對此我最初的理解認爲，同斐迪西在米諾王和萊庫古法律裡意味著平等人法規的標誌一樣，逾越節在摩西法律裡同樣意味著猶太人法規的標誌。宗教割禮肯定不是猶太民族法規的標誌；因爲也許是猶太人從埃及人那裡學來了這種習俗。事實上，我們知道全體猶太人都得舉行割禮（《希羅多德》第二卷；《斯特拉波》、《聖吉羅姆》、《聖安勃瓦茲》），衣索比亞人和腓尼基人也有類似的風俗。[1]究竟什麼是猶太人法規的眞實標誌呢？它就是逾越節，又叫作一頓莊嚴的膳食，但它是猶太人根據特定的環境和相應的儀式而進行的十分獨特的膳食。

以下是居住在埃及的希伯萊人以何種方式第一次慶祝他們的逾越節的：

「天主在埃及國土對摩西和阿隆[2]說道：

「本月[3]是你們開始的月份，它是你們一年十二個月的第一月。

「你們吩咐以色列全會眾說：本月初十日，各人要按著父家取羊羔，一家一隻。若是一家的人太少，吃不了一隻羊羔，本人就要和他隔壁的鄰舍共取一隻。你們預備羊羔要按著人數和飯量計算。需要沒有殘障的一歲公羊羔，你們或從綿羊裡取，或從山羊裡取，都可以。要留到本月十四日，在黃昏的時候，以色列全會眾把羊羔宰了，各家要取點血，塗在吃羊羔的房屋左右的門框上和門楣上。當夜要吃羊羔的肉，用火烤了，與無酵餅和苦菜同吃。不可吃生的，斷不可吃水煮的，要帶著頭、腿、五臟，用火烤熟了吃。不可剩下一點留到早晨，若留到早晨，要用火燒了。你們吃羊羔當腰間束帶，腳上穿鞋，手中拿木杖，趕緊的吃，這是耶和華的逾越節。因為那夜我要巡行埃及地，把埃及地一切頭生的，無論是人還是牲畜，都擊殺了，又要敗壞埃及一切的神，我是耶和華。這血要在你們所住的房屋上做記號，我一見這血，就越過你們去，我擊殺埃及地頭生的時候，災殃必不臨到你們身上滅你們。你們要紀念這日，守為耶和華的節，作為你們世世代代永遠的定例。」

（《出埃及記》第十二章）

我暫且不論那種可以毀滅一切的天使的所謂奇蹟，他一夜之間會把埃及及所有的頭胎生殺死，而饒恕希伯萊人的全部頭胎生。《聖經》裡的故事，談到這裡，是否好像人們早先注意的那樣，把猶太人為了恢復他們的自由和反對埃及人而試行的西西里晚禱之類所蘊蓄的祕密陰謀部分地掩蓋起來了呢？《出埃及記》的這一章以及其他有關出埃及的記載都已經很清楚地表明了這一點。但是，無論如何，就其故事本身，逾越節的用意，從它創建之初，顯然是為了把猶太人從埃及人的社會環境中分離出來，使他們成為信奉另一種宗教的教民；這也是後來永久慶祝這個節日的用意所在。爲了紀念對於一個種族完全具有特殊意義的歷史事實所建立的逾越節表面上和其他民族的宗教儀式毫無共同之處[4]。同時，爲了讓猶太人團結成爲一個民族和建立他們之間的社會聯繫，逾越節的建立具有和其他立法相符合的一般的法規特徵。在我看來，猶太人的標誌首先就是逾越節。眾所周知，猶太人有三大節日，第一個莊嚴的節日就是逾越節。對於所有猶太人來說，慶祝這個節日的義務則是非常嚴酷的。任何一個不重視慶祝活動的人都會有被處死的危險；「耶和華對摩西說：你曉諭以色列人說，你們和你們後代中，若有人因死屍而不潔淨，或在遠方行路，還要向耶和華守逾越節……若有人推辭不守逾越節，那人要從民中剪除，因爲他在所定的日期不獻耶和華的供物，應該擔當他的罪。」（《民數記》第九章）民族的統一正是建立在三大莊嚴節日，特別是建立在逾越節節日基礎之上的；「你只當在耶和華——你的神所選擇要立爲他名的居所，晚上日落的時候，乃是你出埃及的時候，獻逾越節的祭……你一切男丁，要在除酵節、七七節、住棚節，一年三次，在耶和華——你的神所選擇的地方朝見，各人按自己的力量，照耶和華——你的神所賜的福分，奉獻禮物。」（《申命記》第十六章）

逾越節，它作爲摩西整個立法的象徵，具有兩個特徵：一方面它使猶太人與所有其他民族有所區別，另一方面，他把猶太人如同兄弟一般地團結在一起。一方面，它是擺脫奴隸制的解放節日；它是與其他民族實行分離的標誌，是猶太人的特殊標誌；它也是進行起義，反對一切統治者的標誌，不管他們是什麼人：埃及人、亞西里安人、波斯人或者羅馬人。但是另一方面，它又是猶太人之間博愛的標誌，他們團結的標誌；對他們來說（基督教進行了發揮），這是一次眞正的領受聖體。千萬不要忘記猶太人曾是一個民族，它既能傳播偉大的富於社會性的箴言，如「愛你的鄰居如愛你自己一般」，但也能厭惡一切其他民族。猶太人之間的博愛以及他們和其他民族的深刻區別，就是摩西立法的兩大特點，這可以在《聖經》中到處找到。逾越節以不可分割的形式把這兩種特點聯結起來，無論從第一次慶祝時起，還是在以後；無論在埃及當涉及動搖奴隸制桎梏的時候，還是在希望之鄉[5]當涉及作爲民族而生存的時候；也無論在流放的國家和在遙遠的旅途上，當猶太人把目光轉向寺院，並由衷地依戀於他的民族，即天主爲之選擇的民族的時候。

但是什麼叫做民族？一種民族可能建立在平等基礎上，或者建立在不平等基礎上。我們懂得，米諾王和萊庫古的希臘斐迪西的目的就是爲了解決第二個問題。就是說不僅爲了建立一種民族（或等級社會），而且是爲了在平等的基礎上建立一種民族。猶太人的逾越節是否具有同樣的性質？初看上去肯定不是，如果孤立地從逾越節本身去考慮的話；但是如果把它和摩西的另一種節日制度例如安息日、安息年和五十年節進行對比的話，肯定地說：是。

我們不應該，也不可能把逾越節和安息日、安息年以及五十年節分開。根據我將闡明的理由，摩西無法在逾越節裡體現他的全部立法精神；然而這難以注入這種節日制度中的精神卻放進另一個由三部分構成的節日制度之中，這就是安息日、安息年和五十年節，它們相互補充，並彌補逾越節之不足。

倘若有人反對我說：「斯巴達人和克里特人天天在一起吃飯，猶太人恰恰相反，每年只有一次共同用膳，甚至還是以家庭爲單位進行的；一些人就這樣天天領受聖餐，另一些人則全年不領聖餐，除非只有那麼一天，他們虔誠地、莊嚴地相聚在一起，紀念過去的某一事件：而在這兩種實踐之間它們有什麼聯繫和共同之處呢？」我認爲人們向我提出的這種異議是十分容易回答的。我覺得絕不可把逾越節和五十年節割裂開來。復活節乃是一個民族節日制度的標誌，它表明人民在自己的勞動以後，在安息日、安息年和五十年節日裡又看到了彼此之間的平等；並透過這種形式，在勞動組織的許可範圍內，保持人民中間的社會關係和博愛精神。以下我再進一步闡明我的觀點。

作爲從事游牧和農業的民族，猶太人散居在一個土地肥沃[6]，但布滿著湖泊、山丘、沙漠和乾旱的國土上，它使猶太人彼此孤立開來，使他們像沙漠中的一個一個的綠洲。他們就這樣過著族長制的游牧生活，儘管他們是以穩定的形式定居在一個地方。我的理解是他們生活於某種半社會狀態之中，由於耕耘田地，照料牲畜，他們是分散在各地的。而且各自管理他們的孩子、他們的僕從和他們的奴隸。同時，不能忘記他們出身於古代世界的等級社會的最低階層，他們仍然無法像高等階層所做的那樣自己管理自己，也無法統治可能被他們征服的民族。他們的性格和他們的命運可以從他們決心消滅巴勒斯坦人這一點刻劃出來。來自古代世界高級階層的人們本來就無法消滅被征服的人們，但是可以奴役他們，正像克里特島和斯巴達的伊洛特人或貝利爾錫人已經做過的那樣。猶太人，他們只會消滅當地居民，奪得國土。於是他們停留在這個國土上，種植田地，分散在各個村莊和田野上，好像斯巴達臣民拉科尼人，以及克利特臣民貝利爾錫人一般，因而難以使他們團聚在一起共同用餐，一起生活。摩西受到了早先我們闡述的埃及那種以共同體爲基礎的立法思想的薰陶，但無論是他本人還是在他之後他的繼承人，都未能在他的人民中間建立這種立法。《聖經》上說：摩西原先考慮收留各家各戶的全部頭胎嬰兒，準備把他們組成一個高等等級階層，一個教士等級；可是他遇到了他的民族本性方面所產生的種種阻礙，致使他摒棄了原先的計畫，並選擇阿隆家族和利未[7]部落來維護聖器聖物。剩下的一部分人過著一種類似埃及下等階層的生活，即非共同體生活。但是個人和家族如果沒有社會的干預，並因此而自暴自棄的話，就仍然產生不平等和伴隨而來的各種不幸。摩西深知這一點。逾越節雖然是這些被隔絕了的人們唯一可能建立的社團生活，卻無法醫治這些不幸。這是舉國上下團結一致的標誌，僅此而已。摩西設法用另一項制度來醫治個人主義和不平等。這項制度就是以三種形式出現的五十年節，即安息日、安息年，和五十年節本身。這樣逾越節就具有一種五十年節的新意義。逾越節和以這三種不同面貌出現的五十年節，就是摩西立法的概要。誠然，若把逾越節再加上這完整的五十年節，人們就有權把摩西的這兩種制度結合在一起，從而在立法思想上更加接近克里特島共同體和斯巴達共同體。我的見解是，這兩個統一的和互爲補充的制度，跟克里特島和斯巴達共同體的精神實質是完全相同的，具有共同的目標，在某種程度上產生共同的效果。摩西似乎對他的人民說過如下的一番話：「你們都是平等的，你們大家一起來慶祝逾越節。這就是你們的博愛、平等和統一的標誌。但是我知道你們的工作要求你們每個人能獨自生活，你們是一種游牧和農耕的人民。埃及人那樣輕視你們。你們要向他們顯示並證明你們完全可以和他們一樣成爲有道德的人民。他們共同生活在城市裡，分成教士和士兵。你們在他們那兒，只能屬於個體生活著的最低等級，甚至你們處在最低等級的最下層。你們要成爲一種像樣的人民。天主已經選上了你們。然而，你們只有實行那種使埃及上層等級變爲那樣一種人民的社會生活方式時才能成爲一種像樣的人民。勞動者們，你們不是軍隊士兵，亦非教士，你們如同最低等級一樣生活在非共同體之中，生活在個人主義、自私自利和不平等之中，可是每七天，每七年，每七個七年，你們又變爲人人平等。想一想，你們曾是奴隸，你們仍屬於下層等級。你們仍不得不過著這種等級的生活；但是你們要使這種生活變得高尙，並且尊重你們其中勞動最苦最累的人。神明賜予你們六份時間的不平等；第七份留給他自己，他把第七份用於平等。你們一星期有六天是不平等的。但是第七天，你們又會變得平等；因爲你們之中服侍人的人在第七天和他們的主人一樣不勞動。你們中間將會有富人和窮人；富人吝嗇，妄想霸占一切。再說第七年，你們又將變得平等；因爲第七年，窮人和富人均自由享受上帝的恩典。你們之間將是不平等的，甚至還會有人毫無財產，乃至希伯萊人把自己出賣給他們的兄弟；你們過去在埃及淪爲奴隸，你們將來會擁有奴隸。但是每七個七年，你們又將變得平等，這一次，平等的標誌格外明顯；因爲這一次財產將歸還給過去的主人，遺產將在平等的基礎上重新分配，而出賣了自己的希伯萊人又將獲得自由。這一次逾越節不只是一個空洞的字眼；它將成爲平等人的逾越節，平等的豐餐。」這就是令人敬佩的立法（所謂令人欽佩是對古代人而言），凡眞正懂得這種立法的人有理由把它稱之爲猶太人的土地法。

只要讀一讀《聖經》，就足以從中體會到我們剛才向摩西表達的明確而又清楚的感情，也足以從逾越節和五十年節結合過程中看到具有平等傾向性的一種立法草案。由於逾越節只是舉國一致，兄弟友愛的標誌，而不是別的什麼東西，所以五十年節，既彌補了它的不足，又成爲一項神聖的卓越的法律。個體勞動註定是十分必要的，摩西爲了補救這種個體勞動的不當之處，採取了一定時間停止勞動的辦法，即謂安息日（停止勞動，休息）。這樣，所有節日和逾越節本身都成爲安息日。這種停止勞動，這種休息，其目的是盡可能地在盛行個人主義的社會裡建立平等，它確實是摩西立法的基礎和本質。其結果是確保安息日的告誡時時出現，好像它就是全部法律所在：

「你們要守我的安息日，敬我的聖所，我是耶和華。」（《利未記》第二十六章）

可是如何強迫那些由於本性貪婪必然轉向欺壓他們同胞的利己勞動者；我說如何迫使他們接受這種停止勞動，彌補不平等的休息日呢？對於這樣的休息總要說出一個道理來。

摩西已經做了。就是用六天去創造世界，第七天則是上帝的休息。我不知道在培養摩西的古代科學裡是否有什麼依據用來說明在六天內完成神聖事業的這種信仰。塔西佗在關於猶太人問題上滔滔不絕發表的莫名其妙的錯誤中，倒說出了幾句寓意很深的話，也許眞能指明這種觀念的來源，如果把它與天文現象加以對照，並把猶太人和古代羅馬農神信仰中也有的第七天祭獻[8]的古老的不太明顯的聯繫加以對照的話。不管怎樣，有一件事可以肯定，如果世界的創造用了六天的說法也同樣正面刊載於《創世紀》中的話，這是因爲建立安息日的立法者十分清楚他所希望它要發揮的作用。這樣創造世界或政府有助於立法，而立法似乎不是別的什麼，而是一種神聖事業的模仿和複製品：

「到第七日，神造物的工已經完畢，就在第七日歇了他一切的工，安息了。

「神賜福給第七日，定爲聖日，因爲在這日神歇了他一切創造的工，就安息了。」

（《創世紀》第二章）

奠定了這個基礎之後，各種各樣的戒律跟著來了，首先是十戒，除社會法律最嚴厲的戒律之外，就是第七天休息日了。一切是那樣神聖，如禁止處決兇犯，或告誡爲天父爭光。

「當紀念休息日，守爲聖日；

「六日要勞碌做你一切的工；

「但第七日是向耶和華你的神當守的安息日；這一日，你和你的兒女、僕婢、牲畜並你城裡寄居的客旅，無論何工都不可做，因爲六日之內，耶和華造天、地、海和其中的萬物，第七日便安息；所以，耶和華賜福與安息日，定爲聖日。」（《出埃及記》第二十章）

當以色列人還在曠野的時候，有一個人災禍降身，因爲他沒有嚴格服從十戒的訓言；他被判處死刑，由全會眾用石頭把他打死。（見《民數記》第十五章）

後來，在詳盡記載有關法律和訓言的書籍裡，即在《聖經．舊約》的《利未記》中，關於節日這一章裡，每星期的安息日又重新作爲頭等重要的一個節日被提出來了。

「耶和華對摩西說，你曉諭以色列人說，耶和華的節期，你們要宣告爲聖會的節期。六日要作工，第七日是聖安息日，當有聖會，你們什麼工都不可做，這是在你們一切的住處向耶和華守的安息日。」（《利未記》第二十三章）

至此，《聖經》裡有一團神祕的迷霧掩蓋了關於休息的這一條正式戒律的含義。但是，最終建立以七年爲一周期的休息年或稱安息年的節日，以及建立休息年周期的平方的五十年節揭示了這種制度的深刻意義。現在就很清楚地看出了摩西立法的用意：

「耶和華在西乃山對摩西說，你曉諭以色列人說，你到了我所賜你們那地的時候，地就要向耶和華守安息。六年要耕種田地，也要修理葡萄園，收藏地的出產。

「第七年，要守聖安息，就是向耶和華守的安息，不可耕種田地，也不可修葡萄園。

「遺落自長的莊稼不可收割，沒有修理的葡萄樹也不可摘取葡萄，這年地要守聖安息。

「地在安息年所出的，要給你和你的僕人、婢女、雇工並寄居的外人當食物。

「這年的土產也要給你的牲畜和你地上的走獸當食物。

「你要算計七個安息年，就是七七年，這便為你成了七個安息年，共是四十九年。

「當年七月初十日，你要大發角聲，這日就是贖罪日，要在遍地發出角聲。

「第五十年你們要當作聖年，在遍地給一切的居民宣告自由，這年必為你們的喜年，各人要歸自己的產業，各歸本家。

「第五十年要作為你們的喜年，這年不可耕種，地中自長的不可收割，沒有修理的葡萄樹也不可摘取葡萄。

「因為這是喜年，你們要當作聖年，吃地中自出的土產。

「這喜年，你們各人要歸自己的地業。

「你們若賣什麼給鄰舍，或是從鄰舍的手中買什麼，彼此不可虧負。

「你要按喜年以後的年數向鄰舍買，他也要按年數的收成賣給你。

「年歲若多，要照數加添價值。年歲若少，要照數減去價值，因為他照收成的數目賣給你。

「你們彼此不可虧負，只要敬畏你們的神。因為我是耶和華，你們的神……

「地不可永賣，因為地是我的，你們在我面前是客旅，是寄居的。

「在你們所得為業的全地，也要准人將地贖回。

「你們的兄弟若漸漸窮乏，賣了幾分地業，他至近的親屬就要來把兄弟所賣的贖回。

「若沒有能給他贖回的，他自己漸漸富足，能夠贖回，就要算出賣地的年數，把餘剩年數的價值還那買主，自己便歸自己的地業。

「倘若不能為自己得回所賣的，仍要存在買主手裡，直到喜年，到了喜年，地業要出買主的手，自己便歸還自己的地業……

「你的兄弟若在你那裡漸漸窮乏，將自己賣給你，不可叫他像奴僕服侍你。

「他要在你那裡像雇工和寄居的一樣，要服侍你到喜年。

「到了喜年，他和他兒女要離開你，一同出去歸回本家，到他祖宗的地業那裡去。

「因為他們是我的僕人，是我從埃及地領出來的，不可賣為奴僕，不可嚴厲地轄管他。只要敬畏你的神。

「至於你的奴僕、婢女，可以從你四周的國中買，並且那寄居在你們中間的外人和他們的家屬，在你們地上所生的，你們也可以從其中買人，他們要做你們的產業。

「你們要將他們遺留給你們的子孫為產業。要永遠從他們中間揀出奴僕，只是你們的兄弟以色列人，你們不可嚴厲地轄管。」（《利未記》第二十五章）

難道還需要我對這番訓導如此明確、如此清晰的含義再做什麼補充嗎？我在想，還有什麼比這立法思想格外明顯的東西呢？平等思想難道不是已經用神聖莊嚴、不可磨滅的字眼清楚地表達在《聖經》裡了嗎？當人們已經這樣認識到猶太人安息日的深刻意義時，我再說一遍，難道人們還不相信，經過六天創世之後的神的安息日只是一種巧妙的人類安息的安排，以便使人類獲得最大限度的平等嗎？

我再次表示不接受下面這種看法；的確，我不相信人類六天的創世和第七天的休息，曾是摩西用來支持他的立法的一種欺詐手段。

正如我已經注意到的那樣，只要在別處能夠論證這第七天是爲了獻祭農神，即金世紀的國王，以及類似能使奴隸恢復自由的五十年節的古羅馬神農節主人，我就覺得摩西宣導他的七天創世說，以及他的安息日立法，乃是建立在古代自然和道義的，既合乎宇宙起源論，又符合立法思想的理論基礎之上的，這不是他個人獨創的，而是整個古代世界早已廣泛傳播的理論。

「數字統治世界」（mundun regunt numeri），這正是古代學者的座右銘；這也是印第安人、迦勒底人以及埃及的教士們，運用迄今看來頗爲神祕的數字科學傳授給畢達哥拉斯，再透過他，部分地反映到柏拉圖身上的公理。顯然七天創世說和安息日取自這種學說，它把數字賦予某種奇異的力量，每一個迦勒底星相學者可以根據古人的親身經歷，滔滔不絕地列舉一大堆有關數字「七」的神奇功效的事實；埃及節日裡那象徵性母牛要沿著廟宇繞圈七周。根據鮑菲爾的記述，埃及的教士從不會連續七天而不透過齋戒和小齋來淨身。（《論小齋》）不要忘記，猶太人的祖先亞伯拉罕正是來自迦勒底地區[9][10]；而摩

西，根據記載，「學了埃及人的一切學問，說話行事，都有才能。」（《使徒行傳》第七章）

當然，摩西的創世說，即七天或七個時辰創世說，首先是與日曆和七天一星期聯繫在一起的。摩西本人確立了這種關係，而且他在仿照創世說制定星期的時候，使我們走上了正軌。然而這日曆遠比摩西早。七天一周期幾乎在各國人民之間早已普遍使用，一星期天數的劃分是和與之相應的七大恆星完全一致的。印第安人、亞述人、埃及人、阿拉伯人以及希伯萊人，總之，東方的各民族一直使用著七天組成的星期制。同樣地也可以從羅馬人，從高盧、英吉利島，日爾曼、歐洲北部直至美洲的古代居民中找到這種星期制。因此摩西的宇宙起源論並非他所獨創；同時也不是專門爲他的立法而創立的。

其次，這數字「七」的功效不僅適用於天文現象。全部星相學，亦即某種宇宙科學，在其闡述過程中也運用這個數字。人體的成長和衰亡也可視爲受數字「七」的支配。有關疾病中出現的險狀和一生中厄運年的醫學說，依勃克拉特（Hippocrate）[11]、畢達哥拉斯、伽里安（Galien）[12]和所有的希臘、羅馬醫生以及一大批現代醫生所持的同一學說都是建立在這一數字基礎之上的。然而，這種學說的根源早已寓於東方最古老的信仰中。

最後，如同一些學者那樣，我們至少可以相信，各國人民的所有古老傳統都出自猶太人的說法，而且還應該承認，統治人類、社會、小宇宙的思想，正如人們對宇宙、上帝的世界、大宇宙受著統治深信無疑一樣，也絕對不是摩西所特有，因爲在這裡，又重新出現了這種奇特的平行現象，即存在於摩西把第七天獻祭於神明，並透過他創立自由和平等的立法和我們一直因襲沿用把數字「七」獻給農神、自由、平等的古代立法的傳統做法之間的平行現象。

所以，歸根結底，我們無論如何可以得出這樣的結論，即摩西的宇宙起源學說並不是特意爲他的立法而創立的，恰恰相反，這是立法者根據世界怎樣創造，或者世界怎樣在不斷的創造中維持其生存的一種理論，把數位「七」貫穿於他的立法之中的。

但是，由於摩西把這種星相宇宙學說應用到他的立法上，他立法的根本思想就不那麼清楚，不那麼一目了然了。當人們讀到我剛才引證的段落，以及跟上述段落相一致的《聖經》裡的許多段落時，人們不得不承認安息日數字只是摩西運用的一種工具，而他立法的根本思想則是想在猶太人中間建立最大限度的平等。

這正是使數目「七」在希伯萊人之間變得那樣神聖的道理。一方面古代科學中曾經用它，藉以統治世界：「數字統治世界。」另一方面，全部立法又再現了這個數字，好像立法是受這個數字支配似的。平民，平庸之輩，當他透過安息日概述猶太教義時，並未得出對猶太人虛假的觀念。事實上，這正是他這種立法的深刻意義。這種立法形式上雖然簡單，但從思想上歸於一致這一點而言，它又是那麼偉大，那麼威嚴，那麼連貫，那麼系統，那麼複雜。上帝是第七天的主宰，因爲他在六天內創造了世界，在第七天休息：這是整座大廈的基礎。但是既然他是時間的主宰，並爲自己保留了第七天，這樣做的目的是要在人類中間創立最大限度的平等和博愛：他願意這樣爲人類繼續創造；於是他覺得人類世界需要加以統治。由此便產生了全部祭禮；產生了上帝的安息日，即那些平等的節日。摩西的全部立法似乎就這樣集中在對安息日的觀察上。[13]但是，另一方面，猶太人民的法規的標誌就是逾越節，我要反覆說，把安息日祭禮和逾越節祭禮割裂開來是不可能的；這樣，一切又回到我所陳述的這個觀念上，摩西只能在建立每年一度的逾越節後，用安息日進行補充。

總而言之，正像我對此探討過的那樣，猶太人的逾越節，雖然每年只慶祝一次，仍然具有和拉西第蒙的斐迪西一樣相似的傾向，一般來說，具有和克里特古代立法的公共用膳的類似情況。在我看來，促使這兩個法規趨向一致的思想既牢固又十分明顯；這思想歸納如下：一國人民要成其爲人民，公民之間必須建立某種共同體，建立平等和博愛；公民們應該平等相處，如同兄弟一般，像共同組成的一個家庭的整體；而博愛的標誌，就是公共用膳。這就是摩西立法、米諾王立法和萊庫古立法中都同樣具有社會性萌芽的緣故。當然我並不是說這樣的社會性體現在以色列立法和希臘立法裡也處於同一個水準；什麼都還缺少：這裡缺少等級階層，那裡缺少一種單一的民族，也可說一種單一的等級階層。然而我說這兩種不同立法的社會性是以一個類似標誌和象徵而體現出來的。我想我已經闡述得相當充分了。

## ◆註解◆

【1】科爾吉斯人、埃及人和衣索比亞人是從遠古以來實行割禮的。因為腓尼基人和巴勒斯坦的敘利亞人自己也都承認，他們是從埃及人那裡學到這個風俗的。而在塞莫頓河與巴塞紐姆河地帶居住的敘利亞人和與他們相鄰的瑪克羅涅斯人則說，他們自己是在不久前才從科爾吉斯人那裡學來的。確實，這些人是世界上僅有的行割禮的人（《希羅多德》第二卷）。有幾位現代作者曾經考慮過宗教割禮也許在埃及並非普遍實行，只是傳教士才非做不可的義務；然而，有參加過割禮的木乃伊證實，事實是完全相反的。況且這種做法在所有猶太人的鄰邦那裡也同樣廣泛推行。《聖經》本身提到伊斯瑪埃里人、瑪迪阿尼人、伊杜美人、阿莫尼人、毛安別人都和希伯萊人一樣採用這種做法：「天主說，看哪，日子將到我要懲罰一切受過割禮、心裡卻未受割禮的人。就是埃及、猶太、以東、亞捫人、摩押人和一切住在沙漠邊緣和沙漠兩端的人。因為列國人都沒有受割禮，以色列人每個家庭的心中也沒有受割禮。」（《耶利米》第九章第二十五～二十六頁）我這裡引證的《聖經》是襲用了奧斯特瓦爾德的譯本；我要忠告大家，沙西教授把《耶利米》的這段文字翻錯了。

【2】阿隆、猶太教的第一祭司長，摩西的哥哥，他的神儀可行神蹟奇事。根據《聖經．舊約》記載，為使以色列人走出埃及，他奉神命用神杖給埃及法老製造種種災難，後來摩西終於率領以色列人離開了埃及。——譯者

【3】春天的第一個月叫做「尼桑」。

【4】埃及人似乎設立一種宗教節日，這種節日可以部分地告訴摩西，它是逾越節的象徵，或者如神學家們所說，提供了獻祭的物質內容。我在賽爾頓的著作中也發現這種註腳。但是埃及人進行的這種驅魔法具有完全不同的意義，而在摩西法規裡則具有完全嶄新的意義，這是很明顯的。

【5】《聖經》中上帝賜給亞伯拉罕的迦南地方。——譯者

【6】古猶太人幾乎不重視商業貿易。約瑟夫說（見《頌詞》第一卷），「我們不屬於一種經商的民族；我們與其他民族很少來往，我們的城市不在沿海地帶。我們居住在肥沃的地區，我們靠耕種和勞動獲得美好

的果實。」祭司人和利未人，在土地分配時因為沒有計算在內，就過著他們的族長們十分珍愛的牧民生活，他們除了家畜以外，毫無其他財產。

【7】利未，《聖經》中的人物。他是雅各和妻子利亞的兒子，以色列一種部落的祖先。這種部族沒有國土，但造就了許多教士、祭司等。——譯者

【8】塔西佗說：「一些人從猶太人第七天休息的風俗中只看到嗜好休息和停止勞動，也許由於這種緣故，每七年中他們有整整一年無事可做。不過另一些人認為這是對羅馬農神的敬意：或者由於猶太人從克里特島人的古代居民衣岱人那裡接受的宗教成分，這些衣岱人和羅馬農神一樣被驅逐出來，一同來到義大利，為我們帶來了最初的部分法律，或者由於在宇宙最高天際統治著人類和一切有生有死的生物的七個天體上，農神星是在空間運轉時力量最大，速度最快的星球，同時大多數的天體以數位七和七的倍數進行旋轉和完成其運行。他們最初選擇第七天為休息日，是因為他們的痛苦是那一天才結束的。但是過了一個時候，他們因為愛上了懶散的生活，結果每到第七年什麼也不做了。另有一些人說，他們是為了紀念薩多林（羅馬農神）才這樣做的。這或者是因為他們的宗教的最初原理是伊達埃衣人規定下來的，而根據傳統的說法，伊達埃衣人是同薩多林一同被逐並且成了猶太民族的始祖的；或者是因為這樣一個事實，即在控制著人類的命運的七個行星中，薩多林的軌道最高，也最有權威；而且許多天體的運行和旋轉都是和七的倍數有關的。」（塔西佗《歷史》第五卷第四節）

【9】我們知道，猶太人中間的薩比人或薩巴依人，他們是古迦勒底人的後裔，他們有一大批關於亞伯拉罕和其他族長的書籍。其中有些書至今仍然保存著。其中的一部分觀點以及反映這些觀點的一部分寓言流傳到達爾密。卡巴勒【10】大部分都是這些薩巴依人的作品。他們對於天使、星球、數字的崇拜是他們信仰的基礎。

【10】卡巴勒（Kabbale或Cabale），是猶太人對《舊約全書》的傳統解釋。——譯者

【11】依勃克拉特（西元前四六〇~前三七七年），古希臘醫生。在技術上，他主張簡單的治療辦法，任其自然發展，但也從事原始的外科手術。他在生理學上，認為人的氣質主要出自人的情緒和脾氣：人的平衡可以保持身體健康，相反失去平衡就會招來疾病。——譯者

【12】伽里安（西元一三一～二〇一年），希臘醫生、哲學家。他透過對動物的解剖對解剖學做出了較大貢獻（尤其在神經系統和心臟方面）。在生理學上的觀點是和依勃克拉特是一致的。他對後代醫學的影響一直延伸到十七世紀。——譯者

【13】這個立法已被繼承和沿用下來。不僅《聖經》證實了這一點；而且我們掌握了這方面的其他證據。猶太教教士們承認，從被俘返回後和返回第二聖殿後，五十年節確實已經不復存在了。但是遵守安息年的做法一直沿用到猶太人徹底崩潰時為止。約瑟夫說，當亞歷山大來到耶路撒冷的時候，大傳教士若杜斯請求他寬恕猶太人，讓他們根據自己的法律生存，並免除他們第七年的賦稅。薩馬利亞人也向這位王子提出同樣的請求，因為他們也遵守安息年的做法。《瑪伽貝》首卷第六章中曾這樣說，安底奧修斯·歐伯托爾堅持長時期圍困茹代地區的貝特撒拉城，該城居民由於土地休息年，糧食歉收而被迫投降。約瑟夫就說朱利·凱撒強迫耶路撒冷居民，除了不能進行播種，得不到收成的安息年以外，年年向他繳納貢品。他還說在愛洛特和索西宇斯圍困耶路撒冷期間，該城居民處於糧食極度缺乏的恐慌之中，因為他們值逢安息年。塔西佗在我上述引證過的一段文字中，也證實了猶太人遵守第七年休息的做法。

# 第十二章

## 埃塞尼人的聖體逾越節證實了同樣的真理。

從我們剛才對於猶太教逾越節的解釋去看耶穌的聖體聖事，這中間無須再走很多的路程。摩西立法實際上通向埃塞尼教派；換句話說，我們認爲發展了的摩西法典成爲埃塞尼教，而埃塞尼教又直接同基督教靠近。從摩西立法經由埃塞尼教再過渡到耶穌立法，或者換一種方式，用符號和信號來說明，從逾越節經由我樂意稱之爲埃塞尼人的聖體逾越節的形式，過渡到聖體聖事，具有十分重大的意義，值得我們加以分析研究。如果不瞭解這種過渡，那麼就難以理解耶穌對於摩西法典實行的變革；如果不瞭解這種過渡，同樣我們就會忽略基督教聖體聖事和逾越節，以及猶太教安息日之間的緊密聯繫。

人們應該對於埃塞尼人在歷史上的重要性持有一種觀念，但這種觀念並沒有形成。人們只是隱隱約約地知道，在猶太人中間，曾經有過一種和基督教十分相近的教派。人們把埃塞尼人看作和猶太僧侶類似；人們認爲基督教修道生活的重要性與基督教要素相比是第二位的；同樣，人們認爲這些猶太教僧侶在促進人類的全面發展中其影響微乎其微。確實，他們不曾引起重大事件；他們不曾像希臘人或羅馬人那樣從事戰爭，進行征服；他們的書籍今天已全部散失，他們未能留下任何藝術建築物：但是請問，他們是否因此而顯得不重要呢？他們完成了摩西法典和基督教之間的過渡；他們直接產生了耶穌基督，由於這種原因，我們應該要比過去用更大的注意力和好奇心來考察他們在歷史上的作用。

我一直這樣想：爲什麼基督教的敵對者沒有從我們掌握的關於埃塞尼教派的可靠材料中提取更多的一些東西加以利用呢？一定是他們對於耶穌學說和法規的極端的蔑視使他們喪失了理智，以至於他們拿到了一件本可以發揮效用的武器，卻又棄置不顧，只因爲這件武器原是從摩西法典那兒得來的，而他們對摩西法典就像對基督教本身一樣輕視。但是猶太的法學博士們，這些貌似公正的作家，心裡只想到要解釋歷史現象這一任務，怎麼又會對基督教的教義和奉行中產生的燦爛光芒視而不見呢？而基督教正包含在耶穌之前的猶太教之中。例如，最近出版的薩勒瓦多先生編寫的《耶穌的一生》中，怎麼只有寥寥幾頁提及埃塞尼教派，況且既缺乏眞實性又缺乏精確性呢？這位作家的目的是要說明基督教從屬於摩西法典，那他怎麼毫不理解耶穌和這種猶太教派之間的緊密聯繫呢？我認爲這仍然可用同樣的方式加以解釋。因爲倘若猶太作家或猶太學學者眞正理解產生於埃塞尼教派的思想，以便解釋耶穌基督和他的著作，那麼由此他們應懂得摩西法典不能夠停滯不前，懂得薩多塞教是一種無能的錯誤，懂得法利賽教相反地和埃塞尼教都是摩西革命合理的和必然的發展，因而也應該懂得，耶穌可以說是最偉大和最後一個埃塞尼人，同樣他的助手聖保羅可以說是最偉大和最後一個法利賽人。故而他們也應懂得，摩西著作經過法利賽教和埃塞尼教的改造，已合法地轉化成耶穌和聖保羅的著作。因此他們也許會放棄他們關於摩西法典具有絕對完善的錯誤看法。至於那些無足輕重的作家和純粹的解說者，因爲他們的心靈和思想中缺乏任何理論，他們看不出埃塞尼教的任何價值意義是絲毫不奇怪的。還有，既然他們把歷史的智慧貶低爲一種已經滅亡了的、缺乏信仰的東西，他們當然看不到其中的光輝，甚至這是最燦爛的光輝。這也是絲毫不奇怪的。不管怎樣，可以肯定，到目前爲止，在歷史的哲學中，未被理解的埃塞尼教只具有純屬軼事的性質。我再重複一遍，人們在埃塞尼人之間只看到修道士，在泰拉巴特·埃塞尼人之間只看到瘋子；人們不想去發現他們的社會觀念，它是一種宗教的、政治的，又是神聖的、人類的觀念；在他們之間有狂熱分子，也有迷信者。當人們想到耶穌很可能曾屬這個教派，並跟這個教派共同生活過，便停止了研究，以爲一切都已解決。但是如果說耶穌曾是一位人類的立法者，如果他不只單純是一位虔誠的迷信者，如果人們承認耶穌的思想中充滿了埃塞尼教義，那麼這種埃塞尼教義本身就是一種立法；埃塞尼人就不只是虔誠的迷信者、狂熱分子和盲目的修道士。在這種情形下，什麼是他們的立法呢？什麼是這一立法公認的原則呢？他們在人類的發展中完成了什麼樣的神聖事業呢？看來問題又全部提出來了，但一時找不出什麼辦法從純粹宗教的方面，使耶穌和埃塞尼人的關係更接近，同時又使他作爲立法者和他們區別開來；也找不出其他辦法把埃塞尼人的宗教虔誠和他們的社會信條區別開來。

現在我要設法弄清的事實包括過去一切早於基督教的立法，這些立法無論從精神上和物質上都孕育著耶穌在等級社會的初期所產生的信條的萌芽，即關於人類統一的信條的萌芽。我深信，弄清這個事實將爲埃塞尼教義賦予一種新的生命。

人們知道，十八世紀學術界曾圍繞著泰拉巴特人，而不是一般的埃塞尼人，進行了一場論戰。本篤會修士中最出眾的學者，著名的貝爾納·特·蒙化宮（Montfaucon (Bernard de)）[1]對泰拉巴特宗教和初期的基督教幾乎完全一致這一點產生了強烈的興趣，於是他竭盡全力來闡明這一部分埃塞尼人實際上就是眞正的基督教徒。蒙化宮的證據當然不太可靠，或者從歷史的角度分析可以說是虛假的和荒誕的：如對聖歐芮勃（Eusèbe (saint)）[2]的明顯誤會，如在證實費隆（Philon）[3]的年代縮短了好幾年而進行毫無根據的假設，這一切大約就是蒙化宮對上述方面提出的於他的觀點有用的全部論據，然而所有的學者一致反對他的觀點。[4]但是他的不可戰勝的論據，即關於泰拉巴特人和基督教徒在信仰、道德、教規上的相似性，他在《答布依埃議長》中說：「他們絕不能說服我，他們認爲費隆在他的《當代生活》一書中談到的泰拉巴特人並不是基督教徒。基督教的特徵在那裡如此明顯地體現出來，使我無法理解他們怎麼會想到把泰拉巴特人歸於其他教派。這是一支遍及於世界各地的教派，無論是希臘人或是蠻夷人，人們一旦入教，同時就離棄了他的父母，他的兄弟、姐妹、親友，以及他的財產和所有物；教派中保存著同教先輩和創立者們編寫的一些著作，作爲對其他教徒的法律依據和告誡；教派中有教士、祭司執事、童貞女、寺院、還有舉行最神聖的祕密祭禮時放麵包的聖臺；在這個教派裡，人們向上帝做禱告時面對升起的太陽；我說的這一切，使我堅定不移地維護我已經形成的觀點。我只能將這個教派看成爲基督教。」由這個觀點引起的爭論沒有得出任何結果，因爲它得出的是兩個表面上完全矛盾的結果。反對蒙化宮意見的一方廣泛引證，指出泰拉巴特人早於耶穌基督，他們的確是猶太人；但是另一方認爲，他們和基督教的親密關係仍然是不可理解的。下面我們就看看在這些使上世紀的學者們感到如此棘手的關係中，一切事物，包括人們舉行最神聖的祕密祭禮時放麵包的聖臺，對我們來說，是否還能說明問題。

對此，我將採用直到現在我在探討立法問題上所採取的辦法；我要引經據典，讓讀者自己去下結論。古代三位傑出的作者：約瑟夫（Flavius Joseph）[5]、費隆、柏利納（Pline）[6]，他們爲我們留下了他們對於埃塞尼人的完全一致而又非常詳盡的基本觀點。由於他們的論證，再也沒有更肯定的、更確信無疑的歷史觀點了。我還要說，一旦理解了摩西法典的這一教派的本質以後，他們所論述的一切都變得如此清楚明瞭，以致可以說希臘最著名的哲學學派與之相比，都顯得相形見絀。在這三位作者展示給我們的畫面中，絕對重要的內容並不缺乏。但是，我們還需要從後期的作家那裡汲取某種新的觀點。確實，聖歐芮勃，鮑費爾兩人部分地重複了他們的敘述，一個在《福音書備考》中，另一個在《論齋戒》中都未曾對此提出他們的新觀點。柏利納的同時代人，狄翁．克利若斯托姆（Chrysostome (Dion)）[7]曾寫過關於埃塞尼人的論著。可惜他的著作已經佚失，只在錫奈西宇斯的一部作品中留下他的一處批註。但是教會的許多神父同樣提及過埃塞尼人和泰拉巴特人，他們不總局限於重複約瑟夫或費隆的論證；他們爲我們提供了某些價值很高的新的說明：大家可以透過我從聖愛必發納（Epiphane (saint)）[8]那裡得出的結論來做判斷，但我還是要首先引證約瑟夫的論證。

約瑟夫的論證是舉足輕重的。他出身於僧侶階層和阿斯穆[9]古老君主家族，我們知道，他在猶太人中擔任過高級領導職務。況且他跟法利賽教派有著密切的聯繫；因此他的論證是很公正的。他本人告訴我們，在決定轉向法利賽教之前，他曾經研究過埃塞尼教派，他說：「我十三歲時渴望瞭解有關我們當時的三大教派：法利賽教，薩多塞教和埃塞尼教的各種不同見解，以便在認識了三大教派之後，能專注於在我看來最優秀的其中一派。於是我對這些教派進行研究，做了很大的努力，嚴肅認眞地加以考察……十九歲時，我開始體驗世俗生活，專心研究法利賽教派，它比任何哪個教派更接近於希臘人的斯多葛教。」（《約瑟夫自傳》）下面就是他在《猶太戰爭》第二卷（第二卷第八章）中對於埃塞尼人的一番描述[10]：

他說：「我們中間有三大哲學派別[11]。第一個是法利賽派；第二個是薩多塞派；第三個是埃塞或埃塞尼派[12]。後者是這三派中最嚴肅、最著名的一派[13]。埃塞尼人生來就是猶太人，但他們是以彼此間的友愛聯繫在一起的，而且這種聯繫要比其他人之間的聯繫[14]更加緊密。他們把感官的享樂看成邪惡，把禁慾和戰勝個人情慾看成美德。他們厭惡結婚[15]。他們領養別人的孩子，從小對孩子實行教育，把他們當作自己的孩子一樣對待，並向孩子們灌輸他們的信仰和他們的道德習尙。這並非因爲他們要破壞婚姻，要破壞由於婚姻產生的自然傳宗接代，而是他們害怕婦女的軟弱和縱慾無度[16]。他們實際厭惡的東西，則是財富。他們中間實行著一種令人讚美的共同體生活制度[17]，根本不可能找到某一個人比另一個人更加富裕的情形。因爲這就是法律，根據這種法律，凡加入該教的人一律應該放棄財產，以避免他們之間有些人由於貧困而受辱，另一些人由於富裕而驕傲自大，同時可以將各人的財產像兄弟間共有的財富那樣聚積起來，形成眾人的共同財富。他們把全身塗上聖油，灑上香料，作爲一種使命；如果他們不知不覺弄髒了，他們就得馬上去洗乾淨。因爲他們認爲，只要他們的衣著永遠保持潔白，對梳妝打扮不加考慮乃是十分榮譽的事。他們選擇幾個人管理公共財產，他們全體人不分高低地根據每個人的需要，對收入進行分配。他們沒有特殊城市；而是集體居住在一個城市裡；當教派成員從其他地方來到的時候，這些來客分散居住到各處：雖然他們可能是初次相見，他們卻一見如故。因此，用不著攜帶任何東西，他們就可以進行免費旅行[18]。他們的衣服和鞋子只是遇到意外撕破或穿久用舊的情形時才去調換。他們不買也不賣；但是每個人將自己掌握的東西去支援那些急需的人，同時也從別人那裡得到自己需要的東西作爲交換；甚至在沒有任何交換的情況下，人人可以自由地獲得他所喜愛的人的支援。至於涉及天主的一切，他們的宗教顯得非常獨特[19]。清晨日出以前，他們絕不講一句有關生活瑣事的話，而是面向太陽進行古式祈禱[20]，好像他們在祈求日出，祈求太陽給他們以光明。然後每個人從神師那裡領受聖意以期從事他所熱愛的某項工作，或適宜他幹的某種活兒。他們幹勁十足地工作到五點[21]鐘以後，他們重新又聚集到同一個地點；爾後，他們用麻布[22]束繞全身，用冷水沐浴，洗淨全身。淨身完畢，他們成群結隊地趕向專用的大廳：凡不屬他們教派的人員一律嚴禁進入大廳。而他們，正如我剛才所說的那樣，經過淨身，都朝這個地點走去，就像奔往聖堂：這就是飯廳[23]。他們靜靜地坐好：麵包師把麵包放在他們面前，廚師爲每人送上一盤同樣的菜。此時，牧師爲膳食[24]進行祈禱：祈禱前他不允許任何人品嚐食物。人們吃完飯後，再次進行祈禱：就這樣，他們在飯前飯後，透過這種方式感謝上帝[25]，感激他的恩典。然後，他們脫去裹在身上的那種聖服，重新再去幹活直至傍晚。他們返回吃晚飯時舉行同樣的儀式；如果客人們來到他們中間，可以和他們一起入席用餐。在他們的住宅裡從來聽不到喧嘩和嘈雜聲；因爲每個人輪流說話，他們從來不會去搶著說話。所以鄰屬的教派爲這種內部的寧靜感到驚訝，在他們看來，這眞是一個不可思議的奧祕。然而道理十分簡單；因爲他們具有持久的節制力，他們注意控制飲食，吃東西絕不超出他們眞正的需要。不管做什麼，他們總是根據他們首領的旨意行事。可是在這兩方面，他們完全可以按照他們自己的願望做主行事：一是支援他人，另一是施捨行善。他們每個人能夠自由地援助在他看來應該援助的人們，向那些需要的人們提供食物。凡涉及親友，則是另一回事了；未經上級的准許，他們不得爲親友支配任何東西。他們總是安詳平靜，善於控制自己，他們很公正，他們的誠意是不容冒犯的，他們是和平的朋友，他們一句普通的話比其他人的種種誓言更要保險。他們甚至不願發誓，他們把誓言看成是背叛誓言的標記；因爲他們把凡是要上帝作證的人看成是早已信服了謊言的人。他們認眞地研究古人著作，主要是從中尋找拯救靈魂和軀體的良藥和辦法。因此，爲了醫治疾病[26]，他們發現了許多有用的草藥和礦物質的奇異特性。他們不能立即收留願意加入他們社團的人們。可是一年內，凡願加入的人，雖然遠離他們的生活，卻分享著他們的食糧；此外，人們交給他一把鏟子，我談到那種圍腰[27]以及一套白色服裝。如果在這段時期內，他表現出態度堅定，他就進一步靠近了他們的生活方式，並可參加神聖的淨身沐浴。[28]可是他還不能出席公共用膳[29]。人們對他的堅韌性和勇敢精神進行考驗以後，尙須對他的道德和他的性格進一步考察，這要整整二年的時間。只是在完成了上述種種考驗，表明他受之無愧的時候，他方被接納加入他們的社團。但是當他坐到公共餐桌前[30]，他要莊嚴地發誓，首先保證做到敬仰上帝，虔誠地爲他效勞；然後做到公正待人，絕不透過自己的行爲或任何外界的壓力給人們帶來不幸；保證永遠憎惡壞人，站在正義者一邊；保證維護眾人的信仰不受侵犯，尤其是強者的信仰[31]，因爲任何強者都是從上帝那兒來的[32]；如果他本人能夠統治他人[33]的話，他要保證不因自己的權威而狂妄自大，不要用服裝的色彩，也不要用奢侈和排場來使自己與下屬區別；要永遠熱愛眞理，鄙視並拒絕諂媚和謊言；保持兩手乾淨純潔，不去偷竊，保證自己的靈魂拋開任何個人利益，因爲任何個人利益都是違背神聖和不合法的；保證對他的兄弟們毫無隱瞞，也不向他人洩漏任何東西，哪怕有關他們生活上的事。他們還要在這些誓言中加上一條，即傳布他們所接受的教義，但不能改動教義的信條，不能刪去任何內容，並保證對教派的書籍以及寫書的報告者或福音傳道者的名字懷有同樣敬仰[34]。正是這些誓詞，使那些被接受加入他們社團的人增強信心，克服他自身的缺點。他們還根據可靠證人的報告，將確已違背了自己諾言的人逐出教門；凡是受到這類懲罰的人，一般說來都死得很慘。因爲他們曾有過誓言和自己的生活習慣，這使他們無法在異邦人中乞求到謀生之食，他們到處遭到拒絕，不得已他們以吃野草維持生命，不久，他們就餓得骨瘦如柴。當人們看見他們快要餓死的時候，往往對他們抱以憐憫之心；認爲他們已經罪有應得，故前來支援他們。沒有什麼可以和他們在判決時所具有的公正精神和正確性相比較。他們判決時，從來不會少於一百人；但一經這麼多人同意的裁決，就不再改動了。他們對於僅次於上帝的立法者的名字摩西具有最大的敬意；如果有人對他詛咒，他將被處死。服從年長者和多數[35]是他們引以爲榮的事。所以他們中間有十個人聚集在一起的時候，沒有一個人開口說話，如果其他九個人拒絕的話。安息日那天，他們比所有其他猶太人都更加小心，避免從正面或從右面吐痰，也避免做任何事。爲了避免在這一天再去生火，他們不但在前一天準備好了食物，而且連用具的位置都不敢變動；他們甚至克制自己，不去大小便。在其他日子裡（根據《申命記》的規定，見第二十三章），新教徒的鏟子，在地上挖一個坑，有一隻腳這麼深，小心翼翼地穿上他們的服裝，似乎擔心會玷汙上帝的神光，他們蹲下去，然後再把挖出的泥土填入這個坑內；做這事他們總是選擇最僻靜的地點。儘管這是很自然的事，他們還是習慣於事後進行淨身，好像身上沾了汙垢一樣。根據他們入教的年資，他們可以分成四種不同的等級；最新入教者被認爲是低等的教徒，先入教者要避免跟他們接觸，而一旦有所接觸，就要進行淨身，就像他們對待外邦人那樣。他們的壽命很長，常常超過百歲。很顯然這要歸功於他們簡單而又富有規律的生活制度。此外，他們不把痛苦當作一回事，他們能以靈魂的力量戰勝痛苦，如果死得光榮，他們在生死之間寧可選擇死。在對羅馬人的戰爭中可以清楚地看出他們在種種考驗面前的表現。無論是打斷他們的四肢，還是用火烤或用任何其他酷刑，都無法使任何人屈膝投降。說一句咒罵立法者摩西的話，或者吞食他們厭惡的食物；向劊子手求饒，在肉刑時痛哭，對他們來說從來都不可能，可是他們在酷刑面前微笑，他們嘲笑那些來執行刑罰的兇手，人們總是看到他們愉快地獻出生命，像那些相信會重新獲得生命的人一樣。因爲他們具有牢固、堅定的信念，認爲人的軀體可以腐爛，組成軀體的物質也能改變，不會永久不變，但是靈魂始終存在，它是永垂不朽的；靈魂從微妙的太空中降下，封閉在人體之內，好像關押在監獄中一樣，並被某些自然的魅力所吸引；但是當靈魂脫離人類肉體的鎖鏈時，就會感到好像是從長時期的奴役中解放了一樣，它們歡欣喜悅，展翅飛翔。對於善良人的靈魂（這一點他們和希臘人完全一致），他們在大海的彼岸分配給一所住宅，那地區從來不降雨雪，也沒有酷熱天氣，只有從大海吹來的陣陣和風，使人感到清涼舒服。對於邪惡人的靈魂，他們給的住宿地是一塊下陷、黑暗的地方，陰森淒慘，妖魔鬼怪到處橫行，充滿著無窮無盡的苦難。我感到希臘人正是爲了完全同樣的理由把『幸福島』[36]（幸運島）分配給他們稱之爲英雄或半神仙的偉大人物，並把壞蛋送往地獄。那兒就是褻神者的居住地[37]，根據他們的神話傳說，西西夫人、唐塔爾人、依克西翁人、梯梯人就是在地獄裡受苦受難的；首先因爲希臘人認爲靈魂不會毀滅，而是永存的；其次他們鼓勵人們講道德，驅邪惡；可以肯定，好人由於期望在死後得到善報，就在這樣的生活裡變得更好；而惡人那喪失理智的暴行也能有所收斂，因爲他們考慮到在這樣的生活中難以掩蓋他們的罪行，而他們永生的靈魂將在死後遭受磨難。這正是埃塞尼人在他們的神學裡[38]向人們傳授的關於靈魂的理論，這樣，一旦有誰欣賞他們的智慧，這理論便對他產生了不可避免的誘惑力。他們中間還有些人宣稱認識未來，他們從小時候開始進行訓練，研究聖書[39]，學習特殊淨身法，醉心於鑽研古代預卜術：他們在進行預卜時[40]很少弄錯。另外還有一類埃塞尼人，他們在制度、道德準則和法律實踐等問題上與前一種人完全一致，但在對婚姻的看法上則不相同。這些人認爲，人不結婚，就等於割斷了生命中的絕大部分，割斷了連續性[41]，他們還說，假如全體人民都是這樣想，人類將很快會滅絕。但是因爲他們把婚姻看作是一件神聖的事，所以當他們決定要娶一位婦女的時候，並不馬上結婚，要把婚禮推遲到三年以後舉行，只有當這位婦女進行三次淨身，能夠生兒育女之後，他們才正式去娶她。婦女懷孕後，他們必須離開她們，以此表明他們結婚的用意，並非爲了肉體的享樂，而是爲了生兒育女。婦女沐浴也像男人一樣，脫去全身衣服，僅僅披上我提到過的那種圍腰或腰巾。以上就是這種教派的風俗。至於我提過[42]的另外兩種教派，法利賽人通常被認爲是對我們的法律和我們的宗教儀式具有最完整認識的一類人。他們最突出的方面就是把一切都歸咎於上帝和神的意志[43]，雖然這樣，在大多數情況下，行爲的好壞仍然取決於我們自己，可是也沒有任何人能夠避開上帝的作用。他們同樣認爲靈魂是永生的，但是，他們認爲只有正直的人的靈魂，在人死後可回到他人的軀體中去，反之，壞人的靈魂將永遠遭受痛苦。薩多塞人則完全相反，他們絕對否認會有一個上帝的干預。在他們看來，上帝既不能引誘我們作惡，也不能鼓勵我們從善。惡與善，只有我們自己選擇決定，我們每個人的舉止好壞是由我們自身的力量和意志決定的。更有甚者，他們否認靈魂的永恆性；否認地獄裡的苦難；否認報應。法利賽人之間團結友愛，爲了共同的利益彼此和睦相處；薩多塞人完全相反，他們人與人之間冷酷無情，他們彼此相待並不比對待異邦人格外好些。」

這段話並不是約瑟夫唯一一處有關埃塞尼人的論述。每次涉及猶太教義的時候，他總是就埃塞尼教作論述。他在《猶太古代文物》（第十三卷第五章）一書裡，當他敘述到瑪伽貝時期[44]，反對亞歷山大的繼承人希臘諸王的起義，進而敘述西元前一個半世紀的若那培斯[45]統治的時期，他停下歷史事件的情節，去談論當時在猶太人內部存在的教義上的分歧，他說：「那時候，猶太人裡有三種教派，他們對人類事物上的想法各不相同：第一種人稱爲法利賽人，第二種稱爲薩多塞人，第三種稱爲埃塞尼人。法利賽人認爲，有些事物，不是所有事物，是命中註定要產生的；但同樣也有些事物具有自身的內在原因，它們具有偶然性，不是造就出來的[46]。但是埃塞尼人把命運[47]推崇爲一切事物所不容分辯的主宰，認爲除非得到它的贊同，否則人間不會發生什麼事情。至於薩多塞人，他們徹底否認命運[48]，認爲命運絕不存在，人類事物的因與果不是寓於命運之中：他們把這種因與果歸於人們自身；人們得到好處是自身的原因，人們有了痛苦也是由於自己喪失理智所造成的。關於這個問題，我已經在《猶太戰爭》第二卷裡以較長的篇幅做了論述。」

然而，約瑟夫[49]在他的《猶太古代文物》（第十八卷）中重新論述這個問題的時候，就是當他談到他稱之爲第四教派，或猶大教派和薩托克（Saddoc）[50]教派的時候，他走得更遠。這第四教派的信條尤其認爲，任何猶太人都應當自由地生存和死亡，除了上帝的統治之外，他們不承認任何其他統治；這一教派是在奧古斯特命令進行調查時誕生的。約瑟夫把第四教派視爲猶太人滅亡和羅馬人把他們滅絕的主要原因之一，他很謹慎地把它和其他三種老教派區別開來，認爲它是新興的教派。在這裡，他又回到前三種教派上來：「自古以來，」[51]他說「猶太人就有三種本民族的哲學教派。」當他論述了法利賽人和薩多塞人之後，又這樣繼續說道：「埃塞尼人[52]喜愛讓上帝完全主宰一切。他們相信靈魂不死，認爲只要具有美德，總會獲得理所當然的報益。他們把祭品送到寺院；但是由於他們實施不同的淨身法，他們不在那兒獻祭；爲此，他們被逐出公共祭臺，於是，他們在家裡獻祭。此外，他們是人類中最優秀、最有道德的人[53]。他們主要從事農業勞動。他們的平等制度[54]令人欽佩，超過了所有同他們一樣公開主張講道德的人們的平等[55]。確實，這些人是極少數，無論在希臘人中，還是在蠻夷人中都是如此，雖然在後一種人中，這樣的制度還是十分古老的[56]。這是因爲，爲了使他們的社會具有完美而永恆的公正，他們中間的所有財產一律歸公，入教時富有的人也不能比一無所有的人更多地享受他的財富。實行這種生活方式的人數超過四千。他們不娶老婆，不想擁有奴隸，因爲他們認爲這後一種行爲極不公正；至於婚姻問題，他們認爲它是引起敵對和分歧的一種因素。但是由於他們離開其他人類單獨生活，他們只能彼此輪流擔任服務的職責。大家挑選他們之中最優秀的人徵集他們的收入和土地上的收穫；他們讓傳教士製作麵包和食品。他們的生活方式與達斯地區勃萊衣斯特人的生活方式毫無兩樣，而後者的方式同樣特別引人注目。」[57]

在我快要結束約瑟夫的引語時，還要提一下他在《猶太古代文物》第十五卷第十章裡的一段話。當他談到愛洛特（Hérode）[58]要求他的臣民進行效忠宣誓，不然就有生命危險的時候，他說，埃塞尼人的聖潔在這位君主看來如此值得尊重，以致他免除了他們的這項宣誓。還有兩位傑出的猶太教長，波利奧（Pollion）[59]和沙梅阿（Saméa），曾勇敢地拒絕進行宣誓。他們認爲這種做法違背了上帝的法律。他說：「愛洛特不願意奴役稱之爲埃塞安的教派，他們在我們中間過著希臘人畢達哥拉斯學院式的生活。我在其他地方比較詳細地談到了這個社團。但是，我在這裡論及愛洛特尊重他們，認爲他們身上具有比人類本性更爲高尚的品質，這不是沒有好處的。況且我要敘述的故事一點也不損害歷史的嚴肅性；因爲故事表明人們對於這一教派的看法。」於是約瑟夫敘述一位埃塞尼先知瑪納汗（Manahoen）曾如何向童年時代的愛洛特預言，他將有一天成爲國王。

現在我再來引用費隆的論證。按照編年次序，我應該首先援引費隆的話；因爲他比約瑟夫早半個世紀。在他的一篇題爲〈願有道德的人享有自由〉的論道德的文章中，他把遵循某種學說的智者和盲目生存的普通人對立起來。他說：「大地上到處都是對財富、榮譽、肉慾貪得無厭的人們；相比之下，智者、正直人、誠實人爲數甚少。可是無論是在希臘人中或是在蠻夷人中，卻不難找到他們。」爲此，費隆還引證了好幾位希臘哲學家的話。「但是，」他補充說，「必須承認，尤其在蠻夷人中間，對智慧和道德的培養不是靠幾個孤立的人，而是依靠全體人們。」在談到波斯的瑪什人和印度的吉姆諾斯菲人之後，他很自豪地把埃塞尼人和上述兩種人相比較：「巴勒斯坦和敘利亞也有他們的智者，他們的道德聖人。因爲在占據了這個地方很大區域的人口稠密的猶太人之中，有一種被稱爲埃塞尼人[60]的人；我想他們有四千多人[61]。確實，如果根據一個不太準確的詞源[62]，我將毫不猶豫地從希臘詞Hosios（ὅιος即「聖人」）得出他們的名字，雖然他們主要擔任上帝的奴僕，但並不是爲它殺牲獻祭，而是讓他們的靈魂升向天國作爲合格的祭品獻給上帝。首先他們躲避城市，生活在村莊裡，通常由於城市居民中傷風敗俗的事情多，他們清楚地知道，靠近壞人就像中了毒氣，是無藥可救的。他們一些人從事農業，另一些人從事有利於和平的手工業勞動。他們在生活中相互幫助，相互支援。他們從不聚集金銀，也不想霸占大量田地，以便獲得更多的收入：他們只求得到生活必需品[63]。因爲他們幾乎與世隔絕，在沒有財產，沒有所有權的制度下生活。而且，這種生活方式是他們深思熟慮經過選擇的結果，而不是由於厄運。所以我認爲他們是最富裕的人。既然他們生活簡樸，很有節制，這本身就是一筆很大的財富。你在他們之中找不到一位工匠製作飛箭、投鏢、利劍、盔甲或盾牌；總之，沒有一件是戰爭用的武器、機器或工具，甚至沒有誰從事任何一種表面上看來是維護和平，但很快能轉向邪惡方面的工作。我要講一講不同形式的買賣交易和販賣，它是使人永遠貪得無厭的根源：因而他們徹底予以取締。他們不知道什麼叫做市場、店舖、製造廠。他們中間沒有一個人是奴隸；他們所有的人都是自由和平等的。他們譴責主人的統治，不僅認爲它是不公正的，是對人——不管是統治者還是被統治者——的聖潔性的破壞，而且認爲它是瀆神行爲，因爲這種統治摧毀了自然界的法規。這自然界就像慈母般地生養和哺育著整個人類，並且不僅在名義上，而且在事實上絕對平等地對待他們，把他們都看成是合法的親兄弟。誠然，自然界也不願意人類中存在這種統治，只是吝嗇和不公正損害人類的親密關係。它不是使人們情同手足，而是分崩離析；不是使人們相親相愛，而是戰火連天。他們只是部分地掌握科學和哲學；他們把雄辯術和它的全部微妙之處都交付給詭辯派和徒勞的演說家，認爲它對獲得美德，實踐美德沒有用處；他們把物理留給敢於大膽設想的高明工匠，認爲人類智慧遠遠不能理解它，但是自然界爲我們提供的關於上帝的存在和宇宙的創造等看法除外。在我們的神聖法律[64]指引下，他們尤其在道德方面做出規定[65]，而缺少聖靈啟示的人類智慧是不可能創造出這些法律的。他們時時刻刻學習這些法律，尤其是在第七天，他們格外用心學；因爲這一天是安息日，他們避免做任何工作。在前往稱爲「猶太教堂」的神聖地點時，他們根據入教的時間先後排列成行，新教徒排在老教徒後面，然後以合乎禮儀的敬意準備諦聽經書。這時他們中間有一個人拿起聖書[66]唸起來。另一個人，他是最有學問者當中的一個，解釋唸過的內容，他跳過人人皆知的內容，只在出現困難的文字時停下來講解。因爲他們用大部分時間來模仿古代學者，喜歡透過寓意和形象來談論哲學[67]。他們要把自己培養成神聖和正義的人，懂得勤儉持家和履行社團職責；能掌握知識，分清事物的眞正好壞；知道什麼是無關緊要的，知道應該追求什麼，避免什麼，躲避什麼。因此，他們總是根據三項原則來決定自己的行動。對他們來說，這就是衡量一切的尺子，校準一切的法則，確信一切事物的基礎：愛上帝，愛美德，愛人類。他們有許多明顯的標記表達對上帝的愛：他們整個一生中持之以恆的純潔和對他人的貞潔懷有的敬意，他們從不起誓，從不說謊的習慣，他們永遠把上帝當作一切良好事物的創造主，而絕不認爲邪惡壞事來源於上帝的習慣[68]。至於他們對於美德的愛，只要看到他們不貪財產，不求虛榮，不戀情慾就足夠了。他們的節慾主義、忍耐力、節制精神、儉樸、謙遜，他們對法律的尊重，他們的忠實，以及其他類似品德等等都充分證明了這一點。最後，還可以看到他們對人類的愛：他們的和藹可親，仁慈善良，他們比常人所能表示的更加高尚的公正心，以及他們的共同體精神[69]。正是這一點，我要在此略加發揮。首先，沒有哪一幢房屋屬於他們當中的某一個人私有，它實際上屬於大家共同所有。因爲除了他們許多人以家庭的形式生活在裡面以外，這房屋還收留任何贊同他們教義的不約而來的客人。此外，儲存的全部生活物資也屬於全體所有：全體居民和賓客共有一個膳室，共有一個衣帽間，共吃由專人準備和分發的食品。除了他們這些人以外，你無法在他處看到像這樣親密的兄弟情誼，這種情誼使由血緣或友誼聯繫在一起的人們同吃、同住、共命運。事實上人們列舉的一切不可能都是相仿的。這是由於他們從整日辛勤勞動所能獲得的報酬中，絕不保留任何點滴東西為己有；而是把所有的一切獻給共同體，作為全體所有的共同財產，全體所需的物質支柱。這樣，他們之中誰有疾病絕不會加重。體弱病殘者，以及一切需要照顧的人，絕不會得不到關心，別人也不會任其遭受痛苦而不來幫助他們；事實上，他們從身體健壯的人多付出的勞動中能夠得到充足的生活必需品；他們可以毫無顧慮地任意享用，既然這是他們的共同財富。至於老年人，人們對他們的敬仰，對他們的尊重，以及對他們的體貼，已經到了無以復加的地步：孩子們充滿對父輩的愛，當他們進入老年時就供養他們；而這些父輩也盡全力為孩子們服務，用無窮的智慧幫助他們。這就是哲學造就了的美德的競技者，哲學沒有給他們配備希臘的名稱，卻把值得讚美的行為作為操技提供給他們，因此就有可能產生超越任何範圍的自由[70]。事實上，人們看到了這種自由；雖然眾多的暴君統治過這個國家，並且輪流施展過種種手段，威脅利誘，嚴刑拷打，自由仍然處處表現出來。一些人一心要超越野蠻人的兇惡殘忍，他們非但不取消酷刑，而且把他們的臣民成群殺害用於獻祭，或者像屠夫一樣把人活生生地撕成肉片，當正義起來維護人類事業，並使他們徹底滅亡之前，他們的這種殘暴手段一直沒有停止；另一些人，把自己的殘暴變爲一種新的邪惡行爲，他們製造一種易吸收的毒藥，並十分巧妙地把它散布開來，他們的火氣愈大，聲音卻愈加溫柔，就像準備咬人的瘋狗卻又溫文爾雅，他們造成的災禍難以彌補，這在我們的城鎮到處都可看到。他們用如此陰險毒辣的手段造成的永久性毀滅，這就是他們瀆神和仇視人類的見證：但無論是誰，哪怕是兇相畢露最殘酷的人，哪怕是最陰險，最狡猾的人，都無法傷害這些埃塞尼人或這些聖者的社會。所有的人都被他們的這種美德所征服，感到難以損害他們，好像他們是在跟生來就是獨立的人打交道，跟依靠自己獲得自由，獲得超越任何界限的自由的人打交道。所有的人都尊重這些人兄弟般的聚餐，尊重他們高於任何讚揚的共同體，他們的共同體的生活十全十美，幸福無比，是光輝的典範。」

在繼我剛才引證的論文之後，費隆又有一篇題爲〈論靜修生活〉[71]的論文，在這篇論文裡，費隆從研究他稱之爲普通的、有實踐活動的埃塞尼人轉向研究靜修的埃塞尼人，用希臘語來說，就是泰拉巴特人。在這裡，人們最終將會比我們剛才所敘述的一切還要更爲清楚地發現，埃塞尼宗教的本質正是**聖餐的信條**，也就是**平等用餐的信條**。但是，在引述費隆的這些主要論及他在埃及看到的埃塞尼人的有關段落以前，我以爲先把勃利納對巴勒斯坦埃塞尼人的論述獻給讀者，是頗有好處的。他以一個地理學家的精確性明確指出，巴勒斯坦埃塞尼人主要居住在汝代的部分區域。因爲，雖然約瑟夫已經告訴我們，說埃塞尼人沒有專門在任何一個城市中居住，而是散居在許多城市裡，但是僅從他敘述的本身——

他向我們說明他們主要從事農業生產——就可以得出結論，他們應該是基本上在某一個地方定居的。勃利納指出了這個地方，同時他證實了約瑟夫的意見，也認爲這個教派起源於遠古時期。根據他的描述，它是在死海附近，離海岸還有一定距離，約在耶路撒冷十至十二古里，近靠耶穌誕生地伯利恆的地方，埃塞尼人彷彿形成了一種與世隔絕的獨特的民族。勃利納介紹該民族後，這樣結束對汝代地區的描寫：「在阿斯法爾底特湖的西岸住著埃塞尼人，然而他們爲了避免受到不健康的影響而遠離湖岸：孤獨的民族，卻是世界上最令人震驚的民族：沒有婦女，因爲他們鄙視一切性慾；沒有錢幣；他們在棕櫚樹中間生存。他們透過不斷吸收外邦人來維持原有的人數；因爲總有那麼一些人，由於對生活深感厭倦，隨著命運的潮流來到這裡接受他們的風俗習慣。就這樣，數十個世紀以來，發生著眞正令人不可思議的事情，人們看到一個沒有繁殖生育的民族卻能永世長存：其他人對生活感到厭倦，而他們這裡的一切卻生氣勃勃！在他們的下方就是隱基底鎮（Engaddi）[72]，其名聲僅次於耶路撒冷，以土地肥沃和棕櫚樹而著稱，可惜如今它已不復存在，[73]只剩下一堆廢墟。再遠就是馬薩達（Masada）[74]，它緊靠在阿斯法爾底特湖邊，是一座高地上的城堡。」

我終於談到泰拉巴特人，我將幾乎全文援引費隆的一篇篇幅不長的論文，在那裡面，他向我們介紹了泰拉巴特人。我再說一遍，在那裡埃塞尼教之謎將會徹底揭開。人們可以看到早在耶穌基督之前，猶太人逾越節已經成爲和聖體聖事十分相近的一件事。費隆對泰拉巴特人聖餐的描繪使約瑟夫的關於埃塞尼人就餐儀式的全部情節的敘述有了新的特點，也更加明白易懂，而泰拉巴特人正是最虔誠的埃塞尼人，是完全脫離了任何活動，專門進行靜修磨練的埃塞尼人。我提請讀者在閱讀費隆的敘述時，不要忘記他的論文肯定寫於基督教進入埃及之前。當耶穌誕生的時候，費隆的年齡約在二十五歲到三十歲之間。當耶穌開始傳教時，他已差不多六十歲了。這是對費隆所處的年代可能做出的最爲恰如其分的猜想。因爲我們不能像蒙化宮那樣，不顧歷史的種種推斷，把費隆的時代設想得更近一些，相反，如果設想得更早一些，早十年，甚至二十年，卻更加眞實[75]。還可以肯定的一點是，我們在此所引的有關他對埃塞尼人的一些論著，都是他青年時代或中年時代的作品，而不是他老年時的作品。因此這些作品不僅早在福音書傳入埃及之前已經完成，正像我剛才樂意證實的那樣，而且也早於耶穌在伽里萊地區傳教，甚至可能早於通常人們確定的耶穌誕生的時代[76]。

在費隆的任何一部著作裡，都未曾談及耶穌、耶穌的福音書和他的十二弟子，也沒有談到任何和基督教有關的內容。假如眞的如同整個基督教傳統所證實的那樣，認爲早期的基督教具有一個醞釀時期，並在這個時期裡，基督教脫離巴勒斯坦只是爲了讓聖保羅把它的教義傳播到小亞細亞的沿海地區，那麼，費隆怎麼能知道在汝代地區發生的事件呢？生活在埃及的費隆大概活了九十多歲，正值聖馬可（Marc (saint)）[77]把福音書傳入亞歷山大的時代[78]。聖歐芮勃和後來的聖吉羅姆（Jérome (saint)）[79]對所謂「費隆的基督教」所發表的言論既不符合實際又違反邏輯。這是費隆關於埃塞尼人和泰拉巴特人的兩部著作使他們受騙上當的。值得注意的是，最初幾個世紀的教會裡的神父沒有一個陷入這種明顯的錯誤之中。居住在埃及的克萊蒙（Clément）[80]、奧利金（Origène）[81]、亞歷山大的大主教聖阿塔納斯（Athanase (saint)）[82]、曾在這個國家旅行過的聖吉斯坦（S. Justin）[83]、泰爾特里安（Tertullien）[84]以及任何在聖歐芮勃之前的人都沒有把人人皆知的名為泰拉巴特的猶太人和基督教徒混淆起來[85]。聖歐芮勃只是在費隆以後二百年，在泰爾特里安以後一百年，由於沒有為他的推論找到任何可靠的依據，並對猶太人表現出的如此多的基督教特徵深感驚訝，才猜想費隆所描繪的這些泰拉巴特人大概正是聖馬可的門徒。確實，為了基督教的利益，他不敢把埃塞尼人吸收進來。因為謬誤也許會引起公憤；可是他不管別人的理由如何充分，也不管費隆的文章[86]怎樣肯定，還是把泰拉巴特人和埃塞尼人區別開來。然後為了闡明費隆是如何在他的著作中表現出對摩西法典的極大關注，同時又對早期的基督教懷有強烈的興趣，他必須對此提出另一種假設；他設想費隆很有可能在赴羅馬途中，結識了聖彼得，並在返回亞歷山大後，十分熱情地描繪了聖馬可教堂。[87]聖吉羅姆抄襲了聖歐芮勃。在有關的兩篇論著中，沒有一個詞明確否認了這種假設。費隆談到猶太人，談到埃塞尼猶太人，卻不提基督教徒。聖歐芮勃和聖吉羅姆的這些荒唐論點只是證實了這麼一點：基督教在許多方面早已存在於埃塞尼教中，他們由於被這樣明顯的不可否認的事實所打動所以不得不做這樣的假設：既然埃塞尼人和基督教徒如此相似，那他們就應該是初期的基督教徒。實際上他們也沒有完全弄錯：只是這一部分基督教徒遠遠早於耶穌基督，而且耶穌本人正是從他們之中誕生出來的。甚至可以這樣斷定，費隆對這些基督教徒的敘述是在耶穌到伽里萊地區傳教之前，也許可能如我所說的那樣，是在耶穌本人誕生之前。

況且，不管怎樣，埃塞尼教本身可以清楚地說明，聖歐芮勃和聖吉羅姆爲何在評價費隆及其關於埃塞尼人的著作時走入歧途。因爲費隆雖然是法利西人，卻很可能像約瑟夫後來所做的那樣，在一定程度上研究和實踐埃塞尼教，他不僅和有實踐活動的埃塞尼人發生聯繫——無論他們是結過婚的，還是獨身的——而且也和他向人們描繪的亞歷山大周圍的靜修教徒進行接觸；總之一句話，他在某種程度上就是眞正入了教的埃塞尼人。他談論埃塞尼人時的熱忱自然使人產生這種想法，雖然我們在他的著作中尙未找到能夠證實這一點的某些段落。然而他給我們留下了人們稱之爲費隆的埃塞尼教的種種跡象。尤其因爲在他的某篇論文中[88]，他談到他自己「專心於研究和靜修的這段生活經歷」。他埋怨「命運——美德的仇敵，使他陷入公眾事務的汪洋大海之中」；他懷念這些歲月，「那時，他只能從對神聖告誡和莊嚴神諭的沉思冥想中去尋求樂趣；他擺脫了人間的任何思想；他對享樂，財富，榮譽深感厭惡；他認爲自己在精神上超脫塵世，是最快活的人。」他補充寫道，某些人看到他放棄他的第一生命而投身於公共事務中，「都對他的命運表示惋惜，就好比同情即將成爲瞎子的一個人的命運那樣。然而，他說，我又睜開了人們以爲已經失去的雙眼，人們擔心我一輩子在茫茫黑夜中度過，像一個被上帝遺棄的人。」難道人們看不出這和埃塞尼教本身竟是如此相似，如同約瑟夫和費隆向我們描述的那樣嗎？此外，費隆的每一篇著作都對《聖經》的寓意有所解釋，這習慣又從何而來？難道這不是恰巧來自埃塞尼教？事實上，他不是向我們表明埃塞尼人像是一種寓意流派，它給《聖經》上記載的種種事實賦予一種玄學的或精神的意義嗎？因此費隆本人也完全和埃塞尼人相似，可以這麼說，他在許多方面代表了埃塞尼人[89]。他的摩西法典，由於別具特色，實際上成爲一部埃塞尼摩西法典。既然基督教自身大部分產生於同一個根源，那麼把所有一切彙集在一起就會使四、五世紀的基督教徒，如聖歐芮勃、聖吉羅姆等人，都不可避免地產生錯覺，把那位信奉埃塞尼教的猶太人所描述的埃塞尼靜修教徒看成是基督教徒。

現在讀者很難擺脫我要引導他們接受的結論，因爲他們錯誤地認爲我所引證的那些論據可能都是在基督教的影響下產生的，認爲無論是費隆本人，還是他談到的埃塞尼人，都從耶穌的傳道中接受了某種改革和新的推動力量；但是我認爲讀者現在不應產生這樣的念頭，因爲費隆的這些證據已被證實先於基督教，也因爲費隆的所有其他著作——當然都是些猶太著作——都毫無保留地忠實於摩西，雖然這些著作或多或少具有同樣的特徵。我要繼續引證費隆關於泰拉巴特人的敘述。我只從他的故事中剔除與我們討論的主題無關的內容：

「我承認，這些從事實踐活動的埃塞尼人在各個方面都超過其他人，或則倘若必須用謹愼的說法來表達我的思想的話，他們至少在許多方面超過其他人，當談完了這部分埃塞尼人以後，我自然會圍繞主題來探討曾經選擇靜修生活的那部分人[90]我不想虛構什麼，像詩人和作家通常所做的那樣，應該說，他們很少能找到眞正美好的、值得用來描繪的事物；但在這裡，我不用任何藝術手法，只要有把握事實的願望，我就滿足了，因爲我知道，如果企圖超越事實，就是最雄辯的演說家也只能是徒勞無功。然而必須努力表現事實；因爲對於那些認爲不應該在美好的事物面前保持沉默的人來說，如果這些人的崇高美德成了人們沉默的原因，這是不對的。這些哲學家們[91]所要達到的目的顯然已在人們對他們稱呼的名字中看得出來。因爲人們用某種意味深長的方式[92]去稱呼他們是泰拉巴特，或是泰拉巴特里達，[93]原因在於他們講授的醫術要比傳播在其他各地的醫術高明得多（這後一種醫術，實際上只能醫治（θεραπύει, therapeuei）身體的疾病，而前一種醫術卻能治癒由嚴重而頑固的疾病所致殘的心靈，這些疾病是由性慾和貪婪、憂傷和恐懼，吝嗇和放蕩不羈，不公正和一連串數不勝數的激情和惡習所引起的）；或者由於本性和我們神聖的法律，[94]他們學會了爲上帝效勞（θεραπύειν, therapeuein），這上帝比好更好，比一更加簡單，比原則的統一更加原則[95]，如果我可以這樣表達的話。我在想，在所有培養虔誠感情的人們中間[96]，會有誰跟他們進行比較呢？是那些推崇土、水、氣、火這些元素的人們嗎？它們在這兒用這樣的名稱來稱呼，而到其他地方又改用另外的名稱，例如兀兒肯（火神）（Vulcain），朱諾（天后）（Junon），涅勃多納（海神），席瑞斯（穀物女神）（Cérès）[97]。但是元素是一種沒有靈魂、自身不能運動的物質，它只是在創造者的支配下，使一切形式和實體的概念得以產生。[98]既然人們慣於猜測，那麼費隆是不是從柏拉圖那裡接過了這個理論呢？他把它作爲猶太人和埃塞尼人的理論向我們介紹；一切都證實他這樣做是有道理的。他只是從柏拉圖那裡重新找到了它。這門偉大玄學的起源則遠遠早於希臘哲學。難道我尚需把敬仰天體及其作用的人跟他們去進行比較嗎？這些人崇拜太陽、月亮、行星、恆星或整個太空，或宇宙世界。可是所有這些事物都不是自行產生的；它們是由一個聰明無比的建築師[99]用技巧創造出來的。他們是不是崇拜半神仙的那些人？我試圖把半神仙的人和泰拉巴特人放在同等位置上。所謂半神仙的人，就是既能死亡，又是不朽的人們，還有比這更荒唐的嗎？他們是否成爲偶像的崇拜者，亦即手工匠隨意在上面雕塑了一個神仙的木塊或石塊，一張桌子或一個臉盆？我對於埃及人的神仙不想再說些什麼了。他們溫和善良，易於相處，崇拜兇猛的野獸，他們通情達理，敬重野蠻人，由於同上帝有某種親緣上的聯繫[100]，他們拜倒在比野獸更兇惡的鬼怪面前，他們是主人和統治者，卻去服侍那些生來就是順從他們，並爲他們效勞的牲畜。讓我們撇開這些恰恰和泰拉巴特人相反的頑固不化的人[101]；讓他們把這些荒謬的見解不僅傳給他們的同胞，而且也傳給他們鄰近的民族吧；他們喪失了最必要的理智，我不是指人身的視覺器官，而是指靈魂中的視覺器官，因爲只有依靠它，人們才能識別眞假。是的，讓他們錯下去吧；而讓泰拉巴特部族永遠善於觀察，並享受人的視覺；但願這個部族不要停留在可感受到的陽光下，永遠不要脫離通向極樂世界[102]的法規。凡是選擇這種生活方式的人並非爲了遵照習慣，也絕非因爲他人的激發；而是因爲他們像巴崗脫人和高里邦脫人一樣，陶醉於對神的熱愛。他們被一種如有神助的狂熱所激奮，直至看見了他們所愛的對象[103]。然後，由於他們的渴望得到幸福的永生[104]，他們認爲他們已經結束了人間的生命，他們把自己的財產[105]全部遺留給他們的子女，或者其他親戚，他們樂意讓這些人全部繼承他們的財產，或者如果他們沒有親戚，就遺留給他們的朋友。因爲那些毫不猶豫地占有眞正財富，即智慧財富的人，把這些糊塗的財產讓給那些思想上仍然糊塗的人則是理所當然的事。[106]在這樣拋棄了他們的財產以後，他們不再受任何牽連，於是連頭也不回地跑了，棄下他們的兄弟、孩子、妻子、父母，他們全部親人和全體朋友，脫離了他們經常出入的社團，以及他們誕生和成長的地方；因爲他們知道約束著我們的一切習慣把我們牢牢地拴住。他們逃走了，然而他們並不因此逃向其他城市；他們不像那些獲得同意賣給新主人的奴隸，這些可憐人只是換了一下受奴役的地點卻絲毫不能打碎奴役他們的枷鎖。事實上，任何一個城市，哪怕是用最完善的法律進行管理的城市，都充滿著嘈雜、混亂和沒完沒了的騷動，這對於稍有一點頭腦的人來說都是難以忍受的。逃走的人們在城牆以外草木茂密，孤僻荒野的地方[107]選擇他們的住所，尋覓他們的隱居處。這不是因爲他們憤世嫉俗，如人們可能想像的那樣，也不是企圖躲避眾人，而是爲了避免跟思想不同的人們交往。他們覺得這樣的交往毫無意義，而且危險。這樣的人類社團散居在地球上許多地方，希臘人和蠻夷人確實曾共用過這一如此巨大的財富。然而，他們這些人在埃及居多，在所有民族中都有，尤其集中在亞歷山大[108]附近。但是他們之中最傑出的人從四面八方[109]來到處在瑪利亞湖[110]湖邊的一塊高地上，在這裡建立泰拉巴特人移民地[111]，這是一個非常適宜於這種生活方式的地方，好像這裡就是他們的祖國。這塊居住地絕對安全，空氣格外新鮮。人們在這裡感到安全是由於它的周圍坐落著許多村莊，有數不清的農舍。純潔的空氣沁人心脾，因為微風從流入大海的湖面上，從距離不遠的海面上徐徐吹來；來自海面的風是乾燥的風，來自湖面的風是潮濕的風，這兩種風混合在一起，使空氣變得更加有利於人的健康。他們的住宅相當簡樸，建造時只考慮抵擋冷熱。這些住宅，不像城市裡的住房那樣相互毗連，緊挨在一起，因為對於喜歡清靜的人來說，不一定非要這樣。但是這些住宅也不太分散，因為他們實行共同體生活制度[112]，同時也是為了在必要時，他們能相互幫助，共同對付竊賊。人人都有自己的神聖隱蔽所，稱為「塞莫內」和「摩納斯泰爾」，並在裡面一個人單獨完成宗教的祕密祭禮[113]。他們從來不帶食物和飲料，也不帶任何有關身體需要的東西到裡面去，但是他們必帶法典、先知們啟示的神諭和他們得以不斷昇華和趨於完美的信仰和神靈所要求的聖歌與其他書籍。

他們時刻想著上帝的存在，甚至在夢幻中也只想著神的完美之處。他們中間更有許多人在夢中說話[114]，解釋神聖哲學[115]中最深奧的信條。他們習慣於每天早晚祈禱兩次；早晨太陽升起的時候，他們祈求人們可以呼喚的東西，他們希望在美好的一天中有真正明媚的陽光，就是說讓他們的心靈裡充滿神的光輝[116]。傍晚，當太陽下山的時候，他們的精神已完全擺脫感覺和可感覺到的事物的負擔，回到自己的住所，如同在接受祕密告誡一樣。這時候他們的祈禱為的是全神貫注地揭示眞理。早晨和傍晚之間的全部時間，他們都用來默禱。因爲，他們在閱讀《聖經》的同時，透過寓意的途徑，從我們祖先智慧的象徵和傳統中尋求智慧，同時，他們認爲文中所包含的內容就是加以掩飾的大自然的象徵，但它的本質在我們的思想表達中體現出來[117]。他們實際上保存著這個教派的前輩們所撰寫的許多古籍，這是眞正的具有解說和寓意技巧的不朽巨著，他們把這些書作爲楷模，試圖照此撰寫自己的書。[118]實際上，他們並沒有滿足於只是思想，他們以各種格律和詩人們通用的種種格式編寫一些獻給上帝的詩歌和頌詞，配上莊嚴的宗教曲調，使之易於記憶。他們每星期有六天待在寺院內學習，從不跨出門檻，甚至不往外看一眼[119]。但是到了第七天[120]，他們好像參加公共委員會似的聚集在一起，根據年資排列成行，按照禮儀，神色莊重地將雙手放在衣裳裡面，右手放在胸前，左手貼在身側[121]。於是年資最高，對信條修養最深的人開始說話，他臉色安詳，語氣平和而單調，情緒穩定而無激情，作意義深刻，充滿哲學的演說。他跟當代的演說家和詭辯家不一樣，他不追求詞藻的華麗，也不著眼於所謂的雄辯，而是在闡述和解釋過程中力求思想的穩定和正確，這思想並不停留在表達時悅耳流暢，而要深深地滲透到人的心靈，並牢固地紮下根來。所有其他的人在一片寂靜中傾聽，並用眼神和點頭表示他們的贊同。他們每星期六集中的地點公共「塞莫內」被分成兩塊場地，一塊爲男人的，另一塊是爲婦女的：因爲婦女並沒有被排斥在這個集會之外[122]；相反她們在集會中占顯著的地位，她們的熱忱和神聖決心並不比男人差。隔開她們的牆是一種類似欄杆的東西，高度只有三、四個鼓代[123]，從牆高的一半以上到屋頂之間全是空的；因此凡是參加集會的婦女們都能容易地聽到發言，因爲沒有任何東西阻攔發言者的聲音傳入她們的耳朵，這表明人們對婦女的貞潔保持著應有的尊重。對於泰拉巴特人[124]來說，節慾就像某種堅實的基礎，在這上面，他們可以建造起一切美德的大廈。他們中間的每一個人都是在太陽下山後才去吃喝，因爲他們認爲只有對智慧的研究才配用日光，照顧身體的需要只應在夜晚；這就使他們把白天的全部時間用於第一需要，對於第二需要，他們只占用晚上的很少一點時間。他們中的許多人對學識的興趣和對靜修的熱愛達到了如此狂熱的程度，以致他們可以連續三天不吃飯。同樣還有一些人可以說只求以智慧爲養料，從中獲得更加豐富的財寶，這些人很容易做到加倍禁食，甚至六天內不吃任何食物，他們就像人們所說的是靠空氣、露水和唱歌生存的蟬兒一般地生活[125]。但是，因爲他們把安息日[126]當成是絕對神聖和莊嚴[127]的日子，所以這一天來臨時，他們經常停止禁食，喜歡用特殊的方式進行慶祝；因爲在這一天，他們不但要照料他們的靈魂，他們還要用食物使身體得到恢復，他們對待身體就像對待牲畜一樣，讓它在長期的勞動之後得到一定的休息。他們吃的東西並不考究：一塊粗麵包，所有的菜都只放點鹽，哪怕愛挑剔的人也最多再加一點海索草作爲調味料；你們飲用泉水。因爲他們非常願意撫慰這兩位大自然配給人類的女主人，即飢和渴；我是說他們願意撫慰她們，但他們不願意取悅她們，他們只向女主人提供絕對需要的東西，以便維持生存。因此，他們吃飯，目的是不再飢餓；他們喝水，目的是不再口渴，他們厭惡過度和過飽，把這視爲靈魂和軀體最可怕的敵人。我們有兩個堡壘用以抵禦惡劣的天氣：就是我們的衣物和住宅：關於房宅，我已經說過他們的房屋談不上什麼奢華，只符合使用的需要，也僅僅爲了需要才去建造；他們的衣服也十分簡單，只是爲了抵擋冷熱：冬天，他們沒有皮襖，只穿一件粗布長衫；夏天，他們穿的是沒有袖子的短外套，或是一件樸素的布襯衫。因爲他們辨任何事情都力求簡樸，認爲奢華的原則就是欺騙，反之簡樸的原則就是眞實，這兩者恰恰表明了產生奢華或簡樸的不同根源，因此前者引起人們的憎恨，而後者受到人們的熱愛；因爲各種各樣的不幸就出自欺騙，反之眞實帶來多種多樣的幸福，不管是在單純的人類之中，或是在神聖的事物之中都是如此。現在我要談一談他們的聚會，以及他們在盛餐[128]上表達喜悅心情的方式。但是這必須在介紹完其他人們的盛餐之後，以便讓人更好地體會這些人和另一些人之間的差別……」

〔費隆在這裡描繪了貝揚人通常就餐時狼吞虎嚥，酩酊大醉的情景。他敘述的這些盛大酒席上的狂歡習俗，是由羅馬人引進的，當時的希臘人和蠻夷人竭力加以模仿。費隆甚至沒有省略對柏拉圖和色諾芬早已描繪過的蘇格拉底式宴會的敘述。他發現酒席的周圍充滿著輕浮、放蕩的年輕人、樂器演奏者、舞蹈演員、雜耍藝人、小丑和各種類型的奴隸，這些遊戲和無聊的對話，只是用來談情說愛，甚至追求下流的感官享受，這樣的環境顯然跟蘇格拉底及其哲學毫不相稱。然後，費隆繼續寫道：）

「……大家看到，直到蘇格拉底主持的著名盛餐爲止，所有的盛餐不僅使人感到無聊乏味，而且當人們敢於動搖原先給予它們以虛假的，所謂聖潔的美名的時候，這些盛餐的舉行對其自身就是一種譴責。因而我要用另一些人的盛餐與其進行對比，這些人遵循預言家摩西最神聖的傳統，透過對生命現象進行觀察和從理論上進行研究，改變了自己的生活制度和他們自身[129]。首先，我將敘述泰拉巴特人的莊嚴聚會是在七次安息日之後舉行，由於他們不僅對簡單的數值七表示尊敬，而且對其平方值[130]也表示尊敬：因爲他們懂得這是一個純潔的，永遠不受玷汙的數字。這是在極其盛大的節日的前夕，這節日適逢第五十天，即另一個最神聖、最有繁殖力的數字，因爲直線三角形的平方原則是產生一切事物的本質[131]。所以，他們首先聚集在一起，所有的人一律穿著潔白的服裝，然後由一個聖務主持人[132]（這個名稱是人們對執行聖務人的稱呼）率領，在十分莊嚴的儀式中走向光明，他們在上床之前，秩序井然地站立著，舉目望天空，雙手也伸向天空，他們的眼睛似乎習慣於觀察值得觀察的東西，他們的雙手似乎是純潔的，從來不會攫取任何利益，也從來不被利慾所玷汙[133]，然後他們祈禱，其目的是使他們將要舉行的聖餐能讓上帝高興，並合乎他的意志[134]。祈禱以後，年資深的人按照他們被接納入教的先後次序[135]相繼入席。因爲他們並不認爲年資深的人就是年老的人或年齡最大的人；假如老年人信奉教規的時間很晚，根據他們的觀念，他們還只是孩子。所謂年資深，是指這樣一些人：他們從年紀很輕的時候起就已經走進這個最完美、最神聖的哲學的靜修之國，並且變得十分成熟。在這種盛餐上也有婦女，她們大多數上了年紀，並保持貞操。她們熱愛貞潔並非出於強迫，像人們在希臘人那裡看到的許多女司祭一樣，她們都出於自覺自願的決心，這種決心來源於對貞潔的虔誠和熱愛，或者由於她們很早以前就急於投身到共同體生活之中[136]，她們鄙視肉體的快樂，不希望生育塵世間的孩子，但是熱切地渴望孕育永恆的果實，也就是唯有愛上帝的靈魂能夠自身產生的果實，因爲它受到聖父散布於人間的強烈而又明亮的光芒的照耀，透過這光芒，人們將發現貞潔的教理。[137]

「位置分成兩行：男人們在右邊，婦女們在左邊。如果有人認爲他們的床鋪即使說不上富麗堂皇，至少是柔軟精巧的，如同專爲從事哲學的誠實人而準備的那樣，那麼他就錯了，應該讓他知道這些床鋪實際上是用最普通的材料，也就是當地的一種紙莎草編織成的極爲簡單的草墊而已；這些草墊鋪在地上，只在肘部位處略爲墊高以便能夠倚靠。他們完全不是像拉西第蒙人那樣粗野，但是他們喜歡簡樸，厭惡一切使人感到舒服的東西。

「他們不要奴隸伺候，因爲他們深信占有奴隸是違背天性的。天性使我們大家誕生時人人自由；可是某些人的不公正，嫉妒者的吝嗇正在產生不平等——一切不幸的源泉的時候，它只會給最強者以壓倒最弱者的威力[138]。所以，在這種聖餐上[139]，不存在什麼奴隸，正如我剛才已經提及的那樣：都是自由人在服務，無須強迫和命令，也無須等候有人向他們發號施令，他們都甘心情願地，以最優雅的神態忙於招待客人，使客人們的要求沒等說出就已得到滿足。並不是任何人都能擔任聖餐的侍者的：人們在社團內精心地挑選最有功勞、最有禮貌、最有道德修養的年輕人；這些人就像眞正的合法的子女一樣，非常愉快地侍奉他們的父母，他們認爲這些公共父母[140]比他們的生身父母更親；事實上對於智者來說，難道還有比美德更珍貴、更值得愛的東西嗎？這些年輕人履行職責時，不繫腰帶，穿著飄動的長衫，以避免在聖餐上出現任何使人想起奴隸制的象徵和標誌。我知道有些人讀到這裡時會笑起來：讓他們去笑那些行爲上値得同情和哭泣的人們吧！

「在這些日子裡[141]，他們不喝酒，大部分客人只能喝非常清潔的冷水，身體衰弱需要照顧的老人才能喝到熱水[142]。再者，桌上不能放任何帶血或動物肉類的菜餚：全部食品就是麵包，全部調味品就是鹽，對於最講究吃的人偶爾加的一點美味，也不過是海索草而已。他們在聖餐中避免飲酒，就像教士在獻祭時避免飲酒一樣，是有其正當的理由的[143]；因爲美酒是使人們產生瘋狂舉動的毒劑，而精美的菜餚刺激人的貪婪心，這是一切兇獸貪得無厭的特徵。這就是一切盛宴的開端。

「然而當客人們按我說的那種次序躺下以後，當侍從排著隊準備履行他們職責的時候，難道他們不舉杯慶賀，難道他們不興高采烈？有人會這樣問道。恰恰相反，他們比過去更加克制，更加安靜，也許那時沒有一個人敢於低聲說一句話，或敢於比往常更用力呼吸。當某人提出關於《聖經》上的問題，或者解答另一個人提出的疑問，他根本用不著考慮他將要說出的話本身。因爲他不追求口才出眾；他只力求更加清楚地看到他嚮往的目標，並且一旦看清之後，他就跟那些目光沒有他敏銳，可是和他一樣渴望瞭解這目標的人一道分享自己的收穫。他慢慢地說話，經常反覆強調，以便把自己的思想更好地銘刻在人們的頭腦之中。而有些健談的發言者講得很快，往往上氣不接下氣，這就有了缺陷，即聽眾的思想無法跟上演說者的速度，一再跟不下去，於是中途停頓。全體聽眾都專心致志，以同樣的態度側耳傾聽。如果他們聽懂了，就以一個微小的動作或眼神表示出來；如果他們感到滿意，就點頭表示贊同。此外，也可從他們的臉上看出來，如果他們有什麼疑問，就搖頭，或把右手的食指舉到空中。站著準備服務的年輕人也和躺著的人一樣集中注意力在傾聽。

「他們對於《聖經》的解釋充滿著寓意[144]。因爲在他們看來，整個法典好像是一種活著的生命，其軀體代表著文字上的種種條款，其靈魂隱藏在文字的看不見的精神之中。在這種精神裡面，由理智引導的智慧開始尋求對它至關重要的種種特性，正像人們從眼睛這面鏡子裡能看到人的心靈那樣，在遮蓋著事物的形式下可以發現思想的美妙之處。摒棄或消除一切象徵，目的是把全部意義層層剝開，使之明白易懂，並讓那些稍加指導就能透過有形事物去發現無形事物的人加以運用。[145]

「當主持人覺得解釋得相當充分的時候，他就一邊用眼神徵詢在場的聽眾的意見，一邊對發言的人做一個表示謝意的手勢；這時整個會場立刻爆發出一陣快樂的叫喊聲，似乎呼喚聚餐的開始。於是站立的那個人第一個唱起讚美上帝的頌歌，這歌或是由他本人最新創作的，或選自古代某位詩人的詩歌[146]。因爲這些詩人們遺留下來的一大批歌曲，有三節拍歌、朝聖感恩歌、讚美頌歌、揚揚格澆祭歌、祭臺詞、巡禮祈禱詞、聖臺合唱曲等等，這些歌曲都經過精心創作，並且發展成有很多段的長歌。爾後，其他人跟著唱起來，每人輪流唱下去，並保持應有的莊嚴態度，其餘的人必須靜靜地傾聽，但必須陪唱或隨唱的重唱部分或對答輪唱的頌歌除外；因爲這時候，不論男人和婦女，他們唱出的是同一個聲音。

「當每個人唱完了他的頌歌以後，年輕人把我剛才提到的桌子搬上來，桌上放的是最神聖的食物：發酵的麵包，調味品是鹽，最多再加一些海索草。這完全是模仿教堂寺院門廳裡安置的聖桌：因爲這張桌上恰恰放著麵包和鹽，沒有其他菜餚（只是麵包不曾發酵，鹽裡沒有摻進其他東西罷了）。事實上，把最純潔、最簡單的東西授予高級教士[147]，作爲對他們完成聖職的報酬是合乎禮儀的，而其他人在參加神聖的宗教儀式並積極與上層教士競相媲美時，仍然避免食用麵包，以便讓最崇高的人享受這種特權，也是完全恰當的。

「聖餐以後[148]，他們通宵達旦地慶祝聖夜[149]。他們採用的方式我下面將談到。首先他們緊靠著站在一起，組成兩個合唱隊，分別集中在大廳的每一邊，一隊全由男人組成，另一隊全由女人組成。每一個合唱隊有一個指揮，他是作爲藝術家被挑選出來的，因爲他堪稱最懂得和諧美和高級的合乎禮儀的藝術[150]。於是他們唱著獻給上帝的頌歌，這些歌有各種不同的節拍和曲調。他們時而合唱，時而分組對唱，邊唱邊做姿勢，時而翩翩起舞，時而俯伏在地上，時而前進，時而原地不動，時而圍成圓圈或排成單行，他們隨著歌曲的意義不停地變換隊形或舞姿。然後，當每個合唱隊對於上述的這些歡樂都已感到極大滿足時，也可以說當他們像在巴克斯酒神節日裡痛飲過美酒——然而這是熱愛上帝的美酒之後，他們全體人混合在一起，組成了一個男女合唱隊，這是模仿過去在紅海邊上出現過奇蹟以後人們組成合唱隊的做法。因爲大海遵照上帝的旨意，曾拯救了希伯萊人，並挫敗了他們的壓迫者。海水頓時被分割成兩半，堅實得猶如兩堵城牆，打通了一條寬闊、乾燥的通道，並使我們的父輩終於攀上海對面岸邊上的高坡；爾後，海水很快合攏起來，重新淹沒了通道，並把瘋狂追趕以色列人的敵人捲入滔滔海水之中。因此，所有的人，包括男人和女人，都對這意想不到的援助和這超乎他們的想像力和期望的奇蹟激動不已，於是組成了一個混聲合唱隊；他們唱起向拯救他們的上帝謝恩的頌歌[151]，男人們由預言家摩西率領，婦女們由女預言家美莉安率領[152]。泰拉巴特的男人和婦女進行的合唱或對唱尤其模仿了這種壯觀的歌唱場面。婦女們的高音伴隨著男人們的低音，產生了非常美妙的音樂效果，彷彿是一首十分完美的交響曲。合唱中的一切都是美好的；健康的思想，動聽的歌詞，合唱隊員在藝術（眞正藝術）的感召下生氣勃勃，呼吸一致，表現出眞正的美感。思想、歌詞、表演者，他們的目的就是虔誠。

「就這樣，直到第二天淩晨，他們一直陶醉在美的享受之中，他們不感到頭腦沉重，眼睛發花，相反比前來參加聚餐時更加清醒。他們把目光和身體轉向東方，一旦看到太陽升起，他們就把雙手伸向天空，祈求白日的安寧、眞理和正確推理的稟賦【153】。祈求結束後，每個人回到他的『塞莫內』，像他往常那樣研究哲學，這是他們唯一的勞動和唯一的事業。

「以上就是我對於人世間的靜修派教徒泰拉巴特人所要說的話，同時也是對僅僅生活在靜修和精神之中的人所要說的話，這些人是天上的和眞正世界上的公民，憑著他們的全部美德，他們自然得到上帝和創世主的珍愛，他們配得上這樣的友誼——最眞誠的報償：他們把美德置於財富之上；他們終於達到了完美的境界。」

費隆在福音書傳播之前寫下的這些篇章既生動，又有教益！難道在埃塞尼人的制度中還看不出正在萌芽中的整個基督教？誰還會拒絕得出這樣的結論，即基督教確實只是以刪除學說中的祕傳部分去解釋埃塞尼教義？

這樣的事實難道會使耶穌的使命不受敬重，會減損其崇高性和神聖性嗎？不，根據我們的看法，耶穌的使命絲毫不因此而遜色；對於這一點，我們仍將銘記於心，因爲我們將會找到其教義的根源。

埃塞尼教可以追溯到摩西法典的最初時期，而摩西法典自身又可追溯到原始宗教。但是埃塞尼教是猶太教中幾乎失去了光澤的一種教派，而猶太教自身又是在許許多多不同的偶像崇拜和宗教信仰混合共存時期的猶太帝國裡一支默默無聞的教派。基督教徒說，應該拯救人類，就是說應該用某位聖者的鮮血對人類灌輸眞理的學說，以使全人類將來有一天能在自然的、神聖的法則中生存。所以必須讓耶穌及其身後的聖保羅曾經做過的事情來摧毀地球上一切虛假的宗教，同時使神聖哲學從它被埋沒的狹隘圈子裡走出來。耶穌以他激昂的感情，以他自己的獻身這樣做了，聖保羅以他辛勤的勞動、他的學識以及他的獻身行動也這樣做了。當我舉出耶穌之後的聖保羅時，我並沒有忘卻其他聖徒，他們是耶穌的親密同伴，是他事業的合作者；也沒有忘卻一大群皈依基督教，並帶來了東方世界的傳統和希臘、羅馬的天才權威的哲學家；也沒有忘卻一大批偉大人物，他們追隨初期的皈依者，成爲最初六個世紀時期的聖父；也沒有忘卻無數遭受種種凌辱和痛苦的殉難者，其中有男有女，他們尤其以自己的行動表明他們的忠誠和犧牲；最後也沒有忘卻那些孤獨者，他們生活在荒野的地方，對於生命的新概念充滿激情，對於塵世間本來寄託的無限期望而又失望了的靈魂仍然抱有希望，並且最終模仿埃塞尼人以修道士的生活來表達他們的意願。事實上，哪一個基督教徒能夠把聖人同聖人中最聖潔的人——耶穌割裂開來呢？不，這事業並不專門屬於耶穌，這是集體的利害一致的事業。因此可以說，耶穌好比是人們揉進麵糰裡的酵母，使麵糰發酵，並產生出麵包。

從我們這個時代的觀點出發，對耶穌做別的理解，只能把他偶像化。我們對於啟示者能夠表示的最大敬意，乃是把他們統一在永恆的、內在的啟示之中，這啟示曾給過搖籃時期的人類以光明，它將在人類發展的各個時期永遠帶給人類光明。

既然如此，把人們理應稱之爲神聖救世主的那個人列入先人的行列——救世主的來臨和死亡實際上標誌著人類的復興時代——會有什麼褻瀆宗教的行爲呢？的確，找出從基督教的創立者耶穌上溯到摩西的這條光輝道路，根本就不是什麼褻瀆宗教的行爲。同樣地，找出從摩西通往奧爾佛，從摩西、奧爾佛通往埃及，從埃及通往沙爾代和印度之間的道路，更沒有什麼褻瀆宗教的行爲可言。確實，在我們剛才進行的研究中，我們發現的這些關係還尚未達到它的深度；但是，只要有一顆純潔赤誠的心，只要全心全意地尋求眞理，我們就會找到這些關係的蹤跡，這樣我們至少能用基督教起源自身進一步闡明這條重要的眞理，即基督教是從古代城鎮向所有的人傳播開的。

就我們達到的理解程度而言，基督教的全部歷史已經揭示出來；既然它的深刻意義已經闡明，我們認爲要想深入地對這部歷史做一次新的闡述，那也並非難事，可是我們還是不花這番氣力爲好。

孟德斯鳩在《論法的精神》序言中指出，他曾屢次著手撰寫他的這部著作，但曾屢次擱置下來；他說他曾無數次想把他寫好的文稿扔掉；最後又改變了主意把父親傳給他的雙手放了下來，說他追求他的目標而沒有一定的計畫，說他每次發現眞理，總因感到不滿意而拋掉。「但是，」他補充說道，「當我一旦發現了我的原則的時候，我所追求的東西都朝我滾滾而來，而且在二十年的過程中，我看到了我的著作開始、增長、成熟、完成。」

幸福的孟德斯鳩！

十八世紀並沒有給予我們這樣的空間，讓我們在整整二十年期間，從容地醞釀琢磨，最終完成一部著作。

## ◆註解◆

【1】蒙化宮（西元一六五五～一七四一年），法國著名的宗教學者。——譯者

【2】聖歐芮勃，第三十一任教皇（西元三〇九～三一〇年），希臘人，死於義大利西西里島。——譯者

【3】費隆（西元十三～五四年），猶太裔希臘哲學家，新柏拉圖主義的先驅。——譯者

【4】除了布依埃議長勝利地回應蒙化宮以外，斯加里熱、勃龍太爾、素麥士、格老秀斯、亨利·特·瓦洛阿、勒瑪阿納、高特里埃、勒·彼·巴吉、巴斯那熱等人卻一致承認和證實泰拉巴特人不可爭辯地屬於猶太人。只有貝爾納·特·蒙化宮一人把他們看成是基督教徒：在他以後，竟沒有一位稍有名望的學者勇於支持這種相反的主張。

【5】弗拉維於斯·約瑟夫（西元三七～一〇〇年），猶太歷史學家。著有《猶太戰爭》、《猶太古代文物》等作品。——譯者

【6】柏利納（約西元六一～一一四年），古羅馬散文作家、演說家。又稱小柏林納，是老柏林納的外甥和繼子，同塔西佗等人交往甚密。他是出色的訴訟演說家，但演說詞幾乎全部散失，傳世的只有〈圖拉真頌〉一篇，《書信》十卷。——譯者

【7】狄翁·克利若斯托姆（約西元三〇～一一七年），希臘著名的雄辯術教師和哲學家。他一生留下的演說詞有八十多篇，其中最著名的有《君王的職責》等。——譯者

【8】聖愛必發納（西元三一五～四〇三年），賽普勒斯薩拉明納主教，是《沙那里翁》（又名《藥罐子》）的作者。——譯者

【9】阿斯穆家族，指西元前二世紀以猶太古老的執政官阿斯穆為首領的神聖家族。——譯者

【10】在我看來，這段描述以及我在此引述的有關埃塞尼人的其他段落，對於歷代的哲學是如此重要，以致在任何某個主題上，我幾乎再也找不出更加珍貴的古代證據了。下面的譯文，我儘量做到忠實原意。收集的原文本身殘缺不全，由阿爾諾·唐第利翻譯的約瑟夫的這段論述，以及由蒙化宮翻譯的費隆論著，只是連篇的曲解之詞。

【11】或稱宗教派別：猶太人中間有三種哲學派別。

【12】在約瑟夫的原文裡，用的是「埃塞尼」，而在鮑費爾引述的同一段落裡（《論齋戒》第四卷），卻寫成為「埃塞」。此外，還發現約瑟夫在其《猶太古代文物》一書中，在使用這兩個名詞時都不加任何區別。

【13】它被認為是最嚴肅的。文中的意思是：他們被認為受到最嚴肅的訓練。

【14】他們是猶太種族，但比起別的猶太人來，他們彼此之間更友愛。

【15】希臘原文為「蔑視」。約瑟夫此處談到的是埃塞尼中節制婚姻的一派。後面還會提到埃塞尼另一派仍實行婚姻制，並使之神聖化。

【16】聖歐芮納（《福音書備考》）和鮑費爾（《論齋戒》）引用的約瑟夫的話是到這裡結束的；可是在約瑟夫的原書裡，還有這樣一句：「同樣不相信，有哪一個婦女對其丈夫節守忠貞。」

【17】「共有的」。

【18】鮑費爾和聖歐芮勃引用的約瑟夫原文中未做說明。然而在約瑟夫原文裡還有某些細節，其文如下：「所以，當他們旅行時，不必為行裝操心；他們只需帶自衛武器以防小偷。每個城市為此專門挑選一名財產保管員，其職責是：照料異邦人，向他們供應衣物和一切必需品。此外，他們的穿著簡樸，儀容端莊，如同用良好的紀律訓練出來的年輕人一樣。」

【19】以特有的方式做禮拜。

【20】在太陽升起之前，不說一句與神無關的話，只讚美天主本人，彷彿在祈求保佑太陽能升起來一樣。有些學者，由於弄錯了文字的意思，認為這是一種對太陽的偶像崇拜；可是這種理解方式是荒唐的。十分明顯，當約瑟夫在此處以及在他的《猶太古代文物》一書裡讚揚埃塞尼人的虔誠時，他並不是想說他們極其愚蠢地崇敬這有形的太陽，並以他們的祈禱催促太陽早早升起。很清楚，他們雖然面向太陽，其實是向上帝祈禱。在我看來，這不單意味著他們朝著初升的太陽，像人們通常講到的初期的基督教徒那樣向上帝做禱告；而且還意味著他們像初期的基督徒那樣，把對上帝的崇拜用對太陽的崇拜這種具體方式表現出來。難道還有比大衛的聖詩更為優美的東西嗎？這聖詩也許是約瑟夫談到的一種古代的祈禱，

古老祖先的（讚美天主的）一首歌：「我的心哪，你要稱頌耶和華！耶和華我的神啊，你為至上，你以尊榮威嚴為衣服，披上亮光如披外袍，鋪張穹蒼如鋪幔子……以風為使者，以火焰為僕役，將地立在根基上，使地永不動搖。你用深水遮蓋地面，猶如衣裳，使水高過山嶺。你的斥責一發，水便奔逃，你的雷聲一發，水便奔流，諸山升上，諸穀沉下，歸你為他所安定之地……耶和華使泉源湧在山谷，流在山間……使人從地裡能得食物，又得酒能悅人心……你安置月亮為定節令，日頭自知沉落。你造黑暗為夜，林中的野獸就都爬出來。少壯獅子吼叫，要抓食物，向神尋求食物。日頭一出，獸便躲避，臥在洞裡。人出去做工，勞碌到晚上。耶和華啊，你所造的何其多！都是你用智慧造成的，遍地滿了你的豐富……你掩面，他們便驚惶，你收回他們的氣，他們就死亡，歸於塵土。你發出你的靈，他們便受造，你使地面更換為新……我要一生向耶和華唱詩……」（《聖經．詩篇》第一百零四篇）。這裡，上帝顯然是以它的表現形式——宇宙，即以他的活動和他活動中製造的業績而受崇敬的。《詩篇》作者崇敬的不是宇宙，而是宇宙間的上帝：他在宇宙的背後發現了上帝：他在這客觀的世界中發現了上帝的威力，上帝的愛和上帝的智慧，而這世界既遮蔽著上帝，又表明和顯示著上帝的意志。埃塞尼人日出前的祈禱肯定就是這種意義。約瑟夫的這一段落還可以在費隆對泰拉巴特人的敘述中得到進一步說明：我們將在後面看到這一證據。再說，人們不可能不感覺到在埃塞尼人對太陽的晨禱，也就是對隱藏在這一象徵或確切地說對這一表現形式後面的神化的太陽和心靈中的太陽的祈禱和印度著名的晨禱，即所有婆羅門僧侶早晚吟誦的由維大根據瑪努的著作簡寫而成的沙維特里太陽頌之間有著驚人的相似。而在這印度最神聖的祈禱中，也是表面上向著太陽沙維特里，而事實上則是向著神化了的太陽。參見《新百科全書》婆羅門教一詞釋義。

【21】根據我們計時方式，應是上午十一點。

【22】約瑟夫此處用的是一般詞彙。「麻布」所指的東西就是他後面所說的「聖服」，也就是再後他所指的腰帶和圍腰，顯然埃塞尼人纏身的這種腰帶，是在他們每天沐浴和公共用餐舉行儀式不准穿任何其他服裝時使用的，也正是亞當和夏娃在人間樂園裡所圍束的腰巾：「兩個人的眼睛睜開著：他們看清自己赤身裸體，於是他們共同把榕樹葉穿連起來，就成了腰巾。」大家知道，在基督教前期，大部分基督教徒，

把在宗教儀式上模仿裸體的亞當，夏娃作為自己的職責。在十四世紀吉普賽人的亞當分子和一部分再浸禮教派中間也出現過類似的教俗。

【23】「履行了淨身儀式後，他們到一個專用的房屋裡聚集。異教徒是任何人都不准來這裡的；而他們正如奔往聖堂一樣朝這個飯廳走去。」這段文字如此清楚明顯，但至今卻幾乎未被理解。人們並沒有領會到這個異教徒不能進入的專用大廳恰恰就是飯廳，聖餐的地點。但是約瑟夫在這裡卻是明確這麼說的，而且為了使人更加明白，他還加上「他們就像奔往聖堂」這一句。

【24】鮑費爾註明的原文還加上：「純潔的，並非骯髒的食糧。」

【25】「讚美神」。在約瑟夫著作的原文上還加有：「感謝上帝為他們提供糧食」；似乎這一句是添加上去的文字。

【26】在這裡，我注意到約瑟夫使用了「醫治」這個詞，因為這與我後面對於泰拉巴特人所做的解釋完全一致。

【27】約瑟夫的原文是「說到過的那種圍裙」，而在鮑費爾文章中只有「圍裙」的字樣。

【28】把鮑費爾的原文和約瑟夫的原文加以對照，發現在約瑟夫原文中，援引的希臘文，看來是一種筆誤，但並不改變任何意義。根據這種變化，可以翻譯如下：「他愈來愈接近他們的生活方式，並可參加最神聖（最純潔）的淨身沐浴。」

【29】「進入公共生活」。

【30】或者，按字面直譯為「在品嚐公共食物之前」。

【31】希臘原文為：Τοῖς χρατοῦσιν。

【32】或者「如果沒有上帝的准許，就沒有強者的到來」。

【33】這裡我們也應理解為埃塞尼人在他們居住的城市裡有時占據的民政和軍事的高官顯職，以及他們等級制裡的種種級別。約瑟夫在他的《猶太戰爭》（第二卷第二十章，第三卷第一章）一書中談到一位名為約翰的埃塞尼人，是塔那地區的總督，並在阿斯加龍附近向羅馬人開戰。

【34】這段話使許多評論家深為窘迫；一些人認為這段文字已被篡改。在約瑟夫、聖歐芮勃和鮑費爾的著作

裡，原文都是這樣寫的：Τᾱ τῶν ᾱγγέλων ὀνοματα即「天使的名字」（直譯為：遣使）。哈佛岡建議寫成：Τῶν ἁγνειων即「淨身的辦法」。而我認為這並沒有什麼根本改變。首先顯然這裡並不是要談天使們——有些人卻認為是那樣——說他們錯誤地向埃塞尼人報告聖保羅在他給哥洛西人的信簡中所說的話：「因為你信仰天使，但願你是不可征服的，等等」。的確有些猶太人，從那時起，把天使看作每個人的守護神，因而信仰天使的教俗遍及巴勒斯坦，特別是在薩巴依教派中，這我在前面已經提及。但根據我們對埃塞尼人的瞭解，沒有什麼可以假設他們也熱衷於這種信仰；好像一切都證明與此相反。此外，約瑟夫這句話的前後背景不容爭辯地證實了他不是要談天使，而要談有關埃塞尼教義的著作中的某些問題。總之，它清楚地表明應該對這些著作的作者們懷有敬意。所以勃里多在他的《猶太歷史》一書中，還有其他一些人，都是這樣理解的，儘管「遣使」這個希臘字對他們來說仍然是一個謎。他們翻譯為：「編寫這些著作的神聖的啟示者和使者。」阿爾諾．唐第利的理解是：「向初學教理者傳授學說的啟蒙人。」為什麼有如此多的困難呢？「遣使」在這兒表示福音傳道者。許多學者對這個詞感到為難，都未能考慮到這層意思。「福音傳道者」一詞，表示某種教義或某宗教活動的報告者，實際上早在基督教之前就已出現。福音傳道者的希臘文寫法是εὔαγγελιξῆς或者εὔααελοξ，簡寫為ᾱγγελος，成為報告者之意。不僅是猶太人將報告者一詞用來表示宗教含義。在希臘語裡，凡是獲得啟示的人，或請求得到神諭並來報告這降諭之神的答覆的人，都稱之為ἀγγελοξ。宣告神諭的行動本身叫做傳道（ᾱγγελῖη）或ἀγγελῖα，拉丁文即denunfiafio。凡是這樣帶著聖旨的人應該負有使命，即揭示神諭的使命。所以古詞詞典上把「傳道」（ᾱγγελῖη）譯成praecipua potestas renuntianti oroculi quod quis audivit。這個直接詞義還可引出另一個詞義來。上帝的神諭被傳授後，可以說賦有了某種價值，就要有所報答。人們說：「你們得到了一個神諭，就欠下了一個福音，」也就是說為了感恩要做出犧牲。由此便產生了這樣一個在表面上看來很奇怪的片語：獻祭福音（Θῦειν εὐαγγέλια）。這在希臘語著作乃至拉丁語著作中都可看到。普魯塔克說：「福西翁在接到菲利浦．特．瑪舍杜阿納的死訊以後，不准他的人民把福音當作獻祭。」（引自《福西翁的一生》）。而西塞羅寫給阿底居斯時也提到這一點。在希伯萊人中也是這樣：上帝不能傳遞神諭，也就是說不能讓人瞭解他的意志，除非是那些首先接受他意志以便執行特殊使命，即解釋、宣告上帝意志，換句話說傳道福音的人；而這些人則被稱為福音傳道者。有關這方面的證據很多，上帝將告訴福音傳道者如何傳道：「站在高山頂上。你向西翁布講福音吧；提高你的聲音，向耶路撒冷宣告好消息吧。」「上帝傳出了旨意……看山上留下的傳授上帝意志的福音布道者的腳印。」然而所謂上帝的神聖意志或特殊教諭，也正是指的教義：這是十分顯然的。當耶穌的門徒開始傳布他的教義，宣告他的來臨的時候，他們自然地取名為福音布道者。福音布道者指的是無論用口頭或書面形式傳布新的占統治地位的教義的人。聖保羅曾多處用肯定的語氣強調了這個意思，他說：「一部分人的職責在於教授（即福音傳道）；另一部分人與其說是神學家，不如說是牧師。」「事實上一部分人是福音傳道者，而另一部分人是牧師」。此外，聖保羅寫信給梯莫底，囑咐他要注意教義的純潔性：「要寫出作為一個福音傳道者的書來。」同時聖保羅常常提到他自己的福音書，即他的理論，以及說明救世主來臨的方式。綜上所述，我認為不可能不得出如下結論：一、在希伯萊人中，凡肩負神聖使命，宣告上帝意志的人，不管是一個簡單的旨意，一種信條，或全部信條，均稱為報告者，按字面翻譯成希臘文為「遣使」，「遣使」這個詞在希臘宗教語言裡同樣用來表示同一使命；二、因此，這種表達不是基督教裡所特有的，因為在古老的猶太經書裡同樣可以找到；可以這麼說，希伯萊人和希臘人常常用這個詞來指肩負著特殊使命的人，他們或是傳授上帝的特殊意志，或是傳授一種教義。因而，當約瑟夫談到埃塞尼人神聖的作者時，根據希伯萊人慣例，使用希臘語中的字眼，稱呼他們為「遣使（ἀγγέλοι）」，即啟示者，報告者，或者福音傳道者就不奇怪了，因為「遣使（ἀγγέλος）」同「福音傳道者（εὐάγγελος）」或εὐάγγελιςῆς完全是一個意思。

【35】就是說最大多數，大多數，絕大多數。
【36】希臘文為Τὰς Μαχάρων νήσους。
【37】希臘文為Λοεῶυχῶρου。
【38】希臘文為Θεολογοῦσιν。
【39】此處可能指《聖經》、猶太正經的普通經書。然而也不能絕對排除埃塞尼教派專用的《申命記》經書的思想。一般說來約瑟夫和費隆似乎願意把他們敘述的屬於這一教派的一切東西看成是整個猶太教的。他

們開始時就把猶太宗教劃分為三大教派。這樣某一教派專有的東西在他們看來就可變成整個宗教的組成部分，即整個猶太傳統和教義的不可分割的一部分，同其他兩大教派中可以遇見的一切情形那樣。

【40】約瑟夫在他的著作中幾次提到埃塞尼先知的預言。在《猶太戰爭》中，埃塞尼先知猶大就曾預言伊爾岡的一個兒子安底高納，要被他的兄弟阿里斯多布林親手殺死（西元前一〇六年）。爾後（在第二章），一位叫作西蒙的埃塞尼人對阿爾蓋洛斯行省總督的一個夢進行解釋，結果，他預測的事發生了，奧古斯都強迫這位總督流落他鄉（基督年八年）。在《猶太古代文物》裡，又一位名叫瑪納汗的埃塞尼人向童年時代的愛洛特預言他將成為猶太王。愛洛特在西元前四十年果真成了國王，他想起了瑪納汗，便派人前去請他預測自己能否統治長久。根據約瑟夫的說法，愛洛特對他得到的能夠較長時期執政的答覆十分滿意，因而他始終十分尊重埃塞尼人，與其他教派的人相比，他給予埃塞尼人更多的自由。

【41】所謂連續性（Τχνδιαδοχήν）是指生命遺傳本身。埃塞尼人的教義，正像我馬上會證明的那樣，是關於生命和生存的具有最崇高最深刻意義的宗教信仰，如果誰由於害怕，不願結婚，那麼在其他人看來，這人就給生命本身帶來本質上的危害：因為生命應該有所延續：這正是約瑟夫這一句話表示的意義。

【42】即法利賽教和薩多塞教。——譯者

【43】Εἰμαρμῆνη，天命之意。約瑟夫使用了希臘字的「命運」。由於缺少一個詞來表達上帝對他的創造物的作用，這作用可以從稱之為「宿命」的方面去看，也可以從「恩典」的方面去看，或最終就是「天命」的一般意思。

【44】瑪伽貝是猶太的別號，後成為西元前一、二世紀為爭取自由而戰的猶太民族領袖的通稱。——譯者

【45】若那培斯是瑪伽貝四兄弟之一，率領猶太人英勇善戰，贏得了勝利。——譯者

【46】Τινᾶ δ'εφ ἑαυτοῖς ὑπάρχειν, συμεαῖνειν Τε χαῖ οὐ γῖνεσθαῖ。評論家們對這段文字感到十分棘手，許多人企圖修改原文，因為他們不懂得συμεαῖνειυ和γῖνεσθαῖ這兩個詞的意義的區別。後者表示自然發生和在創造者不斷努力下產生和誕生的事物；而前者則表示一種偶然性，它不是決定性的和必不可少的，或者表示由於創造物自身的行為而突然產生的事物。

【47】指神的意志，上帝。

【48】即上帝。

【49】這裡是指法國修士約瑟夫（西元一五七七～一六三八年），他曾在軍隊和宮廷裡服務，後成為傳教士，還皈依新教，同時也是黎希留的親密助手。——譯者

【50】薩托克，西元前十世紀耶路撒冷的大教士，是薩托克大教士教派的締造者。這一教派一直流傳到西元前一、二世紀的瑪伽貝時期。——譯者

【51】希臘原文為：Ε'χ τοῦ πὰνυ ἀρχαῖου τῶν πατρῖωο。

【52】希臘原文為：Ε'σσηνο ῖ。

【53】希臘原文為：Βὲλτῖοδὲ ἄλλωε ᾶνδρες τόν τρὸπον。

【54】希臘原文為：Τὸ δῖχαῖον，即他們的正義，是說他們正義的社會，他們平等的社會，這可以從此句的上下文中充分加以證實。

【55】這就是說生活在教派裡的人都在行動中講道德，像希臘哲學派別一樣。

【56】約瑟夫的這個證據值得注意，它證實了約瑟夫自己關於埃塞尼人中存在古代社會的觀點。

【57】人們認為達斯地區的勃萊衣斯特人是吉特民族若莫爾西斯的門徒。後者又是畢達哥拉斯的奴隸。根據傳說，他陪同他的主人出使埃及。當他回到親人懷抱的時候，他帶回了畢達哥拉斯在大希臘地區實施的同類法規。斯特拉波也談到這些勃萊衣斯特人；但是他的文章可能已被篡改，把他們稱為克梯沙依人。在這一點上，是斯加里熱在缺乏任何別的具有權威性的證據的情況下設想將約瑟夫確定的名稱改換成Πλεῖςοῖ（城市締造者），因為克梯沙依含有「城市」的意思。但是Πλεῖςοῖ的複數是指許多共同生活在一起的人，以及拋棄了個人生活制度的人，這是一個表示意義的名詞，它又回到了我們在第一四二頁中提到的「高尼」這個詞。我們剛才不是看到（本書第二〇〇～二〇一頁）約瑟夫在描述埃塞尼人的特徵時，談到他們對於多數、大多數、眾多人的尊重嗎？他說：「他們服從多數。」

【58】愛洛特，殘酷的猶太王，耶穌生在猶太的伯利恆，有位先知說這裡有一個將來做猶太王的人。愛洛特聽了，心裡不安，派人把兩歲以內的男孩都殺死了。——譯者

【59】波利奧（西元前七六～前四年），古羅馬政治家和作家。他是凱撒的親密夥伴，曾被任命為執政官和內

高盧總督。他於西元前三八年第一個創建了羅馬公共圖書館，組織了包括賀拉斯、維吉爾在內的文學團體。後來過隱居生活。——譯者

[60] 希臘原文為：Εσσαῖοι。

[61] 希臘原文為：Πληθο ὑπερ τετραχῖσριλιου, χατ’ ἐμυ δοξαν。

[62] Οὐχ ἀχριεεῖ τὐπω διαλέχτω Ελληνιχῇ παρώνυμοὶ δσιοτητος。在這一段末尾，大家將看到費隆仍用這個希臘詞Hosios（即聖人），使埃塞安人（Esséen）和埃塞尼人（Essénien）這兩個詞引人注目地接近起來。他說，根據費隆的意思，S．克利若斯托姆無疑使「埃塞安人或者說聖人（Εσσαῖοι或Oσίοι）」同樣接近。因此，有一些學者設想埃塞尼這個詞像泰拉巴特這個詞一樣，是一個真正的希臘詞，根據費隆的看法，在埃及只有最虔誠的，並已轉入靜修士生活的埃塞尼人才配得上它。奧塞尼人（Ossénien）這個名稱是愛華發納為基督教初期某一教派所定的，似乎這個名稱是對這種設想的證實，因為這個詞更加接近奧西奧斯（Hosios）這個希臘詞。斯加里熱學說便由此而來，它認為使用希臘名字或蛻變的希伯萊名字的埃塞尼人是凱西特人或凱西定人的後代，他們在猶太人英勇支持的反對亞歷山大繼承者希臘諸王的宗教戰爭中集合在瑪伽貝人周圍。但是唯有一個事實打破了這種學說，就是約瑟夫（如同我們剛才看到的那樣）認為埃塞尼人和馬卡比人屬同一時代，這就使他們存在的時代追溯到更遠。根據他的說法，這個哲學教派在古代的猶太民族中早已存在。然而凱西定人，即瑪伽貝時期的聖人，在人們談論到他們的三四個段落裡，並不是作為具有某種學說的宗教或哲學派別出現的，而只是作為決心為捍衛祖國和宗教而死的以色列聖者和強者的聯合。斯加里熱本人也不把這些凱西定人看成一個教派，而只認為他們是對寺廟特別表示虔誠的一種單純的兄弟會。除了一年中的某一天外，他們每天要宰一隻羔羊作獻祭，這種獻祭被稱為凱西定人的贖罪供奉。這一切同我們從約瑟夫的證明中瞭解到的，在獻祭方面被排除在寺院以外的埃塞尼人究竟有什麼關係呢？我覺得似乎嚴重曲解了費隆。確實，費隆企圖用婉轉的方式表明奧西奧斯是埃塞尼人的根；但當他補充說這正是一個缺乏推敲的詞源時，他也清楚表明這名字是希伯萊字，而不是希臘字，他究竟想說什麼呢？他想說明埃塞尼這個詞和奧西奧斯這個詞不但表達同一個意義，而且連詞根都是一致的；說明在這一點上有某一個既符合希伯萊語，也符合希臘語的共同詞根；說明由此產

生了的這兩個詞，無論在形式上還是在意義上都是完全相似的：因而也想說明，如果不是過分嚴格對待這個問題的話，人們可以把奧西奧斯聖人看作埃塞尼人的根。可以說，費隆透過希臘語的螢幕，由此向我們揭示了埃塞尼這個詞的深刻根源。這個根源是什麼？我將在下面加以論述。

【63】希臘文或拉丁文中引用的都是同一個意思，是指福音書上每天的麵包。

【64】原文只是這樣說：Τοῖς πατρίοις νόμοῖς，意即他們父輩的法律，或籠統說父輩的、祖先的法律：但是不可能不把這理解為摩西法律。費隆附加的想法也證實了這一點。再說，儘管埃塞尼人的生活方式和其他猶太人不同，但他們沒有什麼其他法律。人們尚可舉出費隆的好幾段文字，他在談到一般猶太人和猶太人法律時，完全用同一種方法表達的。

【65】希臘原文為：Διαπονοῦσιν。

【66】這裡是否單指一般猶太人的聖書、《聖經》，或是指埃塞尼人關於《聖經》的書籍或《申命記》的若干章節？我似乎很難確定。後面我們看到費隆在談到泰拉巴特人時說道：「他們保存著他們教派的過去的首領們遺留下來的許多著作，裡面充滿了對於《聖經》的寓意說明：他們根據這些範本來規定他們的品行和紀律。」因而很難相信在他們的教堂裡朗讀的恰恰不是這些聖書。

【67】Τά γὰρ πλεῖςα δία συμζόλων αρχαιοτρόπω ζηλώσει παρ᾽ αὐτοῖς φιλοσορεῖταί.這段話的確切意思很難斷定：因為從字面上看出現兩種不同的意思，而每一種意思本身又相當明確。如果把Βίζλου即經書或聖書理解為埃塞尼人專門的經書，而不單只是《聖經》，那麼就應該像我所翻譯的那樣，是指在教堂裡所念的聖書，埃塞尼人的書裡面充滿著寓意和形象，因而需要在閱讀以後由學者進行解釋。如果相反，把「聖書」理解為猶太教規的經書，或者僅僅是指摩西經書，即摩西五書（《聖經》的首五卷。——譯者），那麼最後一句應這樣翻譯：「因為他們學習他們先輩的辦法，用轉義解釋《聖經》的大部分段落。」這種解釋也就是將《聖經》寓意化，用寓意加以解釋，並賦予《聖經》包含的事實以玄學上的、精神上的意義。事實上，下面我們透過費隆對泰拉巴特人的描述就會知道埃塞尼人是偉大的寓意學家。再則，無論人們透過什麼方式理解這段文字，它表示的兩種意義總是匯合和溶化在同一觀念裡面。

【68】根據希臘文，意為：他們把上帝看作是一切善的原因，而不把它看作是一切惡的原因。

【69】希臘原文為：μονονοίαν。

【70】應該想到費隆這篇論著的標題：〈願有道德的人享有自由〉。

【71】希臘原文為：Πεοί ζιοῦ θεωρπτιχοῦ。

【72】隱基底，《聖經》中又名哈洗遜他瑪。他瑪意謂棕櫚樹；基底即繁榮昌盛之意。

【73】勃利納寫於耶路撒冷被毀以後。提圖斯占領耶路撒冷發生於基督紀元七一年，耶穌基督傳道後三十八年。勃利納死於七九年。

【74】馬薩達，約瑟夫在《猶太戰爭》一書中對這個堡壘曾有描述，它最初由若那塔斯．瑪伽貝所建，後來由愛洛特加固，成為激烈反對羅馬人的冉拉特爾部族的最後一個避難所。

【75】當約瑟夫在談到亞歷山大的猶太人於基督紀元四〇年，即耶穌蒙難後七年派遣給加里古拉的使團時，他向我們指出那時的費隆就享有盛譽。他說：「公使團首領正是費隆，他是一位各方面都著名的人物，是亞歷山大猶太人首席司法官的兄弟，精通哲學。」（《古代論》第十八卷第八章）費隆本人對這個使團的敘述中也提到他要比其他四位代表年高；這可以使人推想到他當時的年齡不可能小於六十歲，甚至七十歲。事實上，沒有跡象表明，一般來說只由老年人組成的猶太人顧問委員會選擇一名年紀較小的人率領一個如此重要，並應莊嚴保衛宗教事業的使團。費隆本人在敘述中也把自己說成是一位長者；因為他是這樣開頭的：「直至何時我們這些老頭方可變成孩童？我們的軀體實際上已經蒼老，我們的頭髮因年高而變得花白，可是我們的見解卻跟毫無經驗的孩童一樣滑稽可笑？」接著，他繼續談到自己年事已高，親身經歷了「他那個時代的許多重大事件。」然而，他的這段敘述很可能是在他出使時寫的，而不是在這以後。實際上聖歐芮勃做過報導，說費隆在羅馬克羅德王朝的元老院裡宣讀過他的敘述文章，並且受到全體與會者的熱烈歡迎；這可以使人斷定這次宣讀發生在加里古拉死後不久，正當元老院沉浸在擺脫了一位十分兇惡的國君後的初期歡樂之中。實際上，費隆在這一事件期間，還不太可能離開羅馬；因為他在四〇年年終時受到加里古拉的召見，而這位君主是在四一年年初被害的，尚沒有作出決定讓費隆在這件事上做他的代表。這就可以肯定，在基督紀元四一年前後，費隆是位長者（大家知道，猶太人到七十歲方可獲得長者的稱號）。因此，巴斯那熱以及大多數仔細研究過這個問題的作家們把費隆的誕

生日期確定在羅馬七二三年，即通常基督紀元前三一年。

【76】事實上，在兩篇論著的第一篇中，他確切地表明瞭他寫作的時代：因為，當談到布魯圖圍困愛克桑特城和該城居民為紀念凱撒而英勇保衛城市的時候，他說這還是最近發生的事件。（Οὐ πρό πολλο, recenti adhuc memoria）凱撒於羅馬七○九年被殺，布魯圖的失敗發生在七一二年。因而我們應當把愛克桑特城之圍和該城居民寧願全部被殺而不願向凱撒的劊子手投降的絕望掙扎，放在七一○年或七一一年，就是說基督紀元前四三年或四四年。這樣，我就可以推測，費隆是寫在耶穌誕生之前，或耶穌即將誕生之時，也正是愛克桑特城之圍以後約四十年，所以他才能夠這樣去表達；如果說他寫於耶穌傳教之後，也就是在他談論的那個事件發生七十多年以後，他還這樣來表達，那是完全不可能的。單憑這一點就可以證實，費隆的這些著作是在他的青年時代，即三十歲左右時寫的。在他一生中，正如他自己所說的那樣，他只專心於考察和研究哲學，並贏得了聲譽，如約瑟夫向我們指出的那樣，在他出使羅馬的時期，名望極高。

【77】聖馬可，《新約．馬可福音》的作者。——譯者

【78】聖歐芮勃，聖吉羅姆，所有歷史學家和古代研究殉教聖人的專家都一致認為，聖馬可是進入埃及的第一個門徒。這是聖吉羅姆在他的僧侶作家名冊裡談到聖馬可時所說的話。人們說他從西元四九年，即克羅德王朝九年時起從聖彼得那兒接受了這個使命，但是他十二年內像流浪漢一樣在利比亞和鄰近的省份內遊蕩，因為倘若他沒有接受特殊啟示的指引，他是不敢進入亞歷山大的。確實，這種傳說是靠不住的，而且近乎荒唐。儘管如此，人們還是和聖歐芮勃一樣，把基督教傳入埃及的時間追溯到西元四三年。顯然，年過七旬的費隆不可能受到它的影響，而他的作品全部是在這個年代之前寫成的，故不可能留下它的任何痕跡：事實上閱讀這些作品可以最清楚地證實這一點。

【79】聖吉羅姆（西元三四七～四二○年）教會之父。他曾是教皇達馬斯（西元三八二～三八五年）的祕書，以後隱退，創立了幾所修道院。他把《聖經》譯成拉丁文，曾經過仔細修改；翻譯聖歐芮勃的《編年史》以及系統介紹基督教作家等。——譯者

【80】克萊蒙（西元一五○二～二一五年），希臘基督教作家。後定居在亞歷山大，成為異教徒，但他仍然編

寫古希臘基督教戲劇競演的紀錄。據說他是奧里吉納的導師。——譯者

【81】奧里吉納（西元一八五～二五四年），希臘語基督教學者。對哲學、教義等方面都有較深的研究。——譯者

【82】聖阿塔納斯（西元二九五～三七三年），亞歷山大主教。曾寫過許多教義方面的著作。——譯者

【83】聖吉斯坦（西元一〇〇～一六五年），希臘語的基督教護教論者。——譯者

【84】泰爾特里安（西元一五〇～二二二年），拉丁語基督教作家，作品甚多。——譯者

【85】參見布依埃議長覆蒙化宮的信件（原文第二四七頁，以及以後的文字），其中關於這個問題的爭論很多。

【86】在《福音書備考》第八篇裡，聖歐芮勃正式承認費隆談到的有關埃塞尼人的一切是與猶太人相連的，但是在他的《教會史》裡，他把同一個作者（指費隆）談到的有關泰拉巴特人的一切又歸屬於基督教徒。然而這種區分是不切合實際的，並且缺乏證據，以致他本人都不敢直截了當地研究它；他含含糊糊地從這個困境中擺脫出來，寧可顯得自相矛盾，也不願辯明其中的道理。聖吉羅姆則單刀直入，在他的目錄裡刪除了費隆的第一部論著，即關於埃塞尼人的論著，並把它跟第二部著作合併在一起。

【87】然而必須指出：聖歐芮勃和聖吉羅姆只是把這些離奇的故事當作極不可靠的傳聞而不知不覺地接受下來。聖吉羅姆甚至承認，他只是根據費隆所敘述的泰拉巴特人和基督教徒之間存在著的緊密聯繫來證實這些故事的，他說：「我把猶太人費隆放在僧侶作家之列，因為當他寫一本關於亞歷山大的福音傳教士馬可的第一座教堂時，他會表示出對我們教堂的頌揚。」然後，他為費隆的著作所開的清單上，刪去了費隆關於埃塞尼人的論著；他把這一部著作同另一部有關靜修生活的論著混在一起，並認為這兩者的特徵是與初期基督徒相聯繫的。蘇達斯重複了上述的錯誤，甚至更進了一步：他把費隆關於埃塞尼人的論著，即〈願具有美德的人都享有自由〉，當成是關於基督教徒的論著：《論基督教徒的生活》。十分明顯，無論是蘇達斯或聖吉羅姆，都沒有仔細研究他們論及的那些著作。福底於斯閱讀過這些著作，他的認識是比較正確的，他說：「我閱讀了費隆關於猶太人中選擇哲學生活者的論著，他們或一心靜修，或從事某些實踐活動。一些人稱埃塞尼人，另一些人稱為泰拉巴特人。」所以他肯定這兩類人都是猶太

人：然而，這並不妨害他後面接受費隆和聖彼得兩人關係上的有趣故事。聖奧古斯都沒有被所謂費隆的基督教之說弄糊塗；他肯定說費隆並不相信耶穌基督。

【88】《宗教十戒的專門法律》第二部分。

【89】也許在後面我有機會對此提出不容置疑的證據。

【90】蒙化宮希望變換一下這個句子，使之符合他的想法，即泰拉巴特人不是埃塞尼人，而是基督教徒，但可惜這個句子太清楚，太肯定了，他不得不曲解其意思。他翻譯為：「當講完了這些總是從事體力活動的埃塞尼人的生活方式以後，現在該是談論另一類人的時候，他們的整個一生都用在靜修。」他竭力反駁斯加里熱、勃隆太爾、托馬．布魯諾，以及所有贊同這一自然含義的人。可是他的翻譯卻是對本義的曲解，巴斯那熱在論及這點時說道：（《猶太人歷史》）「費隆為了提高其民族聲望，把希臘哲學家和埃塞尼人進行對比；如今，為了完成他的計畫，他又增加了泰拉巴特人。第二部著作是前一部的繼續。他曾保證，他只希望繼續他已經開始的工作，即繼續他那第一幅藍圖。當他講完了進行實踐活動的埃塞尼人之後，他就談論靜修的埃塞尼人。因此，必須使泰拉巴特人和埃塞尼人產生聯繫：不然從次序上講並不一定要求談完了這一部分再去討論另一部分。此外，冠詞Τῶν可以表明下面他要談到的人，所以這個冠詞必然與埃塞尼人這個詞有關。他談過熱愛活躍生活的埃塞尼人；現在他繼續他的作品，並要介紹熱愛靜修生活的人。這些人是埃塞尼人，他們的名字是這部著作的第一個詞；故冠詞Τῶν絕不可能歸屬於除了他最初指明的埃塞尼人以外的其他什麼詞。因而泰拉巴特人正是埃塞尼人的一個分支。」但是，有幾位學者，其中包括布依埃，在承認泰拉巴特人是猶太人的同時，仍然承認他們與埃塞尼人之間的差別。這種差別是假的。我們透過把費隆對泰拉巴特人的聖餐所做的敘述，和約瑟夫對埃塞尼人的公共之餐所做的敘述，以及費隆本人在前面引證的段落裡所說的話加以比較，就可以證明這一點。再說，除了這部分人和那部分人在宗教生活上最重要的禮儀的一致性——在我們看來，這一致性已經構成無可辯駁的證據——以外，他們所有的相同之處仍然證實了斯加里熱、巴斯那熱，以及其他學者的意見，認為埃塞尼這個詞是一個表示同一類別的詞，它同時表示這個教派中從事實踐活動的人，以及選擇更加獨立的靜修生活的人，這些人當時稱為泰拉巴特人。事實上，只要觀察一下費隆這個句子的結構就可以明顯地看出，

他在這個句子裡把靜修生活和實際生活對立起來。然而，當他像在前面的論述中那樣談完了埃塞尼人以後；當他把這些人描寫成最虔誠，最愛沉思的人以後；當他講完了他們的生活內容是專心致志閱讀和注釋法律並進行預言以後；當他說明了他們用寓意解釋的書籍以後；他是否現在把他們說成是缺乏智慧的人，像蒙化宮翻譯的那樣，只是忙於體力活動。但是應該指出，費隆把精神生活和靜修生活只保留給泰拉巴特人，如果有人不承認這個句子裡表達的一切都毫無例外地是指埃塞尼人，唯一的區別只是在他們中間一部分人從事勞動，另一部分人不從事勞動，只限於靜修而已。但是，我再補充其他理由來最終消除疑團，弄明白問題是非常必要的。如果說泰拉巴特人不是埃塞尼人，為什麼當費隆想把猶太哲學家和希臘哲學家進行對比的時候，或者說當費隆想為他的論文〈願具有美德的人都享有自由〉尋找依據而引證學者的論點的時候，他沒有稱呼他們為泰拉巴特人，而只稱呼埃塞尼人呢？是不是說因為首先他只想談論巴勒斯坦和敘利亞呢？是不是說泰拉巴特人主要居住在埃及呢？這種回答沒有任何道理。因為首先如果他不知道泰拉巴特人就其自身的教義而言應隸屬於猶太埃塞尼教的話，那麼生活在埃及的費隆理應十分自然地引證埃及的靜修者的論點，而且引證他們必須放在引證埃塞尼人的之前。反之，對他來說，泰拉巴特人顯然屬於某一種埃塞尼人。所以他必須從聖地上生活的人們開始談起，這些人具有古代的傳統。再則，他並沒有說泰拉巴特人只在埃及生活；相反他卻說他們流散在地球的許多地方；他也沒有排除巴勒斯坦和敘利亞：他本來完全可以一開始就論及它們。其次，如果泰拉巴特人不屬於埃塞尼教，他們究竟屬於哪一種猶太教派呢？布依埃回答說他們是法利賽人。倘若他們是法利賽人，那麼費隆本人就是法利賽人，他怎麼會在這一點上不把他們和埃塞尼人區別開來呢？至少他可以不加掩飾地這樣做；為什麼相反他在開始論及他們的同一個句子裡，要把埃塞尼人放在其他一切人之前呢？（順便指出，這正是蒙化宮在他的譯文中十分謹慎地避開的地方）最後，只要引證約瑟夫經常重複的這個論點就足以說明問題了：「猶太人中有三種不同的教派，三種十分古老的教派等等」，如果法利賽人包括泰拉巴特人，約瑟夫怎麼能夠把埃塞尼教派和法利賽教派區分得這樣清楚呢？如果法利賽人包括泰拉巴特人，約瑟夫怎麼能夠發現埃塞尼人的特殊生活方式呢？然而他每次都這樣做了。如果埃塞尼人真的與法利賽人區別很小，很難設想約瑟夫會使兩者之間的距離這樣大。事實上這差別如此微小，以至蒙化宮為了區別費隆的泰拉巴特人和約瑟夫的埃塞尼人，不得不致力於研究一個細節，讓人注意到，根據約瑟夫的看法，巴勒斯坦的埃塞尼人只是當衣服撕破的時候才去更換衣服，而根據費隆的看法，埃及的泰拉巴特人卻有冬天和夏天的衣服。但是我要重申，無論什麼理由都將服從我在最初陳述的這個理由，即社會和宗教禮儀的一致，公共用膳或逾越節聖體聖事的一致。此外，我將在後面進一步指出泰拉巴特人這個名稱本身正是從埃塞尼人的名稱中引申而來的。

【91】或具有智慧的學派信徒（Των φιλοσόφων）。

【92】希臘原文為：Ε'τῦμως。

【93】泰拉巴特的希臘名稱，在某種意義上，正是埃塞尼人的希伯萊名稱的翻譯。後面我還將進一步闡明這一點。

【94】希臘原文為：Ε'χ φῦσεως χαὶ τὸν ἱερῶν νὸμων.十分清楚，對於費隆在這裡所講的神聖的法律，他的理解是猶太法律，是摩西的啟示。

【95】希臘原文為：Θεραπεὺειν το όν, χαὶ όναθοῦ χρεὶττόν ἐςι, χαὶ ένὸς ειλιχρινὲ ςερον, χαι μονάδος ἀρχερονῶτερον.

【96】或信仰某種宗教的人們（Τῶν ἐπαγγελλομένων εὐσεζειαο），布依埃議長在駁斥蒙化宮的時候談到了這段話。他說：「真誠地說，人們能夠相信一個猶太人，一個完全由宗教培養出來的猶太人，當他的同胞兄弟把基督教徒作為受罰被關進地獄的人和褻瀆宗教的人而從猶太教堂裡驅逐出來的時候，他卻這樣去談論基督教徒嗎？因為你們知道，聖約翰可以證明，從耶穌基督時期起，他們就這樣做了。」

【97】我要告訴大家，我在這裡將原文稍加刪減。

【98】這正是柏拉圖的Λογος或理性的理論。

【99】希臘原文為：Ύπὸ τὶνος Δημιουργοῦ τελειοτὰτοο Τὴν ἐπιςῆμην。

【100】此處原文附有希臘文，意為「和上帝有親緣關係的人們，」中譯本從簡刪去。——譯者

【101】此處原文附有希臘文，意為「不可救藥的」，中譯本從簡刪去。——譯者

【102】（這段希臘文參見原書第二一八頁註③。——譯者）所有這些詞句都是值得注意的。這個「人的視覺」，

費隆透過它來說明泰拉巴特人宗教本質的特徵，跟我們對於泰拉巴特或埃塞尼名稱本身要說的話也是一致的。「不要停留在可感受到的陽光下」這句訓言使人回想起約瑟夫關於埃塞尼人面對神聖的太陽進行祈禱所說的一句話。（見原書第一八三頁）

這段希臘文參見原著第二一九頁註①。——譯者

【104】【103】單這一點就足夠證明泰拉巴特人正是埃塞尼人，同時足以推翻關於他們可能從屬於法利西教派的假設。事實上，正如約瑟夫向我們指出的那樣，埃塞尼人是唯一相信死後可以得到永生的幸福的猶太人；至於法利賽人，他們相信好人會重新回到世上，並只承認連續轉生。因此可能只有埃塞尼人希望得到永恆的幸福，並試圖從努力靜修和神修中開始進入這種幸福的生活。就像費隆在此對泰拉巴特人描繪的那樣，泰拉巴特人對死後的熱切希望，如同一個囚犯對獲得自由後懷有的那種熱切期望一樣。法利賽人關於未來生活的教義總是把他們帶回大地。一個以費隆向我們描繪的泰拉巴特方式進行靜修的法利賽人根本就不是法利西人。布依埃能夠引用的關於實行禁慾和生活簡樸的法利賽人的例子極為稀少，而且很不可靠，例如巴尼斯，約瑟夫有段時期曾是他的門徒（《約瑟夫自傳》），有人毫無根據地說他是法利賽人，但是這樣的例子究竟能證實什麼呢？什麼都不能，一點都不能。這些禁慾者以他們自身的生活方式拋棄了法利賽教義。這教義實際上並不是把人引入純粹的靜修生活，它嫌惡這種生活。因而認為它會產生大批靜修者的看法則是十分荒謬的。再說約瑟夫，既然他把埃塞尼人的靜修習性和法利賽人的現實的和人道的習性進行鮮明對照，他不可能忘記提及泰拉巴特人的令人驚奇的特殊之處。

【105】這是唯一首先使人懷疑泰拉巴特人會是埃塞尼人的段落：因為汝代地區的埃塞尼人生活在共同體之中，然而這裡卻指的是個人所有權和繼承權。但是這真的會引起嚴重的困難嗎？我並不這樣認為。難道我們實際上沒有看到，約瑟夫肯定認為除了獨身的埃塞尼人以外，還存在承認婚姻的埃塞尼人嗎？根據約瑟夫的說法，這些人有著跟其他人相同的教義，實行同樣的財產公有制。但是約瑟夫主要敘述埃塞尼人中的絕大部分，即定居在阿斯法爾底特湖湖畔的埃塞尼人，因而對已經結婚的埃塞尼人沒有任何詳細描述。他把這些人只看成是另外一個社團的另一類人。然而很難相信，引進自然家庭的社團能像完整的共同體那樣，大家和睦相處，如同過清一色的獨身生活的埃塞尼人。實際上後者之所以厭棄婚姻，正是

因為他們發現家庭是分歧的根源，家庭使兄弟情誼幾乎必然破裂。因此，很可能約瑟夫沒有描述的第二類埃塞尼人將某些與家庭有關的、特殊的習俗帶進了他們內部。尤其因為純粹婚姻的感情，亦即個人感情達到了最高程度，關於這一點，在約瑟夫談及他們的文章中可以看出，因此，這就更加可信。毛拉孚人至今還在忠實地模仿埃塞尼人的共同體，但他們不得不在某些方面讓自然家庭具有某種獨立性，同時在大家庭以外，還為他們創造一個活動場所。如果說汝代地區結婚的埃塞尼人該是如此的話，那麼在異邦國土上，在人們都認為埃塞尼教義已經傳入的地方就更有理由存在這樣一種情況。既然汝代地區以外的猶太人注意經商，這樣做就更有必要。所以也可以說他們是半埃塞尼人，他們來自主體教派，但在財產公有這一點上背離了主體教派，他們原則上接受財產公有，但在實踐中，由於他們所處的社會環境不同而不能嚴格執行。他們跟真正的埃塞尼人的關係猶如今日伽克人跟毛拉孚人的關係。毛拉孚人生活在十分完善的財產公有制之中：伽克人正面承認所有制，同時又禁止擁有超過自然需要多餘的東西。我要問，怎麼不可能是這樣的呢？作為與實踐無關的純玄學，純精神的埃塞尼教義怎麼沒有可能在整個猶太民族中傳布呢？然而約瑟夫和費隆是把埃塞尼教義作為全民族的教義，全民族的哲學，即以與法利賽教義或薩多塞教義同樣方式形成的猶太宗教而向我們介紹的。對他們來說，猶太教就是埃塞尼教，或法利賽教，或薩多塞教，或不如說是公共的宗主教，但需要以上述三種形式中的某一種表現出來。倘若埃塞尼教完全局限於生活在死海海邊的共同體和獨身的人們那裡，能夠相信事情會這樣呈現在這兩位思想深刻的作家面前嗎？不，正像約瑟夫指出的那樣，他們就不可能將這種教義作為全民族的教義，或是一切教義中最莊嚴的教義。然而這個埃塞尼教的團體早在某些人的頭腦中傳布其信仰；埃塞尼聖師，也和法利賽聖師或薩多塞聖師一樣，是以色列聖師。因此在猶太民族中間，處處有一部分人熱衷於第二經約和解說摩西法典。我在上面引證了約瑟夫的一段話，它清楚地證實了我在這裡提出的看法。就是約瑟夫所說的在西元前二世紀左右的馬卡比時期，由於意見分歧使全民族分成了三種對立的教派。這裡不是清楚地看出埃塞尼人在整個民族中，或者至少在這一值得紀念的時期內最積極地參與政治事件的最虔誠的人之中，有他們的支持者和門徒嗎？約瑟夫在這裡確實不是要說在阿斯法爾底特湖湖畔組成了一些教團的四千埃塞尼人，而是議論他們參與一般事務的觀點。因而在巴勒斯坦、敘利亞，或在居住著猶太人的其他國家裡，很可能有如我剛才指出的一定數量的半埃塞尼人。所有結論證實了這一事實。實際上，這些新信徒就是由此而來的，他們總是比帕利納所敘述的要多，他們被在阿斯法爾底特湖湖畔的共同體所收羅；如果說他們不是來自這些半埃塞尼人——這些人已經在思想上接受了教義，並最終或遲或早將它付諸實踐——那麼這些新信徒究竟是從哪裡來的呢？在汶代地區，他們把自己的財產交給埃塞尼社團，因為社團是靠從事農業勞動或其他工作生存的。但是，例如在埃及，那裡的埃塞尼社團實際上沒有真正建立起來，他們把財產留給他們的孩子、父母和朋友，他們自己卻成為靜修者。我甚至認為，人們很自然地要根據這一點來解釋對於費隆的兩部著作的至今仍是模糊的認識，我們正進行研究的費隆的這兩部著作給學者們帶來了很大的困難，引起了各種不同的意見。費隆在泰拉巴特人和埃塞尼人的關係問題上留下的疑團，在一定程度上觸及了事物的本質。除此以外，他別無他法來表達自己的意見。實際上，在埃及被稱為泰拉巴特人的這些人真是埃塞尼人嗎？人們可以回答是或不是。他們的教義，他們的內心是埃塞尼人的，他們也希望能名副其實，當他們突然成為泰拉巴特人的同時，他們也就成為埃塞尼人了，亦即具有另一種名稱的埃塞尼人。但由於他們誕生在不實行共同體生活的埃塞尼人家庭，或出身於法利賽或薩多塞家族，由於常以經商為業，結婚後又和他們的家庭孤獨地生活在外邦人或與他們有著不同信仰的猶太人中間，他們不得不長時期地過著獨立的、擁有個人財產的生活。從這個意義上說，他們不是埃塞尼人。事實上，埃塞尼教義同法利賽教義和薩多塞教義相比，有這樣一種缺陷和不足之處：在生活的共同體尚未實現時，由於沒有進行這門教義的主要禮儀，即**公共用膳**、**逾越節聖體聖事**，又不以任何其他儀式來替代，所以這樣的宗教也就黯然失色了。其他兩種具有合法宗教儀式的宗教超過了它。因而最傾向於精神生活的以色列入可能成為法利賽人，或至少混進法利賽人之中，倘若他們願意有所崇拜，願意有宗教表現；倘若他們願意在宗教上對過著個體生活的，並受實踐活動和禮節約束的同胞們施加影響的話。因此，許多猶太人在心理上和理論上是埃塞尼人，但是公開身分是法利賽人，像約瑟夫和費隆一樣。這兩位作者似乎不是告訴我們，或者不是公開告訴我們說：「埃塞尼教是真正的宗教，是真正的純粹的摩西法典」，然而他們兩人都是法利賽人。多少猶太人都有類似的情形！還有多少人在猶太教堂裡沒有任何尊嚴，也不實行共同體生活，卻能成為埃塞尼人，並讚揚這種教派！然而，事情即使如此，這些僅僅是心理上的埃塞尼人隨著宗教思想日長月久地在他們心中滋長，他們應該以更大的熱情拋棄財產，因為這種財產違背了他們的宗教信仰；他們也更應該獻身於純粹的靜修，因為他們同所有制生活的聯繫根深蒂固；難道這些不都是顯而易見的嗎？因此，費隆以極大的熱情向我們描述說，他們投身靜修生活，並把財產留給他們的孩子和朋友，他們對擁有這些財產懷有一種異乎尋常的恐懼，好像它長期以來一直阻礙著對他們的拯救。我最後分析認為，既然猶太人分散居住在許多地方，那麼埃塞尼教義作為他們三種教義中的一種，且根據費隆和約瑟夫的觀點，也是最虔誠的一種教義，也應和他們一起傳布到各地，就是說它在任何地方多少擁有一些信奉者；但是我認為純粹實踐埃塞尼教的人都集中在汝代地區，在汝代地區的一角，在死海海岸；約瑟夫談到的實行婚姻制度的埃塞尼人也住在汝代地區，他們仍能服從共同體的幾乎是絕對的生活制度；但我認為，除了這些人外，許多猶太人贊同最低限度的埃塞尼教義，他們同時努力爭取達到在他們看來是唯一虔誠的，唯一精神的生活，但是他們只有透過突然轉向費隆為我們描述的泰拉巴特人的那種靜修生活才能最好實踐這種宗教。

【106】此處原文中還有泰拉巴特人與德謨克利特及其他哲學家的對比，這些人和他們一樣，都遺棄他們的財產，專心於研究。我刪掉了這部分的詳述。

【107】費隆後面的論述表明他們是和早在他們之前已經逃避世界的其他孤獨者會合在一起的。

【108】（這一段的希臘文可參閱原著第二二三頁註①。——譯者）在費隆寫作的年代，猶太人是和其他各種民族混雜在一起的：「猶太民族」，他在另一篇著作中寫道，「不像其他民族那樣，封閉地居住在某個地區；它幾乎居住在全世界，並在各地迅速繁衍後代，以致猶太人的人數常常幾乎和當地居民的人數相等。」至於埃及，那裡肯定居住著大量的猶太人。費隆還告訴我們，單是猶太人幾乎占了亞歷山大城的一半；然而大家知道，據西西里的迪奧道爾所述，亞歷山大有一百萬居民。此外，在埃及的其他省份，在鄰近的利比亞部分地區內也相應地居住著很多猶太人，故有人把這些猶太人稱為「巴勒斯坦利比亞人」。

【109】Οἱ δὲ πανταχόθεν ἄριστοι, ex omnibus locis optimi.這裡很可能是指埃及。但是正如我們馬上會看到的那樣，泰拉巴特人生活在共同體之中，因此他們組成了一些宗教團體，並自然由埃塞尼教把這些團體聯繫在一

起，然而這並不妨礙人們認為他們從各地來到亞歷山大。至於ἄριςοι這個詞，即最優秀分子，我們可以理解為是些最聰穎、最虔誠的人們。根據費隆後面所做的詳細解釋，似乎是那些想入非非的人或最容易想入非非的人前來定居在瑪萊奧底湖的這個宗教團體中的。但從他的敘述中，也可以看出他們都是最有學問的人，因為這些孤獨者們的工作就是創作歌曲和撰寫宗教哲學著作。

【110】這是亞歷山大聞名的湖，在波多洛美稱為瑪萊奧底湖，而斯特拉波又稱為瑪洛亞湖。

【111】Θραπευτὶ ὢυ ἀποιχίαν ςέλλcνται.蒙化宮把這一句譯為：「他們派遣他們之中某些人……」但是ςέλλουται（被派去的）一詞我並不認為肯定表示前往瑪洛亞湖去的泰拉巴特人是由他們的上司派去的。ςέλλονται一詞專指開赴某地的船隻；因為費隆在這裡應用移民地這個概念。再者，根據費隆後面的敘述，可以肯定泰拉巴特人不是孤立地生活，而是在共同體內生活，因此他們跟其他埃塞尼人一樣，有頭領、上司。人們完全可以接受蒙化宮的意思，這也是拉丁文古老譯本裡的意思：「被派去的最優秀的人。」

【112】這是值得注意的。由此可以肯定：雖然這些泰拉巴特人專心靜修，卻像其他埃塞尼人一樣，實行共同體生活制度。蒙化宮沒有理解這一點，他翻譯成：「他們的住房相距不太遠，為了能夠更方便地相互拜訪。」

【113】這段話的希臘文參見原著第二二四頁註②。——譯者

【114】這些人睡著了說夢話，在夢裡解釋宗教信條，不難看出他們心醉心迷的程度。

【115】或者說是宗教哲學、神聖哲學。

【116】願讀者回想起約瑟夫在談到埃塞尼人面對初升的太陽進行祈禱時所說的話。

【117】這段話的希臘文可參見原著第二二五頁註③。——譯者

【118】（這一段話的希臘文參見原著第二二五頁註④。——譯者）在這段話面前，所謂泰拉巴特人的基督教之假設像玻璃一樣被打得粉碎。難道人們還會相信蒙化宮是抱著嚴肅的態度來假設費隆談到的由泰拉巴特學說的創始人所遺留下來的許多具有寓意技巧的不朽的古籍，就是我們手中的署有聖彼得和聖保羅名字的使徒書信和聖馬可的福音書嗎?!事實上，他不得不提出這樣一個荒謬的假設，因為人們要問他費隆談到的一切與基督教的哪些不朽著作有關。布依埃議長（《書信集》）徹底反駁了蒙化宮為證實這個不可相

信的夢想而使用的論據。他指出，即使承認費隆寫於西元六八年，對於聖彼得和聖保羅的使徒書在這段時期內已經傳入埃及的推測是極為荒唐的；認為費隆會將那三個在他寫作年代裡還活著的，或剛剛去世的人稱為古人的說法也是極為荒唐的；因為根據基督教史中的眾所周知的事實，聖彼得和聖保羅死於西元六六年，聖馬可死於西元六七年或六八年。在基督教初期，最使人感興趣的是彌賽亞來臨的消息：一切科學，一切對科學的渴望都在這一事件面前消失了。而費隆對此並沒有說一句話！不僅如此，他還把剛才在聖馬可的幫助下定居下來的泰拉巴特人描繪成在平靜地撰寫富有寓意的著作！當談到他們模擬的榜樣時，他當然會聽人談起聖彼得、聖保羅和聖馬可的最新的著作！但是使徒們的這些著作真是充滿寓意的不朽著作嗎？寓意釋義在他們的著作中只是起到次要的作用；使徒們首先關心的則是彌賽亞事實和基督教徒初期社團的管理。假設費隆已經在羅馬認識聖保羅，像聖歐芮勃巧妙設想的那樣，難道他能對他如此熱情地談論的泰拉巴特學說的新內容閉口不談嗎？他能夠把他認為還在世的一位老朋友的信件當成古代的作品嗎？說真的，蒙化宮為了證實他的假設而不得不做出的種種推測只能成為人們的笑柄。顯然，這裡指的是埃塞尼教的書籍和約瑟夫談到的從前埃塞尼福音傳道者的著作，費隆本人曾指出這些著作的特徵就如他在這裡給泰拉巴特人的著作所下的定義一樣，認為他們是充滿寓意的不朽著作。

【119】他們很可能像白天一樣，經常在祈禱室裡過夜。但是這對費隆的整個敘述沒有任何影響。無論如何，他們真正的住所是公共住宅，是他們集中吃飯的大寺院。實際上費隆也說過，他們從來不帶任何食物進入專門用來學習和默禱的單人小房間。此外，他明確肯定，他們是過著共同體的生活。人們能夠說的是，他們的生活屬於半隱士式和半聚居苦修式的。某些基督教修道士選擇一種半隱士式的或孤獨的生活，同時又把這種生活和半聚居苦修生活或共同體生活結合在一起。因此，十世紀來由聖羅沫阿爾德創立的伽瑪爾多勒修會既接受了荒野神父的生活方式，又接受了聖日努阿門徒的生活方式。這方面的歷史學家在談到聖羅沫阿爾德時也提到由他創建的修會，其中實行的是一種修士式的，或聚居式的生活。費隆在這裡所要明確指出的是，每星期的六天裡，泰拉巴特人躲在一邊默禱，並在他們的單人小房間或隱居室內，整天不出來，甚至不讓目光轉向外界的事物。但第七天是安息日，他們聚集在猶太教堂內。這種公共集會和他們舉行的公共用膳足夠證明費隆所說的話，證明他們實行共同體生活制度。但是，從他的

整個敘述來看，他們的共同體生活顯然不只限於安息日的集會：只是這種集會已成為習慣，而且是絕對必須參加的。此外，他們還有一些大「塞莫內」，他們每天傍晚在裡面吃晚飯和過夜。我高興地認為他們的早晨祈禱和晚上祈禱是共同舉行的。總之，他們和巴勒斯坦埃塞尼人是同樣的社團，其唯一的區別是，後者白天要從事體力勞動，而泰拉巴特人卻專心致志於靜修。但這種差別又引起另一種差別。事實上從事體力勞動的人顯然要比大部分老年人和專門靜修的人需要更多的食物。因此，汝代地區的埃塞尼人每天兩次即上午十一點和晚上集中吃飯，然而泰拉巴特人只在晚上吃飯。費隆甚至敘述說許多人三天不吃飯，還有某些人整個星期節制飲食，只到第七天才吃飯。在埃及當時的風氣下，許多心醉神迷的人進行這種節食是不足為奇的：在關於心醉神迷者的故事中，我們可以指出一個類似的例子。但由此可以看出，他們在一星期內完全孤獨的生活，卻絲毫不會違反集體生活制度。

【120】（Ταὶ ς ἐζδομὶς）這是安息日；但是費隆和約瑟夫都從來不用σάζζατον這個詞；費隆的一篇論著的題目就證明這點，這題目是：Περὶ τῆ ς ἐζδόμη ψαὶ τῶν ἑορτῶν應翻譯成《論安息日和節日》。泰拉巴特人對安息日的興趣，在費隆後面的敘述中得到更加明確的體現；但在蒙化宮的學說裡，卻不能不使人感到困惑。因為眾所周知，基督教徒很早就把第七天的休息移到星期天，即一個星期的第一天，這和猶太人的休息日聯繫到了一起。人們認為這在十二使徒的著作裡已經找到了關於這種變化的某種說明。這裡引述兩段話，一段是聖保羅的，另一段是聖約翰《啟示錄》裡的，都是談星期日的問題。第一段確實沒有證明什麼；但是第二段，文章明確用「上帝日」這個名稱表示星期日，也就是古人的太陽日，聖約翰說：「在上帝日這一天，我的靈魂歡欣喜悅。」在古代的教皇諭旨中也用這個名稱來指星期天：「一位教士在星期日或在安息日禁食是件常事，哪怕他違反一次，就會被逐出教門。」然而這些諭旨的日期完全無人知曉；人們只是認為大約發生在西元二世紀和三世紀前後。可以完全證實星期日的確立，就是聖吉斯坦在西元一四〇年寫給安東納國王的頌詞裡的一段話。後面我會引證這段話的；我用它來證明伴隨聖餐的埃塞尼星期六安息和伴隨聖體聖事基督教的星期日安息之間的連續性。至於用星期日代替星期六這件事本身，聖吉斯坦把這歸結於兩個原因，即《創世紀》裡陽光的創造和救世主的復活，這兩者被認為是在同一天內發生的。聖歐芮勃也幾乎認為是這樣的。他說：「聖子不顧猶太人的反感，把安息日移到陽光起

源的這一天。他建立了星期日拯救日，並為人們描繪出真正休息的情景。這一天，當他結束了在人間採取的令人讚賞的行動之後，這位救世主成為戰勝死神的勝利者。」雖然基督教徒跟猶太人完全敵對地隔絕開來，和埃塞尼人也截然不同，但是在他們把耶穌比作太陽或陽光的同時，不還仍然受到埃塞尼信仰的啟發，受到面向神聖太陽進行祈禱的啟示嗎？

【121】用來表示靜思和安息日休息的這種姿態並不是泰拉巴特人特有的。費隆在他的論著《夢幻是上帝賜予人們的》（第二部分）中，談到一位異教徒用下面的言詞譏諷猶太人在星期六這一天的嚴肅莊重神色：「究竟怎麼啦！假如這一天有緊迫的危險來臨，假如敵人、一場火災、一種瘟疫突然出現，你們還待在房間裡不動聲色，穩如泰山！或者，假如你們走出來，卻依然保持固有的儀態，右手藏在衣袍內，左手貼在腰間，只能違心地束手待斃而不去拯救自己！」

【122】稍後我們還可看到婦女們同樣參加盛大的五十年節時的聖宴。

【123】鼓代，法國古長度單位，指從肘部到中指端之間的距離，約等於半公尺左右。——譯者

【124】蒙化宮認為把男人和女人分開的這種做法標誌著泰拉巴特人信奉基督教。他花了很大的力氣（見原著第一四四頁及其本人專著），透過援引教皇諭旨，以及奧里吉納、歐芮勃、聖安勃魯瓦茲、聖克里若斯托姆等人的各種章節，來證明早在古代東方的基督教堂裡，婦女們或至少是隱修的童貞女，被一堵牆或一塊隔板同男人們隔開。但在這方面，基督教徒只是以猶太人為榜樣。蒙化宮忘記了類似的隔離法在耶路撒冷的寺院內同樣存在。（參見約瑟夫《猶太戰爭》第六卷）甚至這種做法迄今還在猶太人的教堂裡沿用。

【125】十分明顯，費隆這裡想到了阿納克萊翁的優美頌歌。這位希臘詩人所歌頌的蟬兒事實上好像是費隆在此處為我們描繪的靜修生活的象徵。阿納克萊翁唱道：「喔，蟬兒，我看你多麼幸福！你爬上樹梢，你吮吸露水，你如同王后般地歌唱！你在田野上見到的一切全屬於你，一年四季的收穫全屬於你。你的莊稼漢的朋友，你絲毫不會給他們帶來不幸；喔，夏日裡溫柔的預言家，你深受世上眾人的歡迎。女神們愛你，腓比斯太陽神庇護你；你給了你以響亮的歌喉。你沒有老年的憂患。有誰能與你相比？你確實聰明伶俐。你的祖先是大地，你愛悅耳的聲音，你與痛苦無緣，你既無肉體亦無鮮血：啊！你幾乎和天神一

個模樣！」（《頌歌》）。

【126】希臘文為：Τῆυ ἑζδόμηυ。

【127】希臘文為：Πανίερον χαὶ πανέορτου。

【128】這就是說，正如他剛才所做的那樣，在指出了他們的飲食制度以後，他還要說明他們在這些盛餐中的舉動，同時選擇他們最大的歡慶活動、他們最隆重的盛餐日作為例子。事實上不應相信費隆後來描述的五旬節上的聖餐，它基本上不同於安息日聖餐，也不同於每天的家常便飯。但沒有任何真正本質上的差別：其本質總是一樣的：上帝的統一意志，上帝的三位一體，因而博愛和共同體精神從家常便飯，或安息日聖餐，或五旬節聖餐中都得到明確的表達和象徵性的體現，同時也得到很好的實踐。反映在各方面的社會觀念和宗教觀念，以及這種觀念的體現也同樣存在於各種便餐和會餐之中。因而，家常便飯其本身和節日盛餐一樣具有神聖意義。只是在節日裡，泰拉巴特人要增加某種神修：對於神和人的社會的神聖奧祕的理解被更加小心地揭示出來：總之需要增加在一般進餐中缺少的某些準備工作和附加儀式。這就使星期六的領受聖體，不僅神聖，而且比其他時間內的領受聖體更加莊嚴，更加令人敬重，也使五旬節的領受聖體由於其特性而超乎一切。只要我們重讀一下約瑟夫關於埃塞尼人的每日用餐的敘述（參見本書第一九九～二〇〇頁），並把他的敘述和費隆將要進行的敘述加以比較，我們就會更加信服這個事實。再則，基督教徒也完全如此。他們每星期日舉行的聖體聖事的盛餐其神聖程度不亞於盛大的節日，如復活節和聖靈降臨節：但就其本質來說，卻不比基督蒙難後建立教會時弟子們每天的聚餐更神聖。

【129】（這一段話的希臘文參見原著第二三三頁註①。——譯者）費隆在此稱泰拉巴特人是摩西弟子，同時明確斷定，他們的學說透過最神聖的傳統同這位預言家和學說聯繫在一起（就是說它是高於法利賽學說和薩多塞學說的摩西法典的第二學說：這和約瑟夫關於埃塞尼教的論述是完全一致的，他稱它為最虔誠、最嚴肅、最莊嚴、最神聖的摩西法典），這些論斷肯定使蒙化宮的假設十分棘手，但這不足以引起人們的注意，因為這種假設從各方面來說都是站不住腳的。我寧願提醒讀者注意關於泰拉巴特人的這個定義，即費隆說的「透過對生命現象的觀察和從理論上進行研究，他們改變了自身的制度和他們的生命本身」，因為應該這樣來理解「他們的生命本身」這種提法。事實上，問題不在於身體方面的情況和自然

現象，這不是泰拉巴特人主要進行研究並加以理解的方面，雖然生命的理論使他們感到為難。「生存」就其一般意義來說，就是生命（根本）。再者，在這一段結尾時，費隆以同樣的意思稱泰拉巴特人為生命的靜修者。

【130】

（這段希臘文參見原著第二三三頁註①。——譯者）泰拉巴特人對安息日的關注，以及他們由此而產生嚴肅、深刻的摩西學說，在這裡不是以一種確實而不容置疑的方式表現出來了嗎？蒙化宮還企圖曲解這段話的意思。他這樣譯道：「他們主要在連續七周內集中，他們不僅對單純地受到人們重視的數字七懷有敬意，而且對這個數字的效能也非常崇拜，他們懂得這是一個未曾被玷汙的，永遠純潔的數字。」在這段解釋中有兩點明顯的曲解。費隆並沒有說泰拉巴特人從逾越節到五旬節連續七周集中在一起；實際上，他們生活在共同體之中；因此他們總是集中的，不單只是在一年的這段時期內。但是，費隆說他們隆重地慶祝逾越節後的第七個安息日，適逢聖靈降臨節的第五十天的前夕；逾越節後他們決定於該周慶祝五旬節（根據傑拉尼于斯的古拉丁語譯文）。因此，蒙化宮為了推翻摩西學說的這個明顯證據而引證教會神父們的許多文章，以便證實基督教徒們歡天喜地歡慶逾越節到聖靈降臨節之間的五十天是非常錯誤的。可以肯定，耶穌是緊接著逾越節之後死的，這時十二使徒已經心醉神迷，或者如人們所說，已經受到聖靈照耀。兩大猶太節後之間的這段時間在基督教徒看來自然是應該紀念的，並應該以某種嶄新的特徵在他們的宗教中占據應有的位置，儘管這些節日實際上只是猶太教的改頭換面而已。但是這跟費隆的文章又有什麼關係呢？費隆說，泰拉巴特人慶祝逾越節後的第七個安息日，這正證實了他們就是這樣慶祝數字七的平方值的。蒙化宮的第二個錯誤是：他沒有弄懂δυναμιν這個詞，用幾何學家的術語說即為冪或平方，他卻翻譯成效能。因此十分明顯，這裡的問題是一個節日既碰到了簡單安息日的數字七，又碰到七的平方數字四十九，因而碰上了第七個星期六，即聖靈降臨節的前夕；這在費隆下一句的敘述中也談到了：「這是在極其盛大的節日的前夕，它適逢第五十天。」因此，泰拉巴特人不僅以特殊的方式慶祝數位七，而且也慶祝七的平方。我們從這裡深入摩西立法，如同我們上面所說，它是建立在數字的古代哲學基礎上的。事實上我們已經認識到數位七在摩西法律中的巨大作用，它是一個神聖的數字，一個創世紀的、創造性的數字，如果我能這樣表達的話，這個數字在摩西看來既主持了神的創造，也將主管人類社會；這個數字顯然被他用來建立安息日、安息年和五十年節時的平等與博愛。因此，埃塞尼人作為摩西的真實信徒和他的思想最深刻的解說者，不但慶祝這數位，也慶祝這數位的平方；這又有什麼值得驚奇的呢？難道我們沒有看到摩西本人，除了安息年，即七年一周期的安息年，還建立了五十年節，即七年一周期的安息年的平方嗎？埃塞尼人將這個平方規則用於逾越節。在它的二次乘方，即在逾越節後的第七個星期六的聖宴上，他們慶祝這節日。這正是比其他人具有法律的哲理性的人的本性。我上面提到過，在摩西立法中可以看到，逾越節和安息日之間存在著緊密聯繫。逾越節是友愛的儀式，安息日是重複的儀式，儘管它的形式不夠隆重，並受這個創造性的數字七的制約。對埃塞尼人來說，在每年的進程中，安息日的平方就是對摩西在人類，尤其在他打交道的民族處於不夠完善的條件下，只能對七年的平方數所渴望得到的東西，即實現平等的重複。再則，不能相信安息日的平方不會包含在摩西的法律之中。事實上，何謂五旬節？這個猶太三大節的第二個節日，難道它不是幾個星期裡的莊嚴節日？難道這中間的平等意圖不和逾越節中的一樣明顯地突顯出來：「你要計算七七日，從你開鐮收割莊稼時算起，共計七七日（這相當於逾越節）。你要照耶和華，你的神所賜你的福，手裡拿著甘心祭，獻在耶和華，你的神面前守七七節（即安息日的安息日，或數字七的平方）。你和你兒女、僕婢、住在你城裡的利未人，以及在你們中間寄居的孤兒寡婦，都要在耶和華，你的神所選擇立為他名的居所，在耶和華，你的神面前歡樂。你也要紀念你在埃及做過奴僕。你要謹守遵行這些律例。」（《申命記》第十六章）。實際上，猶太民族是在逾越節後的第五十天慶祝這個七星期後的隆重節日的，而不是在第四十九天；但節日真正開始是在第四十九天，這一天是安息日。無論怎樣，確定五旬節的意義是不容懷疑的：人們慶祝的正是七的平方。至於費隆增加的內容，提到泰拉巴特人把數字七「看成是純潔的，永遠不受玷汙的數字」這可聯繫到古代的數字哲學它曾引導過摩西本人。我上面已經談過這門哲學賦予這個數字的效能；我不必再去重複。我只求進一步闡明為什麼把它稱為純潔的不受玷汙的數字。再說，費隆在這裡引用的稱呼如此確鑿，是因為在構成古人高深學問的抽象的代數範疇裡，這數字稱為童貞女，或叫帕拉斯。瑪克勞勃為我們提供了這方面的根據，他認為，沒有一個數字能像單字數那樣不變質的，正如維爾吉妮（即童貞女的化身）一樣，而數位七正是根據上述觀點的一種理想數字。維爾戈認為（七以外的）其他數位都是由另外數位構成的倍數，因而是不平等的，會改變事物的性質；帕拉斯認為單子數既不能生殖，也不能增值；同樣米奈爾夫也認為數字七是一個沒有其他數位可以作為媒介的、獨一無二的數位。因而數字七接近於單子數。可是，人們對瑪克勞勃的這種解釋不太理解，如果人們從中發現數字七的特性的話，它是前十個數字中唯一屬於既是質數又沒有十以內倍數的一個數。一個純潔數字的概念，同樣也是米娜娃（希臘智慧女神。——譯者）的純潔的概念，人們之所以把這個數字獻給他，是有其深刻的道理的，這裡我只能大概地加以說明。今日人們不屑一顧地拋棄這門偉大的玄學，因為人們根本不懂它，而宇宙中的各個領域，如數位領域或幾何領域，或音樂、天文學、物理學、生理學、心理學領域等等，都是數字作為象徵的。因而數位既表示實體，同時也表示形式；它們象徵著實體和實體的表現形式的規則。但在這種建築或創造中，有些數位特別象徵著實體，有些數位特別象徵著形式。瑪克勞勃在談到人們稱為「滿數」的數位時也指出這種數位可能是實體，或非實體，也可能代表一種聯繫。但這「滿數」的特徵與其說是聯繫，不如說是由這種聯繫聯結起來的東西，這正是數字七的特殊性。這個數，與其說它代表實體，還不如說它代表形式。它是一個極好的建築數，也是德米烏爾哥或米娜娃的數字。西塞羅也說數字七事實上幾乎完全成為一種紐帶；對此，瑪克勞勃又進一步加以證實，他認為這個數字（指數字七）真是一個地地道道的主人。其他數位，甚至是最神聖的數位，例如數位三，數位四，象徵著實體，而不單只是形式。拿心理學作為一個例子，數字三，或三段式就表示靈魂。無論對我們、對古人來說，這些都是毋庸爭辯的。我們還是用瑪克勞勃在他的著作中所闡述的例子來加以說明。在他看來，數字三表示的三段式恰恰是第一代表著理性，第二代表著感情，最後第三代表著某種貪欲的知覺。那麼，在知覺—感情—認識三段式中，每一個組成部分都在實體中存在。這三個詞中的任何一個，又確實來自其他兩個；然而它跟其他兩個處於同等地位。因此，在這個公式裡，數字三不僅表示這第三個詞的形式，也不僅表示三個詞的存在，而是這第三個詞本身。數字四，或四段式也同樣如此，它被看成是由同時共存的三個片語成的三位一體。在這著名的畢達哥拉斯派的四段式中，出自三條主線的總體，亦即出自人類生命的和諧統一仍然是由數字四表達的一個新詞，同時這個數字表達了這公式各成分的總和。因此數位三和數位四是實體的象徵，而不單純是形式或方式的象徵。根據古人的看法，數位七就不同了，它恰恰是由三＋四的和而組成的。這個組合數既保留了創造生命的特性，又無須像實體那樣進入現象之中。它是出現於這些現象中的一種聯繫，如此聯繫事物的一個鎖鏈，如西塞羅和瑪克勞勃所說的那種「聯繫」、「紐帶」、「關聯」。

因而可以說，這是一個建築性的數位，用於規則和測量的數位。這個數位不能賦予事物以實體，但如果缺少它，實體無法成為有規則的形式。因而它是一個極好的超凡工人的數字，是德米奧爾哥、智慧或米娜娃、聖子的數字。根據同樣的道理，這是一個純潔的數字，因為它用於指導和規定事物的產生，但它並不直接是事物產生的原因，而只是指導這種產生的法則和光芒。因此，歸於米娜娃的這種純潔性，當人們純粹從數位領域觀察數位七時，就在它的象徵數字七那裡再現出來，如同我引證的瑪克勞勃的段落向我們說明的那樣。

【131】（這段希臘文見原著第二三六頁註①。——譯者）我覺得數字哲學主要建立在這個玄學的不容爭辯的深刻的事實基礎之上，即兩個事物不能同時共存，如果沒有第三個事物在其中存在的話。因為第三者是前兩種事物的紐帶，是它們的聯繫，因此也兼有它們的性質。這種產生一切事物的原則的象徵對古人來說就是直角三角形。其理由如下：兩條直線不能在一定的角度上相交，如果一個三角形的第三邊尚未確定的話。然而這第三條直線也依賴其他兩條線。於是，人們提出這樣的問題：如何得到與其他兩條線相應的第三條線的數值？然而這第三條線不僅在長度上，而且在方向上都兼有其他兩條線的性質。這方向是由幾條線組成的角的餘弦來決定的。但是在兩直線形成直角的情況下，它們組成的角的餘弦也隨之消失，第三條邊要留待其他兩條線來決定。由此得出這個著名的斜邊平方公式。有人說這是畢達哥拉斯第一個發現的，為此，他舉行了一次百牛祭。事實上第三項和產生它的前兩項的關係，在這特殊情況下，有其某種令人驚奇的清晰性和簡單特徵而引人注目。既然如此，在等腰直角三角形中，如果直角邊的數值是一、二、三、四、五、六等，那麼斜邊平方數值則為一、八、十八、三十二、五十、七十二等，而斜邊的數值就是這些數的平方根。但是這些數中沒有一個會重新產生直角邊的數值，除非碰到數位五，以及它的十倍數。因為當五是直角邊數值時，斜邊的平方值則是五十或五的十倍。因而在這種情形下，形成值和生產值的關係可以說變得格外明顯，因為原始數值形式本身部分地得到保留。確實這是由於算術中

十進位制的關係：如果在十二進位制中，數字六就具有這種特性。但是古人相信十進位制的絕對數值，其理由不需我在此贅述了。無論怎樣，人們懂得他們把幾何學作為透過單子，複子產生事物的象徵，如同在幾何學裡，他們把直角三角形及其特徵作為產生事物的更加明顯的象徵，也就是第三項與其產生的另兩項之間關係的象徵，因為這種關係在此情形下更加一目了然，同時他們理應採納這種特殊情形，即把三角形的直角邊以五表示，作為產生事物的完美象徵，因為在這種情形下，生產值的效能，即再生關係，表現得最為明顯，也可以說毫無掩飾。這正是費隆在此處的意思。

【132】（這句話的希臘文見原著第二三六頁註②。——譯者）蒙化宮盲目地自信從聖務主持人這個詞得出的論據可證明泰拉巴特人是基督教徒。他說：「這個名詞是基督教徒常用的詞，用來標誌輪流主持儀式的人們」，他還引用了聖阿塔那斯的一段話，後者在談到耶穌基督的誕生時說，人們可以把他誕生的屋子跟教堂比，把馬槽跟聖壇比，把聖約瑟夫跟聖務主持人比，把牧羊人跟聖堂執事比。但是對聖務主持人一詞的解釋卻是荒唐的。這個詞起源於古代的祕密宗教儀式。它表示率領初入教會都走向光明的人。初入教會者達到了祕密傳授儀式的最後階段稱為epopte——通靈者；傳授祕密的最後儀式稱為épiphanie——主顯節。聖務主持人（éphéméreute）這個名稱產生於相同的根源。因為光明和黑暗是知識和愚昧的象徵，人們自然會在宗教儀式中使用這些象徵。這正是費隆要向我們指出的泰拉巴特人穿著潔白的服裝，並由一個聖務主持人率領的原因。

【133】這種對盈利、利潤、利益，以及對人們之間不是真正純粹交換的形式所產生的憎恨正是埃塞尼教實踐的特徵，正如約瑟夫和費隆在上面我們所引證的段落中已經闡明的那樣。倘若泰拉巴特人不是埃塞尼人，為何費隆還要選擇這個特徵用來描述這些靜修者呢？

【134】（這句話的希臘文見原著第二三七頁註②。——譯者）約瑟夫在描述埃塞尼人於用膳始末進行祈禱時，幾乎也用的是這些詞。（參見本書第一九九頁）

【135】這裡提到「接納」，泰拉巴特人就像埃塞尼人一樣自身形成一種社會。從這一點來說，他們與埃塞尼人沒有差別。這個詞證實了我在前面已經闡述過的問題。

【136】這裡又一次清楚地表明，泰拉巴特人的生活從本質上說與埃塞尼人的生活是一樣的，都是共同體生活。

費隆想要說明泰拉巴特的許多婦女一生保持貞節，因為她們很早就已超脫塵世，所以他說她們很早就信奉共同體生活。蒙化宮由於不瞭解泰拉巴特人是怎樣把共同體生活和孤獨靜思聯繫並結合在一起的，他在翻譯時把這一段取消了，此外他的譯文幾乎到處殘缺不全，曲解原意。但是蒙化宮的反駁者，布依埃議長怎麼能說他之所以認為泰拉巴特人是法利西人，那是因為據他看來，費隆從來沒有提到過泰拉巴特人實行共同體的生活制度！布依埃在考慮他們可能屬於哪一種猶太教派時寫道：「泰拉巴特人的座右銘和薩多塞教派的座右銘是針鋒相對的；他們的習俗也和埃塞尼人的習俗不同，後者的準則是共同生活，而泰拉巴特人恰恰相反，據費隆說他們是彼此分開生活的。」但是費隆說的和這恰恰相反，他的全部敘述都證實了泰拉巴特人實體共同體的生活制度！人們把布依埃的這個謬誤只能歸咎於蒙化宮的翻譯錯誤；他滿足於這樣的翻譯，根本沒有細心地審閱原文。

【137】（這段話的希臘文見原著第二三八頁註②。——譯者）我敬請讀者們注意聖父這個名詞，這是專指上帝的絕對用法，還有這來源於上帝的明亮的光芒，正是這光芒產生熱愛上帝的靈魂，猶如來自太陽光芒那樣，它使人們的眼睛明亮，能看見光芒，並能透過光芒看見一切。從費隆寫作的年代來看，實際上也是從他的全部著作所包含的內容來看，他在這裡對我們來說正是一面極好的鏡子，使我們能夠弄清存在於埃塞尼教義和柏拉圖學說以及基督教之間的內在聯繫。關於向耶穌和基督教過渡這一點，我在後面還要進行論述。但我順便注意到這些表達方式，它既使人想到柏拉圖，也使人想到福音書。在柏拉圖的學說裡，理性（Λογο）或聖子屬於上帝，就像光芒屬於太陽一樣；他是兒子，上帝是父親。基督教部分地是這種思想的繼續，對這種思想的應用之一就是聖子化身於聖母的腹中。聖母瑪利亞懷胎聖子，難道不正符合費隆提到的泰拉巴特貞女的神人同形說嗎？她們不是在靈魂中接受來自神聖太陽的光芒或聖父的兒子嗎？

【138】這段話的希臘文見原著第二三九頁註①。——譯者

【139】這句話的希臘文見原著第二三九頁註②。——譯者

【140】即眾人的父母。

【141】費隆難道是要人們理解為泰拉巴特人在其他日子裡喝酒嗎？我不這樣認為。因為他在下面將正式提到這

些人的理智使他們懂得在生活中避免和酒打交道。我認為「在這些日子裡」這個短語僅意味著「在盛餐的日子裡」，「在節日裡」的意思。指出這一點十分重要：因為如果說泰拉巴特人只是在盛大節日裡，在他們的逾越節聖體聖事期間不喝酒，而在平時經常飲酒的話，人們可以用基督教聖體聖事中的飲酒來反駁我，並可以宣稱由此發現很大的差別。但是，就費隆的敘述來看，泰拉巴特人的戒酒顯然是種普遍現象，是從衛生角度考慮的，他們之所以在神餐中禁酒，完全是因為他們在日常吃飯時就反對飲酒。至於基督教聖體聖事中飲酒的習俗，我在後面還將談到，我將要指出，這種實體和聖事的本質毫無關係，它只是偶然地成為聖事中的物品。人們在聖事中以水代酒，則是由於主教會議的法令嚴禁使用純酒的緣故：如果有人在祈禱食用麵包裡不加酵母和鹽的話，以及在聖餐的酒杯裡不攙進水的話，他就被認為是一個褻瀆聖物的人。

【142】因為泰拉巴特人只在太陽下山後才去飲水、吃飯，所以安息日終了後，就沒有什麼規矩阻止他們點火、燒水。此外，這一天對猶太人來說，不是不加區別地禁止飲用任何熱水，只是不准飲用用火燒熱的水；因為他們的神師允許他們飲用太陽光下溫熱的水。他們甚至還使節日前夕燒熱的爐子保持原樣。蒙化宮從泰拉巴特人的這種實際活動中找出一條理由，試圖證實他們是猶太人，這是十分可笑的。確實，聖茹斯坦告訴我們猶太人指責基督教徒在他們的安息日裡飲用熱水，認為這是一種違反教規行為（Μηδὲ ὁτι θερμὸν πίνομεθε ἐν σαζζατί δεινόν ἡγεῖσθε）。但是在基督教徒引以自豪的違反安息日制度的行為和這裡涉及的實際活動之間卻毫無共同之處。

【143】（這句話的希臘文見原著第二四一頁註①。——譯者）我們可以把這段話和費隆在他的論著《論醉酒》裡的另一段話進行對比，後者在談到猶太教士在獻祭時禁止喝酒，並把這種情況跟泰拉巴特人相比。布依埃進行的這番比較，其目的是為了反駁蒙化宮，他明確指出泰拉巴特人正是猶太人；然而人們尚可從中清楚地發現泰拉巴特人的聖餐已經和教士的獻祭完全同化了。

【144】逐字翻譯應為：要用寓意進行猜測。

【145】（這段話的希臘文見原著第二四二頁註②。——譯者）我認為，泰拉巴特人的寓意方法在這個句子中完全顯示出其特徵。顯然問題首先涉及神學家們稱為比喻式或啟發式的這種寓意法。費隆說，在泰拉巴特

人看來，《聖經》好比一個活著的人。因此，如同我們跟一個人或一隻動物打交道時，首先尋找其特徵，也就是說從其眼神和眼睛裡去觀察他（或牠）的真正本性及其針對我們的意圖。這些賢者也是透過法典這面有形的鏡子去尋求法典中對他們自身和他們的職責富有生命的意願。總而言之，法典、著作、《聖經》，這不是確定了的事實，而是一種觀念，或更確切地說是一種啟示：不是一種以它們表明的東西作為唯一目的的法規，而是一種關係到那些向他們提出問題並在對事實和規定認識不清的情況下向他們說話的人的法規。或者不如說，觀念、啟示、法規這些字眼本身還不能正確地表達思想：它不是一種觀念，而是一個傳布自身思想的生命體；是一個與那些向它求教的人發生聯繫的活著的人；是一位用形象和比喻對孩子們講話的父親。由此絕不能說，至少首先不能說這種寓意法曾經在創立基督教時被運用過，它的實質在於從《聖經》事件中發現新聯盟事件構成的預言性象徵。可以肯定，聖保羅和初期基督教徒是以泰拉羅特人的方式用寓意解釋《聖經》的。因而聖保羅就割禮從肉體演變到精神所說的話，正是符合這類寓意解釋的方式。基督教神父後來以費隆本人和埃塞尼人為榜樣，用同樣的方式來解釋《聖經》也是真實的。福笛于斯甚至專門把神父們的這種習慣歸於費隆，他說：「我認為他給教會帶來了用寓意和轉意解釋《聖經》的方法。」但同樣可以肯定，耶穌生平的事實和後來發生的事件成為另一種可以稱之為歷史性寓意的材料，它借《聖經》的事實去發現其他的事實，而不是直接提供觀念。這是一種只適合於基督教徒的寓意。但我再說一遍，費隆在這裡指出的根本不是這一類的寓意。相反地，費隆想談的是一種在各方面都完全類似他本人在其全部著作中使用的寓意，這是再明顯不過的了。因此，聖歐芮勃和受他影響的蒙化宮，都以為能從泰拉巴特人以寓意形式注釋《聖經》的習慣中得到好處，以便證實他們屬於基督教，這完全是徒勞的。事實上可以肯定，除了薩多塞教派以外，各種猶太教派都醉心於寓意法。猶太人的神祕聖師的名字正是從寓意中得來的；人們稱他們為「大夏南」，即寓意製造者或布道者。另一方面也可以肯定，費隆的這句話明確指出，這類啟示即真正超凡的並在角上注有神聖標誌的書籍具有傳布的性能，而不是像聖歐芮勃認為的那樣只是一種正面的，歷史的解釋。

【146】（這句話的希臘文見原著第二四三頁註①。——譯者）費隆是想談一談專屬泰拉巴特人的詩和歌曲嗎？是的。不然的話，為什麼他要談論這許多作品，而且十分樂於列舉種種不同的類型呢？大家也許知道，

在亞歷山大，猶太詩人大體上都留下了許許多多可以配唱的詩詞。這個民族熱衷於頌歌。從摩西時代起就可以看出這種跡象。大衛的聖詩又增加了這種情趣。我們收集到聖依波里脫評論聖詩的某些章節，他說這位預言家將他大量的歌曲帶進希伯萊人的祭禮中，使他們的祭禮在某些方面改變了方式。《聖經》裡就有一個關於他們在寺院裡的祈禱和唱夜曲的例子。而女預言家安娜守候寺院，日夜進行齋戒和祈禱又是一例。費隆在他的一部著作裡談到亞歷山大虔誠的猶太人時，把他們忠誠守夜算作他們的苦修。猶太教法典編纂者對這種古老的習俗還進一步明確予以說明。別克斯托夫在他的《猶太教堂》裡收集了他們對此所做的全部論述，他告訴我們在某些節日的夜晚，他們在這方面幾乎和泰拉巴特人有同樣的情形。因為他們集中在猶太教堂內，向上帝祈禱，唱讚美歌。入夜以前，他們高聲歌唱，最熱忱的人甚至能一直唱到第二天。再說這種習俗，迄今還在他們內部保持著。別克斯托夫說：「這些習俗後來一直延續下來，他們幾乎徹夜唱歌。誰表現得格外虔誠，誰就樂於苦修，節日裡從早到晚站立著，不間歇地唱歌和祈禱，這正是我從他們身上目睹的一切。」因而，可以肯定，從費隆時代起，猶太人可能創作了大量的聖歌，包括歌詞和音樂。但是這裡指的是這些普通的詩歌，還是傳入泰拉巴特教派中的一些特殊的詩歌？我又一次覺得，費隆要談的顯然僅是這些離群索居的人所創作的，或一般由埃塞尼人所創作的詩歌。為了讓人信服這一點，只要把他在這裡所說的話跟他前面所說的話加以對照就足夠了。（參見原著第三〇五頁）「他們保存著這個教派的前輩們撰寫的許多古籍，這是些真正的具有解釋和寓意技巧的不朽巨著，他們把這些書作為楷模，試圖照此撰寫自己的書。實際上他們並沒有滿足於思想和靜修；他們還以各種格律和詩人們通用的種種格式，創作獻給上帝的詩歌和頌詞，配上莊嚴的宗教曲調，使之易於記憶。」蒙化宮接受了聖歐芮勃的意見，認為費隆要談論的是背誦聖詩和閱讀《聖經》的其他部分，無論是《新約》還是《舊約》。這種意見根本不值得人們一駁。

【147】（這段話的希臘文參見原著第二四五頁註①。——譯者）蒙化宮和布依埃議長絕大部分的論戰是圍繞著這個句子進行的，我認為他們兩人沒有一個真正理解這個句子的內容。蒙化宮想把泰拉巴特人看成是聖馬可的基督教徒，認為他們的膳餐不是猶太的聖體聖事，即作為基督教聖體聖事起源的聖體聖事，而是在基督教徒中正在實行的聖體聖事本身，他要在費隆描述的盛餐裡辨別兩種不同的膳餐。因而他設想年輕

人搬上的桌子不同於盛餐飯桌，以為這才是真正的聖桌，在此時刻，人們在上面放上祭品，舉行祕密祭禮。費隆使用的這個短語：麵包、神聖麵包、最神聖的食品，使蒙化宮無法確定事實，使他看不出除聖體聖事以外的其他東西。從實質上和觀念上分析，他是有道理的，問題涉及的正是過去泰拉巴特人的、現在費隆所談到的那種變成了基督教聖體聖事的聖餐；然而人們並不為此而舉行特殊的、與埃塞尼人的公共用膳有區別的儀式。這裡不存在兩種盛餐的問題。至於鹽和海索草，蒙化宮將其看成是純粹的儀式，或僅僅是預備性的儀式；他堅信能證實，到十一世紀初為止，人們在舉行彌撒之前正是將鹽和海索草放在祭壇上祝福的。泰拉巴特人和發酵麵包沒有能難住蒙化宮；因為儘管發酵麵包或未發酵的麵包這個問題可能引起很大的困難，最共同、最確定的意見則認為自古以來，東方的教會是以發酵麵包進行獻祭的。最後，在費隆文章中關於早已清楚的禁酒問題，他也是盲目地亂加解釋，認為費隆可能早就提到基督教的真正的祕密宗教儀式。

【148】「聖餐之後」。必要時這句話用以證實我們剛才為反對蒙化宮的假設所進行的批駁。顯而易見，這正是費隆剛才談到的泰拉巴特人的聖餐。因為他要繼續說下去，所以說了上面這句話，如果他要識別第二種聖餐，亦即不同於祕密祭禮，不同於公共用膳的一種特殊儀式的聖餐的話，他應這樣說：「在各種聖餐之後」。

【149】「神聖的通宵」。貝揚人把這稱為神聖的特權。

【150】古人哀美．勒薩特把這稱之為「康西妞塔斯舞」（和諧之意），一種莊重的，合乎儀禮的舞蹈，人們又叫悲劇舞蹈。在柏拉圖加以讚揚的許多平靜舞蹈中，這是獨一無二的。

【151】「感恩的頌歌」。

【152】因而亞倫的姐姐，女預言家美莉安手裡拿著鼓，許多婦女跟著她，一面擊鼓，一面跳舞……（《聖經．出埃及記》）無論是希伯萊人，還是印度人，或埃及人，以及一切古代的各國人民，跳舞成為對上帝的迷信的組成部分。在阿爾什地區的遷徙儀式中，我們可以看到大衛穿著麻布祭司法衣，率領全體以色列人在喇叭和其他樂器的伴奏聲中翩翩起舞。大衛本人在上帝面前用盡全力吹起號角。

【153】這一句話應該參照我們在前面談到的約瑟夫關於埃塞尼人在日出時舉行祈禱而寫下的紀實。

# 第十三章

## 對第二部分的結論。

不管怎樣說，我們以爲在這本書裡已經揭示和闡述了一些原則。如果上帝欣然同意的話，在我們有可能去理解和展示這些原則的各種後果以前，我們馬上就對這些原則加以概括。唉！我們所處的時代是一個動盪和騷亂的時代，特別是我們的生活裡充滿著困難和障礙。

我們生活在這樣一個如此痛苦的時代，我們思考問題就是從這樣一個時代出發的。在本書的標題爲「現在」的第一部分中，我們在研究當今這個社會時承認和證實了以下各點：

第一，法蘭西革命的政策或政治理想可以確切地概括爲這樣三個詞：自由、平等、博愛；

第二，平等是一項原則，一種信條；而平等這個詞的革命象徵就意味著：平等是一項神聖的法律，一項先於其他一切法律的法律，一項派生其他法律的法律；

第三，這項原則，雖然根本不曾付諸實踐，但至今仍然作爲正義的準繩而被接受下來；

第四，今日之社會，如果從某一個角度加以觀察的話，它除了這項原則以外，別無其他基礎；

第五，當前社會的弊病就是這項原則和它的對立面的鬥爭的結果。

由此我們得出如下結論：

在自然秩序中，如同迄今人類智慧所能認識的那樣，人與人之間是平等的，不管這項原則的合理的結果是什麼，它們終將會得到實現。

同樣在我們今天所想像的老城區內，公民與公民之間是平等的，不管這項原則的合理的結果是什麼，它們終將會得到實現。

然而，在我們這樣獲得了「現在」部分的意義之後，我們要追溯到「過去」，以便瞭解我們對於平等這一信條所抱的希望是否能夠得到證實，或者遭到否認。

因此寫出了本論著的第二部分即「過去」。

而過去部分完全證實了我們在現在部分中發現的眞理。我們深信人類早先的生活包含著平等的萌芽。一切偉大的宗教，一切偉大的哲學，一切偉大的立法，都包含著這種萌芽。本著作第二部分的總目標則是爲此提供明顯的、確實的證據。宗教的深刻意義，可以說是單一的、永恆的、一致的，但在連續的各階段上，又有多種多樣的啟示，這可以從我們對一些文本進行對照和評注中明顯地表現出來。宗教從本質上說是人類的團結，而平等是它的一個側面。

如果平等在一個時期的發展和在另一個時期的發展具有同一進程的話，那就談不上什麼進步。然而進步，不論其主因是什麼，則是人類的法則。我們對於過去的全部研究應該使我們證實如下兩個方面：一方面是平等的萌芽總是存在著的；另一方面是這種萌芽過去從來不曾發展到像今天這麼理想。

但是我要重申，永恆的啟示體現在一切偉大的宗教之中，它始終聲稱維護人類平等。因此，在過去部分中產生了一種矛盾，我們一直在加以研究和澄清。這種矛盾仍在繼續，這就使社會法權至今缺乏基礎。人類平等一旦被理解和接受，它單獨就能給政治權利提供基礎。所以我們再次重申，迄今爲止，法權從來沒有得到人們的承認。

我們在證實這一點時指出了從亞里斯多德到孟德斯鳩所有政治學家只知道在法權問題上羅列事實。

我們不必回到我們曾經從這個角度對於亞里斯多德的《政治學》和柏拉圖的《理想國》所做的分析上去。亞里斯多德把事實當成理想，而柏拉圖這位偉大的藝術家，只看到理想卻看不到事實，這是由於他幽閉在特權階層之中。

原始的宗教高於柏拉圖的理想；這就是爲什麼摩西法典，無論在創世信條或在立法之中，包含著人類平等的原則，並能戰勝一切妄圖把平等原則不同程度加以詆毀和歪曲的宗教與哲學。

基督教（其正宗出自摩西法典）曾對平等做出了新的貢獻，同時爲人類提出這樣的告誡：「你們大家都是同一個上帝的子孫，你們大家都是兄弟，你們要像兄弟般的相親相愛。」但是正像我們指出的那樣，基督教出自摩西法典教派，即埃塞尼教派，它不能超越埃塞尼人的科學以及他們的實踐。基督教僧侶的恬靜生活只是埃塞尼人生活的翻版；當基督教統治到全球的時候，它使「反博愛」，亦即不平等繼續存在下來。爲了捍衛自身的存在，基督教不得不承認和乞靈於精神和世俗、神聖天國和地面王國、上帝和凱撒這種虛假荒唐的區別。所以眞應該說，福音書的來臨只是直接影響著感情，對於認識，對於活動只能間接地發生作用。基督教並沒有帶來平等的科學組織形式，因此儘管人類平等的原則曾由耶穌以博愛的名義予以宣布，它實際上只局限於成爲類似以仁慈爲主導思想的一種烏托邦，這個烏托邦同時包括和聯繫著上帝的愛與人類的愛。

從柏拉圖和亞里斯多德以後，人類還需要取得一大進步，以便使新的哲學上的進展成爲可能；同時從柏拉圖到耶穌基督的一段歷史，人類跨出的這一步是在缺乏新的思想光輝和無其他理想的條件下實現的，正如上面所說，耶穌以後，人類還需要取得一大進步，才使新的哲學上的進展成爲可能；同樣，從耶穌到十八世紀末和法國革命這段歷史，人類要跨出的這一步也是在缺乏新的思想光輝和無其他理想的條件下完成的。

就這樣，**人類**平等逐漸地、艱辛地、不停地從阻塞它的障礙中出來了，而這障礙正如我在下面本著作的總結論中馬上要說明的那樣，絕不是其他什麼，正是**等級階層**。在摧毀與家族有關的原始等級階層的同時，人類平等首先以個體的形式表現出來，並稱之爲自由。在摧毀繼原始等級階層之後的關於國家、城鎮的等級階層同時，人類平等又以感情的色彩表現出來，並稱之爲博愛。在摧毀或準備摧毀與封建制、所有制有關的第三種形式的等級階層同時，人類平等以另一種面貌表現出來，它既包括個人也包括他的同胞，而且把他們的利益集中在同一法權之中，這才最終稱之爲平等。

我們就這樣在結束了對過去部分的研究以後，又回到了在本書開始時[1]心理學已爲我們闡明了的結論上來。這就是人類本性的三方面：知覺、感情、認識，並相繼表現爲自由、博愛、平等。

事實上，人類本性表達出三個不同概念的詞，雖然它們混合在生命的統一體之中：知覺、感情、認識。生命的這三個方面產生人們隨意可以稱呼爲權利或義務的三種需要：自由是對知覺的反應；博愛是對感情的反應；而平等是對認識的反應。這三種在世界上起作用的需要創造了人類歷史。所以歷史上出現三個時代。

自由相應於西方的童年，博愛相應於它的青年，而平等相應於它的壯年。

促使西方發展的一切事物，都是按照個體生命發展的規律而演變的。

那種與知覺生活相對應的自由的表現，非常明顯地相當於人的童年時期。正像詩人所說，孩子們熱愛他們的自由，但他們有意識地對別人毫無憐憫之心，尤其是缺乏承認別人的權利觀念，他們也不懂得別人的權利是怎麼一回事。那種與感情生活相對應的博愛非常明顯地相當於人的青年時期。青年是愛情、友誼、熱忱的年齡。最後是平等，它與理智生活相對應，非常明顯地相當於人的壯年時期。

人類，如同單獨一個人一樣，連續不斷地經歷了這三個階段；最終將它們連接在一起。自由成爲現代人的權利；博愛成爲他的義務；而平等則是他的權利和義務賴以建立的一種學說。

歷史演變的終結，無論平等怎樣毫無組織，缺乏內容，平等總是靈魂的法則，各種法律的法律，它是一項法權，一項唯一的法權。

於是人類擁有三個不同的詞，雖然它們相互包涵在一起。實際上，地球上要麼既不存在法權也不存在宗教，要麼今天連自由都無所謂了——也不再有博愛：因爲基督主義的博愛只能實現不平等和施捨而已了——也不再有平等：因爲不能實現自由和博愛的平等，只能是虛幻的平等，它絕不能滿足人類的本性，正像今天它所顯示的那樣。

如今的公式是完整的，它期待著一種解決辦法；它既是三位又是一體：自由—博愛—平等。至於我們這些來自於過去的人們，又幾乎從流逝的現在中顯露出來，我們正面臨著將要實現這三個詞的**未來**。

◆註解◆

【1】見本書II第一章。

# III

# 結論或過去的普遍規律

# 第一章

## 不平等的三種可能或等級階層。

我長時期帶著痛苦和焦慮研究歷史，尋找過去的普遍規律，以便為我和他人從幾百年來明顯的混亂當中找到秩序，也為了以後不再產生如赫爾德（Herder）[1]所講的那種靈魂錯亂：「我認識了多少這樣的人，他們在人類歷史的汪洋大海中，徒勞地尋求上帝，他們在這個物質世界的永恆的領域裡，用他們心靈的眼光瞥見它。他們總是抱著喜悅的激動心情，從一草一木、一砂一石上認出了它！在地面上建造的寺廟內，四處響起了讚美威力、永恆和智慧的頌歌。反之，在人類活動的舞臺上，處處看見的只是盲目的感情、無節制的暴力、進行破壞的詭計和昏沉沉的善良意圖之間永無休止的衝突。歷史就像懸掛在宮殿角落裡的張開著的蜘蛛網，而那錯綜複雜的網絲上仍然停留著那隻編網的蜘蛛，牠為了躲避別人的目光而掩飾不久前發生的一場殘殺的種種痕跡。然而，如果說自然界中存在著一個上帝的話，他也應該存在於歷史長河之中。因為人類也是創造的一部分；而且人類即使在他感情衝動，直至他最後誤入迷途為止，都沒有不遵循那指導天體運行的同樣美好、同樣靜止不變的規律。」

以下就是過去的規律，正如玄學和歷史使我認識到的那樣：

根據萊辛的觀點，人類必須經過連續性教育的各個階段。所以人類要到達平等階段，必須先經歷三種可能的不平等：

1. 家庭等級制度；
2. 國家等級制度；
3. 所有制等級制度。

人類渴望擺脫這奴隸制的三層等級制度，以實現自由。這就是我們所生活的這個時代的特點。

我們如今處於兩個世界之間，處於一個正在終止的奴隸制的不平等世界和另一個正在誕生的平等世界之間。

## ◆註解◆

【1】赫爾德（西元一七四四～一八〇三年），德國哲學家、文學家。他在研究語言文學理論方面反對古典主義的觀點，突顯人民的作用；在哲學方面，他不贊成康德的論自然的哲學，以及他的歷史觀點，他著重研究人類文化和語言發展過程中人民群眾的偉大力量。——譯者

# 第二章

## 對社會等級一詞的釋義。

我必須解釋社會等級這一個詞，並說明我對該詞的使用。

「科學辭典把印第安人分裂成的種種部落稱為社會等級。」

在東方，等級階級的本義實質上就是劃分。它是把一國人民分離、劃分成多種人民，或者推而廣之，把人類區分為幾個部分，幾個種類。[1]

政治學家們由於缺乏考慮，直到如今仍不懂得東方的等級階層只是社會等級觀念的三種形式之一。因此，這在全部政治學當中是一個空白。

人的權利及其利益既然和整個人類自由緊密聯繫在一起，並且透過人類，和整個宇宙緊密聯繫在一起，那麼，一切毀滅這種權利的因素，一切分離人類的行為，一切把人類圈圍成彼此之間相互仇視或漠不關心的各類人群的做法都會遭到嚴厲的懲罰，這可能就是這種劃分、分離、圈圍的手段，即所謂的家庭，或政治法、民法。而社會等級這一名稱，原來專指上述某種關押和分離的做法，當然也合法地適用於其他情況。既然如此，倘若使人類分成各個部分，使人類分成不同層次的這種劃分是建立在所有制的基礎上，為什麼我卻看不出所有制中的等級呢？為什麼會帶來那麼多戰爭，造成那麼多犧牲的各人民之間的劃分，在哲學上也不用等級這一名詞來表示呢？總而言之，爲什麼僅僅是那些出於人類的表現形式之一即家庭的劃分，才被認爲是等級呢？政治家們，你們譴責了東方的社會等級，幾世紀來，它們已經趨於衰落；然而你們的眼睛卻看不見其他同樣確實存在著、同樣給人類帶來痛苦的社會等級，你們的無知保護了它們！

因此，我所理解的家庭等級或等級家庭，是指錯誤地擴大了的家庭對於人的天賦自由的限制。

我所理解的國家的等級，或等級國家，是指錯誤地擴大了的城邦或國家對於人的天賦自由的限制。

我所理解的財產等級或等級財產，是指錯誤地擴大了的財產對於人的天賦自由的限制。

人類的本性產生三樣東西：家庭、國家、財產。

這三樣東西爲人類本性所固有，就其自身來說是好的，但是它已經變壞了，並給人類造成了不幸。

其結果是給人類帶來三種奴役形式。

迄今爲止的一切人類社會都同時受到這三種奴隸制形式的損害，雖然程度各不相同。

在經過若干世紀和人類的發展以後，奴隸制的這三種形式依次在人類社會裡分別占了主導地位，開始是來自家庭的奴役形式，繼之而來的是來自城邦的奴役形式，最後是來自所有制的奴役形式。

所有的古老帝國，如印度、中國、波斯、迦勒底、埃及和整個東方，都曾是家庭等級制度的所在地。

希臘、羅馬帝國、整個西南歐部分，直到蠻族人入侵時代爲止，都曾是國家等級制的所在地。

所有制等級制度始於蠻族人的入侵，並且一直延續到我們這個時代，今天統治著歐洲和美洲。

因此遠古時期、中古時期和近代是三個具有明顯區別的時代，也是三個相繼而來的時代，正如不平等或奴隸制的三個可能的階段那樣。

世界上三個不同文明的所在地是符合歷史的三個不同時代的。如果說貝拿勒斯、巴比倫或孟菲斯曾是古代等級制，即家庭等級惡習的所在地，如果斯巴達和羅馬曾是中世紀等級制，即城邦等級惡習的所在地，人們可以說英國就是今天私有制的惡習，即近代等級制的惡習的最明顯的所在地。

文明從東方走到了西方，從赤道走到了兩極，改變著原則和惡習。家庭奴隸制惡習統治的帝國最初建立在東方，也是最先崩潰的。社會奴隸制惡習統治的帝國後來建立於亞洲和歐洲的邊界地區，也像前者一樣垮臺了。最後建立在所有制奴隸制的惡習基礎之上的帝國出現在北方：這些帝國如今繁榮昌盛；但是任何偉大的靈魂都對這種文明的虛假光輝不屑一顧，因爲那裡的人變成了物，人根據他擁有的金子，或他受金子控制的程度來做出估價。

## ◆註解◆

[1] 印度人自己把他們的等級這個詞同分離這個觀念聯繫起來。有一名旅遊者說：「這個詞使用時有很多引申意義：它不僅表示四種等級階層，也表示職業，一個人的祖國等意思。例如有人說：Tanti ka zat（丹底卡澤特）表示織布工的職業：Kan zat toumara（庫澤特都麥拉）是指你的國籍是什麼。」（見摩爾那斯：《印度等級階層》）

# 第三章

## 等級階層的人。

盧梭把社會的起源歸結於所有制的建立，然而他不懂得怎樣來做解釋：他說：「第一個圈起了一塊地，居然敢於宣布說『這些歸我所有』的人，發現周圍的人們頭腦如此簡單地輕信於他，也就成爲公民社會的眞正締造者。如果有一個人一面拔掉木樁，塡平溝渠，一面對他的同胞們大聲叫嚷：『當心，別信這個騙子；假如你們忘記果實屬於大家，土地不屬於那一個人的話，你們就會完蛋了』。」[1]

盧梭把時代激發他產生的想法，也就是把他所處的時代的社會惡習轉嫁到原始時代。他確信現代社會主要建立在所有制基礎上，而現實的不平等主要是由於占統治地位的不合理的所有製造成的。但是他認爲社會由此而開始，初期帝國也同樣程度地遭受了由這種惡習所造成的苦難，並認爲不平等的造成不會再有其他原因，這顯然是錯誤的。對於人類來說，由於家庭和城邦造成的奴役狀態並不比由於所有製造成的奴役狀態更好些，而且前者比後者早好幾個世紀。

你們去問古人他們係何人，他們的權利是什麼：他們很快追溯到他們的種族，他們告訴你他們的部落，甚至他們最遠祖先的名稱；他們來自默基瑟德（Melchisédech）[2]或亞伯拉罕[3]；他們出自婆羅門的頭、手或腳。帕利夏（Paria），他甚至並不由於存在印度賤民和印度外邦賤民而感到驚奇；他承認自己擁有的權利只是他所繼承的權利；也可以這麼說，他瞭解自己和認識自己，只是因爲他瞭解哺育了他的人們，他們在他之前，在跟他一樣誕生的同一塊土地上或同一田野上度過一生，因而這個人只是由於他祖先的存在才眞實地存在；要是他沒有祖先稱呼的話，他不知道自己是什麼人，他就回到烏有之鄉，他就不存在了。

你們提出同樣的問題去問中古時期的希臘人、羅馬人，他們將指著周圍的城邦回答你們。神聖的羅馬公民，這是羅馬演說家爲了保衛安全反對酷刑向他的聽衆們所喊出來的響亮稱呼。難道人們看不到聖保羅本人，這位原摧毀國家等級制的偉大人物，不得不爲了保衛自己而求助於這羅馬公民的頭銜！在中古時期，人們不再關閉在誕生他的那個等級內，而是關閉在國家的等級階層中；首先他誕生後成爲他國家的臣民，他的權利來自他的這種資格。他享有權利，因爲他當時生活在與他周圍的人們共同組成的某個社會之中。他和他的同胞組成一種聯盟，一個城邦，每個人的權利，以及所有的權利都由此而來。但是這個城邦是和人類的其他城邦分開來的，如同誕生的等級階層那樣。繼婆羅門和印度賤民的雙重性而來的是希臘人和蠻族人的雙重性。因而人與人的結社只限於人類中非常狹小的一部分人當中。一個人只是跟所有和他一起組成同一個城邦的人們結社；但是他反對所有其他人，反之亦然，所有其他人也一起反對他。所有其他人都是他的外邦人、蠻族人。這樣他對他們發起戰爭，並把他們淪爲奴隸，或者他自己淪爲他們的奴隸。因而他的城邦，既能代表他的威力，同時也限制了他的威力：單從他面臨的敵人這一點來說，他是弱小的；單從他擁有的奴隸這一點來說，他自己也是奴隸。

最後，請你們就同樣的問題去問封建時代的人，中世紀的人，或者去問繼承了中世紀人的現代資產者，他們不知不覺地在同一種制度下[4]生活。中世紀的人將會給你指出他的城牆工事，並把你帶到他田地的邊緣。這塊土地屬於他，但是他也屬於這塊土地：倒是土地限制了他，組成了他。如果國王毀壞了他的莊園，他的全部權利就化爲烏有。同樣今日的資產者向你指出他擁有的資本；這正是屬於他的封建城堡。他的威力寓於金錢之中，但是與此相應的他的生命就受他金錢的牽制和束縛。假使他的資本全部毀滅，他就徹底完蛋。他這可憐蟲也就成爲工業的奴隸，成爲他過去那樣的暴君的奴隸。單從暴君而言，他只是自己資本範圍內的暴君罷了。

我重申，這就是人類發展到我們這個時代所經歷的三個偉大階段所具有的明顯的和主要的特徵。

人們至今尚不清楚他們所稱的文明所包含的實際內容，正如我闡述過的那樣，這種文明已從赤道走到了兩極。在赤道上，人是以他誕生時的頭銜爲特徵，並受其約束的；爾後，看到了地中海沿岸地帶，人是以他的公民頭銜爲其特徵，並受其約束的；再後，看到了現代歐洲，人是以他作爲產業主的頭銜爲其特徵，並受其約束的。

誠然，我並不是說誕生時的等級到了我稱之爲中古時期就被徹底摧毀了。我也不是說繼之而來的政治等級正當所有制等級制在中世紀開始施展它主要影響的時候，也被徹底摧毀了。我只是說，對於每一個懂得歷史的人來說，以三種不同的主要優勢爲標誌的三大時代，把迄今爲止的人類生存分成三個時代：第一，誕生的等級時代，或印度、波斯、巴比倫、埃及等的東方時代；第二，國家等級時代，或希臘人、羅馬人的地中海時代；第三，財產等級時代，或延續到現在的封建時代。

誕生的等級制、國家等級制、財產等級制在我們的周圍已經成了廢墟。至少可以說，人類的理想已經超過了它們。

## ◆註解◆

【1】《論條件的不平等》第二部分。

【2】默基瑟德，《聖經》裡撒冷國王，上帝的司祭。他在猶太人和基督教徒的心目中則是一位救世主。——譯者

【3】亞伯拉罕，原意為「萬民之父」，上帝應允他子孫滿堂，多如繁星，並命令他和子孫後代都受割禮，作為與上帝立約的標記。——譯者

【4】現時的所有制，誕生於封建所有制內部，都具有同樣的性質。領主的年金和權利是同一回事。

# 第四章

## 新一代人。

在上述這些廢墟上誕生出一代新人，這就是現代人：這就是從內心深處接受了基督教和哲學的教誨的人。

現在人除其直系祖先以外，還有其他的祖先；另外他們不是按著他們祖先的意志進行推論：他們是人，單這個頭銜就足夠了。

現代人就其本質來說，並不感到依賴於他們所出生的地點，也不感到依賴於使他們得以出生的國家。他們感到自己不僅是他們出生的這個國家的公民，而且也是這個國家的主人翁。他們甚至感到還有更多的頭銜，因爲他們由於害怕會失去自由，他們的頭腦中裝著憲法中有關人的權利和公民的權利的區別。

在現代人的眼中，國家等級階層已經喪失其全部影響力，因爲他們厭惡把任何一個種族的人置於奴役的地位，認爲這是十分醜惡的行爲；同樣他們把戰爭視爲災禍，認爲在許多情形下戰爭是一種犯罪。

現代人在舞臺上申明：

第一位當上國王的人曾是最幸福的士兵；

或者：

我們的教士並非如愛慕虛榮的人民所想像的那樣；

我們的輕信造就了他們的全部科學；

或者：

偉人之所以偉大只是由於我們雙膝跪下說：讓我們站起來吧。

古人無法設想一個沒有主人、沒有奴隸、沒有教士、沒有貴族和沒有國王的社會。現代人已經不再懂得什麼是主人、奴隸、教士、貴族、國王了。他們認爲自己就是自己的傳教士，自己就是自己的主人。他們覺得自己就是貴族，自己就是國王。正因爲這樣，他們才成其爲人。路德（Luther）[1]教育現代人擺脫教會的高貴；笛卡兒（Descartes）[2]教育他們依靠自己去判斷一切；盧梭教育他們把自己看成是唯一合法的主人。因而他們既非國王，亦非臣民，他們是人；他們既非無神論者，亦非教士，他們是人。人，這種資格在他們眼裡表明了一切。任何東西都不能限制和束縛這種資格。它適用於各個時代，各個地點以及所有的世世代代和所有的民族。

因而，在過去，人總是被一些別的資格所掩蓋，而今，人的資格則是首要的。

只要排除空間和時間的一切障礙，人類精神就能廣泛地得到推廣。全人類只有一個上帝，大地就是全人類的住所和遺產。過去的世世代代，雖然曾屬於若干種族，但都是我們每個人的祖先。

對人來說，哪一種新的覺醒能從類似的思想中產生！過去被分割得像許許多多的小溪一樣的人類，在我們今天看來猶如一個整體。古人憑著他們特殊的精神，並由於他們是與世隔絕的種族，他們感到自己是江河中的一片浪花：現代人憑著他們唯一的上帝並由於他們是團結一致的人類，感到他們是大海的一部分。

今天，人對自身具有這樣一種新的感覺，實際上正是這種新的感覺創立了人們所稱的平等。

人在感到自己是組成偉大整體的一個部分的同時，就和這個整體發生了聯繫，就認爲他和這個整體連接在一起，最終懂得了他有權獲得一切。

今天，人對自身具有這種新的感覺，這種新的覺醒實質上只是構成古人的特點的那種感覺和覺醒的改變和發展。其差異如同我剛才指出的那樣，僅僅是一條河流與所有的河流的匯合即大海之間的差別而已。

各個等級變成了唯一的一種等級，即人類。因而人不再是這個或那個等級的人，而是實際存在著的唯一的等級的人，即人類的人。當人只是某個特殊等級的人時，他只感到在某些方面享有權利；當他成爲人類整體的人時，他則感到有權享受一切。

然而，由於個人只是以他唯一的人的資格才感到享有一切權利，所以他不能不承認同樣具有人的資格的其他人的這種權利。正因爲他是人，他才享有權利：所以只有人，即一般的人才享有權利；因此，所有的人都享有權利。由此得出一個無可辯駁的、頭等重要的、絕對正確的概念，即人人都享有一切權利。

由此產生平等的兩個方面，這兩個方面彼此相應，缺一不可，如缺少其中一方面，另一方面則無法存在。平等可以理解爲每個人對自己的一種個人的、個體的和自私的感情；但與此同時，倘若不是最積極地、最肯定地承認他人的權利，平等就不成其爲平等了。

平等這個詞概括了人類迄今爲止所取得的一切進步，也可以說它概括了人類過去的一切生活。從這個意義上說，它代表著人類已經走過的全部歷程的結果、目的和最終的事業。爲了平等的實現，所有的啟蒙者和啟示者前赴後繼，在一切領域進行探索，綿延不斷的戰爭使無數人的鮮血灑遍了江河大地，在多少個世紀中，全人類灑下多少汗水。人們個人的苦難，正像他們經歷的集體的苦難一樣，其神聖的目的正是爲了平等，爲了平等的感情，平等的觀念。爲了使人類精神接受這種觀念，蘇格拉底和耶穌獻出了他們神聖的一生。然而同樣也是爲了這個目的，人類發明了指南針，發現了美洲，發明了印刷術，實現了各種各樣偉大的發明。還是爲了這個目的，亞歷山大、凱撒、拿破崙王朝出現在大地上；但同樣也是爲了這最終的事業，奴隸們辛勤地爲征服者的大軍鋪平了道路。

## ◆註解◆

【1】路德（西元一四八三～一五四六年）文藝復興時期德國市民資產階級宗教改革的領袖，德國新教（路德教）的創始人。主張擺脫教皇控制，政教分離，簡化宗教儀式，反對教階制度等。——譯者

【2】笛卡兒（西元一五九六～一六五〇年）法國哲學家、科學家。他反映資產階級進步要求，提倡理性，反對盲目信仰，以懷疑為武器反對經院哲學。主要著作有《哲學原理》、《方法論》等。——譯者

IV

# 附錄　關於人類的學說（警言）

能夠拯救我們的是信仰，是宗教。可能拯救我們的也許是宗教的統一。將來拯救我們的是熱愛統一，以及熱愛萌芽狀態時的統一的教派：即將能實現自由、博愛、平等、統一的教派。

（皮埃爾·勒魯）

# 致讀者

四年來，在君主制度下，在許多不同作品中闡述的原則，構成了關於人類學說的基礎，並在這裡以警句的形式彙總、編纂，介紹給大家。這些原則綜合了一定數量的家族，使它們生活在對結社的共同探討之中。

在本書開始，我們就看到建立在生命的法則、三位一體的法則基礎上的人類學說是一門關於上帝、個人和人類的科學；這一學說證實了人類團結的偉大原則，它主張自由、博愛、平等；所以它更是一種特殊的認識：但是它若要成爲感情和知覺，若要把存在的全部包括在內，它必然包含著組織上的政治原則和生存上的經濟法則。

面對著人類本性所具有的天賦差異，以及物質生活中的重重阻力，人們發現了組織原則和存在法則。

二月革命[1]已經到來。它承認和宣布了結社權利。今天有許多社團要成立。有的社團並不像我們一樣需要克服物質上的困難；但是，如果它們沒有宗教原則和組織與存在的法則來作指導，都將不可避免地要歸於失敗。對於所有那些受我們信仰鼓舞的人來說，這樣的時刻也許已經來臨，他們將分散到全世界去宣布我們不怕稱之爲當代的好消息的事件。

在我們完全獻身於這一使命的時候，我們需要把學說概括爲一系列的警句，而若要理解這些警句，無疑需要做進一步的解釋；但它們體現出各種公民的整體及其內在的聯繫，倘若以別的方式來探討和研究這些公式，則需要撰寫許多部分門別類的專著。

迫使我們把這學說的基本要點概括爲警句的還有另一個理由。自從革命爆發以來，形形色色的毀謗、誣陷並沒有饒恕我們：我們願意明確證明我們的信條的崇高性和純潔性。

總之，有許多我們所堅持和宣揚的眞理，最終粉飾所謂的各種制度，並掩蓋其缺陷和汙點。這些眞理，從它們理應占據的地位，以及事實上它們在眞正的學說中所占的地位來看，一旦它們被證明和我們稱之爲三段式的組織法則非常緊密地聯繫在一起，以致人們不可能把它們單獨拿來輕率地加以運用，這種可怕的眞理和謬誤的混淆就會消失。

這根本不是我們要傳播的信條。人類所稱的信條，只有當大多數男人和婦女能夠在共同信仰的原則上團結一致的時候，才有可能。我們堅信這正是我們今天已經習慣了的信仰。

在這種信條尚未確立以前，我們從事個別的工作並提出簡單的主張。這正是我們要承擔一項只能靠我們自己獨有的智慧才能保證其正確性的工作眞正動機，儘管這能夠而且容易證實我們是否充分查考過原著。

至於這些原著，我們主要列出下列著作：

《關於不斷進步或完善的學說》；《論十八世紀同十七世紀的聯繫》；《基督教的祕密》（《百科雜誌》，一八三四年）

《新百科全書》關於可靠性、意識、同意、懺悔的詞條。
《駁折衷主義》
《論上帝或宇宙存在和個體存在中的生命》（《獨立》雜誌，第三卷，一八四二年）
《論人類及其原則和未來》
《論平等》
《向哲學家和政治家的演說》
《論國教或宗教信仰》
《論財閥政治或富人政府》
《阿瓜多先生的馬車》
《論追求物質財富》
《關於人類學說的演說》
《關於建立星期日的三部曲》
以及《社會雜誌》的一般哲學論文。

路克・德札熱、奧古斯都・德穆蘭

## ◆註解◆

【1】這裡是指一八四八年法國二月革命，這次革命推翻了七月王朝，建立了第二共和國。——譯者

# 一　序

一個人，若不和其他人一道組成社會，則無法獲得精神、道德、物質上的生存。任何缺乏宗教的社會都不能在精神、道德、物質上存在。

一些人如果不能在某些眞理方面達成協議，不能在他們當中建立基於正義觀念的共同法則，以及不能自己完成某種工作，或不能迫使另一些人爲他們完成某種工作的話，事實上他們無法在哪怕是最小的社會中生存。

對於人類迫切需要宗教這一點的認識，就是對人類的一切劃分，一切進步的解釋。過去人類一直追求宗教，結果是人類的嚮往、痛苦和招致慘痛教訓的錯誤。後來，宗教不斷地被人們揭示，結果人類獲得了成就、智慧並不斷地進步。

今天，宗教繼續不斷地被揭示，使我們發現了一個嶄新的世界，一種高尚的人生觀，以及實現這種觀念的可能性；當代人在神祕的預感支配下激動焦躁，並自感爲一種不可抗拒的對於未來世界的憧憬所驅使：爲了迎接一場巨大的普遍的變革，一切都已準備就緒。

今天，人類認識到自己在不斷完善。他在尋求建立在自由、博愛、平等、統一基礎上的城鎮。

這些理想還沒有一種已經實現：因此人類處於全面的物質、道德、智慧的貧困之中，這種貧困也許比人類在過去的演變過程中所經歷的貧困更爲巨大；但由此可以看出人類的一切偉大、希望和智慧。

我們之所以感到並猜想到我們目前的不幸的程度和範圍，那是由於能夠戰勝這種不幸的原則已經照亮了我們的心靈。

我們自己，我們的全體同胞都因殘酷的飢餓和赤貧而遭受痛苦，但是我們知道人類應該，而且能夠從中解放出來；

我們自己，我們的全體同胞都因爲人們的不道德，缺乏正義和分崩離析而遭受痛苦；但是我們認識到並猜想到這種不幸，因爲社會更爲高尚的道德和組織觀念給了我們以這方面的啟發；

我們自己，我們的全體同胞都因人們不信宗教、僞善、愚昧和無知而遭受痛苦；但是我們能認識到這些現實，並沉痛地爲之大爲震驚，因爲宗教已開始擦亮我們的眼睛。

## 二

以人類學說的名義，我們向全世界介紹眞理的整體，這眞理只是基督教和以前所有的偉大宗教在適應我們時代的條件下的發展。

宗教的基礎，就是三位一體：我們設想中的宗教，應不可分割地包括信條、道德或社會組織，以及政治經濟學。

人類學說就是一向存在的啟示生命的自我意識，它既是三位同時又是一體：信條—組織—生存。

信條構成人類學說的第一部分，並與科學相適應；

組織構成第二部分，並與道德相適應；

生存的法則構成第三部分，並與政治經濟學相適應。

信條是眞理的總和，它涉及上帝、人類和自然界的生命。各種眞理用同樣的原則聯繫在一起，並且把全人類統一在生命的共同體和發展的觀念之中。

道德是出自人的本性的眞正法則的人類結社。道德不只是風俗規則和社會關係中可以感受到的法則，同時也是表現出來的社會本身，是一種政治。「組織」這個詞正確地表達了這種概念。

政治經濟學則是生活必需品的消費、生產和分配的科學，它的因與果存在於人們稱之爲營養關係的普遍事實方面。生存這個詞正確地表達了這種概念。

因此，下面將分三部分加以概述。

# 關於人類的學說

## 第一部分　信條——團結

### 上帝

1. 上帝是生命的三位一體，它既無人稱，又區別於個體的生命，儘管它潛在於每個個體生命之中。

上帝同時也是：

萬物之本，永恆、無限生命的萬能之主，它的胸中包羅和懷抱著一切生命也囊括整個宇宙；

愛情精神，它寓於上帝生命內部和個體生命內部，把創造物之間聯繫起來；概括創造物逐漸產生的表現；促使產生新的創造物，使他們在生命中逐漸提高；它以神聖事業的名義干預宇宙萬物；

宇宙之光，它創造萬物，以生命或宇宙之光的名義，干預萬物生命的每一個動作，以便創造它們的統一，使它們相互觀察，相互滲透，依靠和通過作為創造物典型和概括的人類，對它們自己有充分的認識；它作為存在而在宇宙中表現出來。

上帝，無限的主，既是三位一體同時又不可分。
萬物之本—愛情精神—宇宙之光，
或　力量—愛情—智慧，
或　整體—事業—存在。

## 人類

### 一

2. 人類是一種種類。
人類種類是由一大群眞實的有生命之物所組成的理想的生命。這些眞實的生命的自身正是萌芽中的人類，處於潛伏狀態的人類。
每個人就是一個眞實的生命，其中孕育著處於潛伏狀態的稱之爲人類的理想生命。
每個人就是人類。

### 二

3. 人按上帝的形象塑造，他像上帝一樣也是三位一體。
人是知覺—感情—認識不可分的統一體，而且這三方面是同時表現出來的。

## 一 關於人的生活

4. 在潛伏狀態下的人的生活表現爲渴望，在表露狀態下則爲領受聖體。

5. 每個人跟他的同胞，跟上帝，跟宇宙聯繫在一起。和他的同胞的聯繫採取直接形式；和上帝的聯繫採取間接形式；和宇宙的聯繫則是以跟隨他的同胞一起領受聖體的方式。

人與人之間生活的眞正公式如下：

熱愛自身的上帝，熱愛他人的上帝。

透過他人的上帝互敬互愛。

透過自身的上帝熱愛他人。

不可脫離上帝，或自己，或一切其他創造物。

上帝在世界以外並不表現，而我們的生活不能脫離其他創造物的生活。

## 二

6. 人們精神上彼此依存。

7. 他們團結一致。

8. 人類的團結是永恆的。

9. 每個人的生活透過一系列永無止境的生存而顯示出來，從時間方面來說包括過去、現在、未來。

時間的概念是和生存的概念相適應的。

10. 未來的生活本質上和現在的生活、過去的生活毫無差異，因爲未來的生活只不過是這種生活以一種新的形式表現出來而已。

11. 每個人現在是，過去是，將來也是人類；每個人，在大地上，在人類中死亡和再生。

每個人和他自己的人格的同一性可在上帝那裡加以判斷和保存，上帝根據生存的新條件，根據先天性的不同，把這種同一性繼續維持下去；這樣對每個人來說就創造了他早先的存在同嚮往的未來存在的吸引力之間的關係。

## 三

12. 人具有可完善性，而人類也是如此。

13. 人的生活目的是要逐漸地實現全人類的統一和一致，是要發展人的三方面，即知覺—感情—認識。

任何導致這種統一和發展的行爲都是絕對善良的；

任何導致損傷這種統一，阻撓這種發展的行爲相對來說則是惡劣的。

幸福緊緊依賴著如上面所理解的生活實踐。

14. 個體生活的法則乃是進步。其公式如下：在堅持中實現變化，在變化中進一步堅持，希望逐步實現人類的理想形式。

15. 種族和種族之間生活的法則是進步。其公式如下：在堅持中實現變化，在變化中進一步堅持，渴望逐步實現人類的理想型式。

16. 存在著一種持續的，從種族生活轉變到個體生活的可逆性。

17. 每個特殊個體的生活其作用在於逐漸構成種族生命。

18. 進步的可逆性時時刻刻都在拯救著每個人。

上帝或宇宙生命不受時間、空間的約束，能夠看到世上一切事物的最終目的，它布下災難和痛苦，認爲這是創造物必須經歷的不可少的階段，以便達到創造物無法預見的幸福境界，因而作爲創造物，它目前不能享受這種幸福；但是上帝知道，其結果是，任何創造物均可潛在地透過上帝得到這種享受，因爲它總有一天會享受到的。

## 宇宙

19. 一切存在的事物統稱宇宙。居住在宇宙中的一切存在，一切創造物構成已創造了的無限物。

20. 宇宙間的生命法則是三位一體：人、動物、植物、礦物、星球或光芒、自然界的一切存在。它反映著無限量的存在或上帝，它本身就是三位一體。因爲宇宙的生命在一定程度上是無限對於有限的特殊存在的滲透。這種無限對於有限的滲透正是同時期內發生的；也就是說包含在上帝本性之內的三種屬性同時地、不可分割地滲入有限或特殊存在之中。

智慧就這樣到處存在，甚至存在於最缺乏智慧的存在之中；

愛情同樣到處存在，甚至存在於最缺乏感情的事物之中；

行動也到處存在，甚至存在於無活動力的事物之中。

由於無限在有限內部進行滲透的法則，結果就有了宇宙的統一性和多樣性。

## 關於營養

21. 生命是以生命的產品作爲養料，它就是這樣成長起來和不斷完善自己的。

22. 生命區分爲三大表現形式，即礦物界、植物界、動物界。

23. 人組成了另一種眞正的特殊領域，它也許可以稱爲有些思想家已經稱呼過的人類界。

24. 植物的養料是礦物。

25. 植物以礦物和植物產品或和植物與死了的動物的表皮以及和人的糞便相結合的化合物作爲養料。

26. 因而植物以生命的產品作爲它的養料。

27. 動物以植物或動物的屍體爲其養料。

28. 因而動物以生命的產品爲其養料。

29. 一切植物就是由於植物生命而改變了的礦物。

30. 一切動物就是由於動物生命而改變了的植物。

31. 動物生命隨著動物生命自身的移植，也隨著以其他動物作爲養料而得到提高。

32. 動物與動物之間相互從對方吸取養料，這是因爲動物有各個種類，各種品種。

33. 動物在其不斷提高的過程中，以低級種類作爲自己的營養。

34. 品種和種類乃是延續發展的創造物。

35. 日趨完善的創造物隨著生命與生命之間的延續而不斷湧現。就這樣大地上的人類是對動物的繼承，因爲每個人正是透過理智而改變了的動物，也是與人類相一致的動物。

# 第二部分　組織——三段式

## 配偶和社會

36. 作爲個體的人，這只是人—人類的第一種表現。
家庭是人—人類的第二種表現。
社會是人—人類的第三種表現。

37. 社會就是這個既理想，又眞實的存在，透過這存在，一切人們的彼此聯繫、人類的團結，以及人類本身才能顯示出來，它把婦女和男人，作爲類型、原因和結果。社會是由男人和女人，根據他們自己的樣子而造就的自然環境，在這裡應充分保證男人和女人的生育、發展和正常生活。

38. 作爲人，男人和女人是相同的。

39. 作爲人，男人和女人是平等的。

40. 至於繁殖種類，男人和女人是不一樣的。

41. 男女天生就有區別，這是爲了能結合起來繁衍種族。

42. 男人和女人結合成配偶，它能補足男女雙方，他們恰恰是平等的兩個方面。

43. 男人和女人只是在結爲配偶的情況下，並只是在配偶之中才能眞實地表現出來，也才能作爲性別在道德上表現出來。

44. 配偶是同類創造同類物這項法則的最內在、最深刻、最神祕的體現。

45. 配偶是神聖的：配偶是創造者。

## 愛情和婚姻

46. 處於渴望階段的愛情，男人和女人是情人和情婦。

47. 處於表現狀態的愛情，也就是結婚時，男人和女人成爲丈夫和妻子。

48. 丈夫和妻子在婚姻上都是平等的。

49. 婚姻的法則則爲穩定的愛情。

50. 愛情的法則並不只是表現爲情夫和情婦之間，丈夫和妻子之間單獨地愛一個人以及這個人的才與貌。

51. 愛情的法則還表現爲個體之間即可能獲得一切天賦和全部優雅那樣的一類男女之愛。

52. 愛情的法則，並不由於某些缺陷和不完善而幻想破滅。

53. 愛情的法則能持之以恆，雖然有缺陷和不完善方面。因爲可完美性是一切生命的法則。

然而愛情的終止、分居和離婚相當於死亡前的死亡。

54. 離婚是一種暫時的和例外的法則；離婚違背理想。

## 社會國家

讓我們依照神聖三位一體的法則結合起來吧，我們將會幸福的。由於畢達哥拉斯和所有思想家啟示和指引了人類，我們要以這位讓我們的靈魂在永恆本性的源泉中，即在三重性下獲得統一的人的名義對此擔保。

55. 人，因爲是三位一體，無論從其語言、一切表情、一切行動以及一切創造中都表現出三重性。

56. 任何一個人的用途、義務和權利都表現爲第一組三元式，缺少它，人性就不能得到滿足，缺少它，人的個性就不能存在：

財產—家庭—城邦；

與之相應的是：

知覺—感情—認識。

57. 城邦的權利和義務的根本基礎和信條是第二組三元式，它從本質上表達了社會生活：

自由—博愛—平等；

與之相應的是：

知覺—感情—認識。

58. 在城邦裡的權利和義務的表達方式是第三組三元式，它決定著人們在社會狀態下的地位：

公民—同事—國家官員；

與之相應的是：

自由—博愛—平等。

## 財產

59. 財產，作爲三位一體就其主要的特點而言相應於知覺。從知覺這方面說，財產是對維持生存的必需品的占有和使用。

財產同樣相應於感情；就這一點來說，財產則是得到和享有由社會所設立的，根據公民們的提名、選擇和一致的贊同而授予的榮譽稱號。

財產最後相應於認識；從這一方面來說，財產表現爲獲得和行使某種職權。

## 家庭

60. 家庭就其主要特點而言相應於感情。

家庭是配偶的反映：家庭是婚姻的產物。

61. 家庭是三位一體；家庭的眞正原因和目的爲如下三元式，雖然至今它的原因還是神祕和隱藏的：

父親—母親—孩子。

與之相應的是：

認識—感情—知覺。

62. 孩子首先屬於父親和母親，因爲他來自於他們，在某種方式上，他代表了他們；孩子同樣屬於社會，因爲他沒有社會的保護和支持絕不能誕生於世；他被社會接受下來。

63. 孩子不單只是新生的生命——父親和母親愛情的果實；他也是已經在世上生活著的人，在他身上具有人類的特徵。

64. 父親和母親對於孩子的權利和義務是和社會對於這同一個孩子的權利和義務相結合的。

65. 家庭照料孩子直到七歲爲止。

然而社會從孩子年幼時期起就參加到家庭的照料工作中去，目的是爲了減輕家庭負擔，並採用人們稱爲托兒所和初期教育室等方式。

66. 人在幼兒期正像初期的人一樣並不是自由的；因爲他自己毫無理智和行使自由的手段；人的幼兒期稱之爲幼稚期。

67. 人在童年期是準備以公民、同事、國家官員的身分進入社會：他的修養，他的教育，他的學習因而是屬於社會的，但在進行時不能不顧及他和家庭的每日聯繫。

68. 對大部分人來說到了成年期的一定年齡就能自由，因爲他自己具備理智和行使他自由的手段。

國家對於孩子運用說服和教育的權利；人既已成年，他在思想上自己就獨立了；他是公民，他享受思想的自由，以及言論出版的自由。

## 城邦

69. 城邦就其主要特點而言相應於認識。城邦，就這一方面來說，稱之爲共和國。

70. 城邦是三位一體；它不可分割地包括：

公民—城鎮—國家。

城邦是自由、博愛、平等不可分割地進行表現的場所。

## 自由

71. 自由對任何人來說主要是在自我表現形式下生存的權利、行動的權利、根據基本性別和主要官能而自我發展的權利，而要充分行使這種權利，就一定要擺脫人壓迫人，人剝削人的局面。自由對每個人的直接含義就是公民有權一起來創立城邦政府。

## 博愛

72. 博愛是一種以向人們灌輸他們的共同起源和團結精神來鞏固結社的感情，在結社中人們都是自由和平等的。博愛是一種聯結自由（或每個人的權利）和平等（或一切人的權利），並表現出它們實質上的一致性的紐帶。

## 平等

73. 平等是一切人類同胞所具有的權利，這些人同樣具有知覺—感情—認識，他們被置於同等條件下：享受與他們存在的需要和官能相聯繫的同樣的財富，並在任何情況下都不受支配，不受控制。平等被認爲是一切人都可以享受的權利和正義。

74. 平等、博愛、自由彼此包含著。這三者之中沒有一種可單獨存在，或者在其他兩者尚未實現的時候，第三者只能名義上存在，或者只是一種嚮往而已。

75. 自由、博愛、平等，一經組織，就使所有的人成爲公民—同事—國家官員。

## 關於公民和人民的主宰

76. 所有的公民是由全體人，由某些人，由某個人組成的。

77. 主宰是至高無上者；她原則上寓於上帝，除此以外，還寓於人類思想和人類理智之中，她不可分割地透過每一個人、某些人和全體人表現出來。這主宰賦予每一個人、某些人和全體人以智慧的光輝；她是使人民能夠存在，使人民的政府合法，同時並讓每個人—某些人—全體人相互促進的原因。

每一個人—某些人—全體人以其數目、愛情和科學而不可分離地統一在一起，這正是僅次於上帝的眞正主宰。

78. 主宰是不可改變的，不失時效的，不可轉讓的。

79. 她本質上和潛在地體現在立法者身上。

80. 她時時刻刻以潛伏狀態依存於每一個人，以擴張狀態依存於某些人，以表現狀態反映到全體人。

「每一個人」這個詞代表了個體；「某些人」這個詞形成了城鎭；「全體人」這個詞

產生了國家。

81. 每一個人—某些人—全體人創造出結社。

## 關於結社

82. 每一個人，若要在城邦內自由、與人相愛、平等，他就應該按照他自身的優勢和合法的愛好和其他人結合在一起。

任何人都是一個家庭中的成員，任何人都有自己的朋友，任何人都屬於某一個工廠，並以同事者的身分進入這工廠。

83. 工廠內的結社基礎爲手工行會；
手工行會的基礎是友誼；
友誼的基礎和法則是三段式。

## 關於三段式

84. 三段式或者是自然的，或者是組織的。

85. 自然三段式則是三種人的友誼，它們分別代表著我們的存在的三方面之一或官能的某一主導方面，一爲知覺，二爲感情，三爲認識。

因爲儘管任何人在其全部行爲中是與知覺—感情—認識不可分割地聯繫在一起的，而我們每個人都由於自己的自然美德，由於自己天生的特點，也就是說撇開一切行爲不說，就其賦性而言，我們主要反映或是認識，或是感情，或是知覺。

此外，根據已完成的行爲的性質，知覺，或感情，或認識占主導地位。然而人們往往把他們的優勢看成是他們的整個存在，並誇大這種優勢，以改變爲認識的魔鬼，感情的魔鬼，知覺的魔鬼。

自然三段式以三種人實現三種不相同的主導優勢的聯合，它是眞正的道德法則；它糾正每個人過分朝他某一方面發展的傾向，使每個人朝著他的存在的統一，朝著他眞正的人格發展。

86. 三段式是通過友誼實現吸引力的眞正法則。

因爲，在人們之間，吸引力並非其他什麼東西，它只是同類人創造同類物的法則。所以三段式在婚姻後則是人類精神營養和精神一致的法則的一種社會和組織上的第二表現方式。

## 關於組織三段式

87. 組織三段式是三種人的結合，在任何一種社會功能中，它們分別代表著人類本性的三方面的某一主導方面，一爲知覺，二爲感情，三爲認識。

88. 既然三重性寓於我們的存在之中，它既是構成我們存在的因素，就必然反映在我們的全部工作之中，也必然在我們的事業中留下深刻的痕跡。

任何功能均係三位一體，均係合成一體的三種功能；任何功能具有三個方面，並且第一個方面相應於知覺，第二個方面相應於感情，第三個方面相應於認識。

任何人如果只孤立地適用於某一種功能，那麼在三位一體功能中，他只能運用相應於他的主導方面的那一方面。

因而勞動的社會成分不是一個人，而是三個人，或三段式。

89. 任何作用，無論是工業的、藝術的、科學上的，均能產生三類工廠。

功能和功能的工具在統一體中又恢復到爲功能而結合的所有三段式。

## 關於三人指導小組

90. 由於功能所產生的三種工廠，其中每一種都是根據要求，由三人指導小組來代表。

91. 三人指導小組透過選舉組成。

92. 由功能產生的三類工廠中的每一種分別選舉一名成員組成三人指導小組。

三人小組的原則摧毀了專制主義。專制主義的形成主要由於功能或勞動總是由一個人來承擔；由於一個人進行指揮，或一人指揮一人，或一人指揮多人；由於一個人作爲一個代表掌握著功能的全部工具。

從一個人指揮一個人或幾個人，就直接產生出專制主義。

從一個人，作爲一人代表，擁有功能的全部工具，就間接產生了專制主義。

一人主義和專制主義的反面就是三人小組。

## 國家官員

93. 知覺—感情—認識的人類透過勞動創造出工業、藝術、科學。

94. 工業是人的生活在知覺占主導優勢下的表現，是人的力量運用於大自然提供的土地和各種不同的事物，以便生產爲滿足人們的需要和發展人們的器官所必需的物品。

95. 藝術是人的生活在感情占主導優勢下的表現。語言、聲音、光線、顏色、形式、動作的和諧一致通過藝術表現給我們，並使藝術以象徵形式反映人類心靈對美的熱切嚮往所產生的激情和願望。

96. 科學是人的生活在認識占主導優勢下的表現，是我們的生命使宇宙生命變成的一種連續不斷的昭示。我們透過科學意識到我們周圍個體的存在，同時瞭解到這些存在都服從某些一般的規律。最後我們透過科學能夠逐漸朝著最崇高的事業努力。透過科學，我們和身體，和力量間接發生聯繫，而和事業直接發生聯繫。

由於工業—藝術—科學的三重性，人類每天都使更多的人體適應於它的用途，一天比一天征服更多的力量。當人類在日常生活中完成崇高的功能時，即不斷完善大自然的事業時，人類也就一天比一天更接近上帝了。

97. 任何工業，任何藝術，任何科學，都自然地區分成三類功能，所以相應地叫做三類官員。

98. 三段式是工業、藝術、科學的組織原則。

99. 在社會中，國家官員自然分成三種平等的等級：企業家、藝術家、學者。

## 城鎮和國家

100. 城鎮是某些人的結社，他們占據著特定的一部分領土，組成一個工業工廠，一個藝術工廠，一個科學工廠，並由參加結社的人直接選舉產生的三重權力機構進行聯繫和管理。

101. 國家乃是全體人民的權力的表示和保證。它把所有的城鎮聯結在一起，並體現工業、藝術和科學之間的統一。

102. 組織工廠的原則也是組織城鎮和國家的原則；這種原則，就是三段式原則或三元制原則。

103. 城鎮的行政管理是三位一體。

104. 城鎮的行政管理不可分割地包括：

a. 一個行政三人小組。

b. 一個或幾個教育三人小組，負責對未成年男女的教育，根據他們的年齡分別實行教育；一個法律三人小組負責鎮壓犯罪行爲，就是說負責對法律上未成年的男女，由於其犯罪行爲而對他們進行的教育。法律作用包括三種：公訴人的作用，辯護人或赦免部長的作用，法官或陪審團的作用。法律教育制的三人小組，是根據既定的綱領，根據一般的法律，在法律教育權力的啟發下發生作用。

c. 一個立法三人小組：

這個三人小組直接由城鎮集合在一起的公民們任命。

d. 一個由三人組成的攝政組織，他們是：由行政官員選舉的一名成員，由法律—教育行政官員選舉的另一名成員，以及由立法行政官員選舉的第三名成員。這個三人小組確立了三種功能範疇的統一，並能考慮城鎮的對外聯繫。

105. 國家，因爲它行使最高主權，所以也是三位一體。它包括不可分割的三種功能範疇，或三種政權：

a. 行政與執行權，即在對勞動提出要求的同時負責滿足一般消費，負責方便生產，擴大生產並在各城鎮之間進行合理分配工業產品、藝術產品、科學產品的政權。它代表著法律。

b. 法律教育權，即負責準備教育材料和掌握法律執行情況的政權。

c. 立法權，即負責制定一般法律的政權。

106. 上述每一政權都直接由全體公民選舉產生。

107. 處於國家之首，並實現由人民任命的三種政權的統一的正是一個攝政政權，它由不可分的三位被任命的成員組成，一個由行政部門的國家官員任命，另一個由法律─教育部門的國家官員任命，第三位由立法部門的政府官員任命。這個三人小組負責國家的對外關係。

108. 行政官員、法官教育官或立法官員的功能像一切其他功能一樣也是三位一體，因爲一切一般的行政活動，一切法律，一切司法和教育原則都應該適應工業、藝術和科學這三方面的觀點。

因而任何公民或君主都無權爲國家政權任命唯一的行政官員，唯一的法官教育官員，唯一的立法官員，他們是代表每種政權範圍的三名國家官員；每位公民或君主都有權對每一種功能範圍任命一名工業界代表，一名藝術界代表，一名科學界代表。

## 關於選舉

109. 選舉本質上是三位一體。它可用三個詞概括：一提名，二選舉，三歡呼。提名主要來自每個人，以及每個人的選票；選舉決定於某些人的啟發和倡議；歡呼則表明全體人員明確的或心照不宣的接受或承認。

## 關於教育

110. 教育是三位一體的：它包括體操，狹義的教育和傳授。

111. 體操包含一切衛生措施：它是透過一系列循序漸進的操練手段發展五官和身體器官的藝術。

它產生了體操家工廠。

112. 教育是借助於人類過去和現在生活中汲取的教學內容培養和發展道德器官的藝術。它能區別學員中不同的主導優勢，並有利於自然三段式的形成。

它產生了教育者工廠。

113. 傳授是運用科學手段培育和發展智慧器官。

它產生了教授工廠。

114. 城鎮的法律——教育者政權組織教育，並負責組織教育工廠。

115. 教育工廠由三種功能上統一的工廠構成：

a. 體操員三段制工廠；

b. 教育者三段制工廠；

c. 教授三段制工廠。

體操員三段制選舉一名體操員。

教育者三段制選舉一名教育者。

教授三段制選舉一名教授。

教育工廠的領導三段式組成如下：

一名教授—一名教育者—一名體操員

在功能的統一體中不可分割地聯繫在一起。

## 關於學習

116. 學習是對於一種功能的入門，或工業上的，或藝術上的，或科學上的。

117. 教育工廠領導學習。

## 關於信仰

宗教和哲學本質上毫無區別。哲學是被尋求中的宗教，宗教是被認識了的哲學。

118. 信仰是宗教的體現：a.透過法規；b.透過社會生活本身；c.透過全部象徵性禮儀和宗教節日。從這個角度來說，信仰首先就是祈禱和領受聖體，或親善行爲。

119. 誕生、自然三段式、入教（在一定年齡）、婚姻、領受聖體、死亡等形成信仰標誌或信仰禮儀。

120. 人類學說的信徒把慶祝星期天作爲向上帝獻祭的一天；也是獻給休息、自由、博愛、平等的一天；作爲最美好的全社會的一天。

星期天，如同我們之所以確立這一天一樣，其目的是讓我們每個人在我們的全部生命中，爲了能夠獲得我們存在的統一性而想到平等。

星期天，如同我們之所以確立這一天一樣，其目的是使人想到平等。正像平等應該存在於我們之間，存在於我們個體關係之中，存在於我們彼此之間的聯繫之中一樣，它使我們自身的幸福更有實效，既然我們的存在具有三重性，這個事實本身表明，我們不僅是同胞，具有同樣的本性，而且在同樣的生活中彼此相互聯繫在一起。

星期天，如同我們之所以建立這一天一樣，其目的是使人想到平等。正像平等應該存在於我們內部，存在於我們的社會關係之中，存在於我們作爲公民和政府官員之間的聯繫之中一樣，它向我們指出已經實現的平等，並準備一個星期比一個星期更完善地去實現它。

121. 星期天是**公共用餐**日，它是領受聖體的象徵。領受聖體則是人類博愛的體現，人類精神一致的表現，它意味著人和人相互團結。公共用餐乃是表示和象徵這種觀念的標誌，即人類全體都是過著同樣的生活，即某些人的思想用來哺育另一些人，即因此人類的生活在於新一代能夠眞正吸收老一代的產品，因而可以說以他們父輩的生命和養料哺育自己，這正是一切創造物內部生命表現和營養的總規律。公共用餐表示和象徵著過去已經普及了的這樣一種觀念：上帝，作爲萬物之生命，正是所有創造物內部生命的這種表現的環境；有了上帝，世上萬物得以生存，得以滋育，因爲上帝以三種名義，即創世主、復活主，以及使萬物接近和聯繫在一起的聯絡者干預著萬物生命。

122. 星期天是布道和集體祈禱的日子。

## 第三部分　存在——運行規則

### 一

123. 由於人類所有種族的繁殖力是無限的，由於賦予人類能夠利用整個大自然的稟性，人類的存在是無窮盡的。

124. 人類的存在，就其本質而言，既然是無窮盡的，只能由於人類的錯誤才會變得稀少。

125. 消費是生產的目的，也是生產的原因。

126. 自然在生產與消費之間建立起一套運行規則。人占有植物和動物，大地向人提供有關生存的一切產品；人吃了產品，生命就增長。但是人所不能吸收的產品，對人的生命而言，就轉化爲垃圾和糞便；這些垃圾和糞便成爲動物的產品，一種廄肥和液汁的綜合物，這些東西回到大地中，和大地結合在一起，就會使大地更加肥沃和富有生產能力。

對人發生的這一切是一條規律，它也能適用於一切動物。此外，這些動物的屍體，一切植物的殘留物，一切曾經生存過的人體遺骸，現在、過去、將來在和大地結合和摻雜在一起的同時，正是爲了使大地更加肥沃和富有生產能力：

科學證明，對於糧食生產來說，人類的糞便要比動物的糞便更加肥沃十二倍。科學還證實，每個人生產的肥料，對他的存在的再生產是必需的。

127. 因而人既是生產者又是消費者。

## 二

128. 根據本性，任何人有權生存；他若消費，他得生產。

所以還不能勞動的小孩，不再能勞動的老人，無法勞動的身心障礙者，他們除了人類的權利以外，還能享受乞求的自然權利，而這種權利是建立在我們稱之爲運行規則的神聖法則基礎之上的。

129. 凡拒絕勞動的人仍有生存的權利，並受到運行法則的保護；但是他不再成爲公民、同事和政府官員。

## 三

130. 上帝爲一切生命在自然界內部制定的法則，即消費和人類爲了生存而進行的再生產之間的**運行規則**對於社會勞動而言，同樣是千眞萬確的。在既不屬消費又不屬生產的人類工廠裡，是沒有任何活動的。

在這種法則的光輝照耀下，受著法則鼓舞的結社將滿足個人的需要，領導集體勞動，並給政府官員分發工資。

# 個人的需要

131. 個人的全部需要與以下三方面有關：誕生、生殖、保存。

誕生導致社會、國家；

生殖導致家庭；

保存導致所有權。

## 關於生命的保存

### 一

大自然無時無刻不透過冷熱的相互交替，透過空氣、陽光、電流、透過飢渴對於人類施加破壞作用。儘管如此，人類需要保存自己；總而言之，人類爲了保衛自己的軀體，使之免受一切陌生的軀體的不斷侵犯，也爲了逃避人類所經歷的種種環境可能對他實行不斷的併呑，人類就需要住宿、吃飯和穿衣。

132. 個人爲保存自己所必不可少的種種需要與以下三方面相關聯：居住、食物和衣服。

## 二

133. 爲了滿足這些需要而開展的人類活動，創造了勞動，發展了在勞動中產生並使之得到維護的各種關係。

134. 人類結社利用自然界無窮盡的富饒資源，也利用全人類從其原始時期直到今日爲止所完成的勞動，在全體成員的努力協助下，透過共同享受公共遺產和從事勞動的辦法給每位成員提供獲得住房、糧食和衣服的全部手段。

## 三

135. 每個人都有權享受住房、糧食和衣服。每個人享受這些東西的權利受著其他所有的人的權利的約束。

136. 個人和所有的人都有權享受一切社會利益。

137. 個人和所有的人都有權，有義務在社會上行使一種職能。

138. 個人和所有的人都有享受所有權的權利。

139. 所有權對每個人來說意味著用法律規定的方式使用一件特定東西的自然權利。

## 關於勞動

140. 無論在工業、藝術或科學方面，勞動是每個人生命的一種表現。社會和集體環境是每個人勞動的場所和中心；每個人向社會汲取他所應用的科學，借他要使用的工具，以及他要加工的材料；的確每個人是從社會上獲得他從事生產的一切手段的。在生產的一切事實中，整個社會環境是以勞動工具、生產原料的持有者的身分，以啟示者的身分，以分配人的身分而出現的。

141. 在人類社會中，一切生產活動都是協調一致的結果，這種協調一致類似宇宙的協調一致，所謂宇宙的協調一致則是所有創造物內部生命的表現和營養的總規律。

142. 大自然強加給人們的、社會要求於人們的勞動，從物質上、道德上和精神上維持並供養著社會。

143. 社會對於企業家、藝術家和學者所要求的勞動創造了企業家結社、藝術家結社和科學家結社。

同時也創造了企業家、藝術家和學者的共同結社。

144. 勞動具有三種含義：

a. 反映著過去的含義，它代表著科學、傳統和人類思想在深受歡迎的產品方面連續不斷的發明；也代表著爲了這種產品，過去經勞動加工過的材料。迄今爲止，這種含義代表了社會上傑出的勢力，因爲它反映著人類在一定時間和空間的普遍結社。這個詞不確切地被稱爲資本（caput即頭、首之意）。這種含義表達的社會力量，經過一系列征服和封建制度以後落到了某些人手中，並且由於缺乏建立在平等、博愛、自由基礎上的法權而被他們牢牢地掌握著。也許用勞動工具、肥料、科學這幾個一般的詞更能恰當地表達這種力量。

b.反映著未來的含義，它代表著人類作用於自然界不同物體的充滿活力的力量，這個詞抽象地稱爲勞動，其實稱爲勞動者更爲恰當。

c.反映著現在的含義，它代表著人或勞動者借助工具在上面進行活動的土地，即代表著土地或需要經過勞動加以改造的任何物質。

所以勞動的公式即是：科學、肥料、工具反映著過去；勞動者反映著未來；土地、物質反映著現在。

這公式是一切人類勞動的公式；它包含著狹義的農業與工業範圍內的工業，狹義的詩歌、音樂，造型藝術範圍內的藝術，狹義的哲學、歷史、政治或組織科學範圍內的科學以及包括數學、化學、物理和種種觀察、推理科學的自然科學。

145.從與社會有關的勞動的觀念和概念本身誕生出又一種三元論，它代表了全部經濟科學：

分配—生產—消費。

與之相應的是：

認識—感情—知覺。

## 關於分配

就科學、肥料、勞動工具和準備進入新的供需關係並製造其他新產品方面來說，勞動導致產生了新的行政部門，這個新部門在信貸和商業的名義下，已爲個別人所占有。國家從它那裡所能掌握的只限於稅收，迄今爲止的社會行政的目標只是決定稅收的基數和用途。

由信貸、商業、稅收這些詞代表的三種觀念在眞正的經濟科學上是聯繫在一起的。而分配一詞則包括了這三者。

146. 分配是一種行爲，行政當局透過它主持或工業，或藝術，或科學方面的產品和勞動工具的全面分配。

## 關於生產

147. 根據行政要求所要完成的生產數量應該滿足現實的需要和準備未來的需要；無論在什麼情況下，應該做到透過勞動使生產維持到消費的水準。

## 關於消費

148. 消費既是對需要的反映，又是對產品的要求。

## 關於對政府官員的報酬

149. 報酬的公式應是三位一體：
按能分配、按勞分配、按需分配。

150. 能力的報酬體現爲授予一定的職位並要求履行職責。

151. 完成勞動的報酬是閒暇、娛樂。

152. 需要是透過產品予以滿足，無論是自然界的、工業上的、藝術上的或科學上的種種產品。

153. 因此在區別應該加以區別的事物時，這些事物是：a.我們眞正的需要；b.我們娛樂或自由的需要；c.我們的職責或對我們同胞合理的影響的需要。在滿足理應得到滿足的我們的本性的上述三種要求的同時，在透過支付某種特殊貨物來滿足這些需要，也可以說是滿足人們的要求，而絕不是像人們在今日雜亂地、不加區別地以通稱爲金錢和所有權的方式來支付這些需要的同時，我們終於可以結束這種永無休止的錯誤了。這句話用拉丁文來說，就是：

infiniti erroris finis et terminus ultivnus.

# V

# 作者生平與著作年表

| 年代 | 生平記事 |
| --- | --- |
| 一七九七年 | ・四月七日，出生於法國巴黎貝爾西。 |
| 一八二四年 | ・與杜布瓦一起創辦《環球報》。 |
| 一八二五年 | ・發表題為〈手工業者的解放〉的評論文章。<br>・與聖西門相識，開始接受聖西門學說的影響。 |
| 一八三〇年 | ・十月，將《環球報》變成聖西門主義者的機關報，積極宣傳聖西門的學說。 |
| 一八三一年 | ・脫離聖西門派，發展自己的社會主義思想體系。 |
| 一八三八年 | ・贊助出版《法國新百科全書》，共三冊，首次發表《論平等》，後來作為單獨作品。 |
| 一八四八年 | ・被選為國民議會議員。 |
| 一八四九年 | ・被選為立法議會議員。 |
| 一八五一年 | ・十二月，路易・波拿巴發動政變後，被迫舉家流亡英國。 |
| 一八七一年 | ・四月，逝世於法國巴黎。 |

# Ⅵ

# 人名、人種、教派譯名對照表

# A. 人名譯名對照表

## 三畫

兀兒肯（Vulcain）

大夏南（Darschanim）

大衛（David）

## 四畫

丹尼斯（Denys）

孔狄亞克（Coudillac）

尤里西斯（Ulysse）

巴尼斯（Banus）

巴斯卡（Pascal）

巴斯那熱（Basnage）

## 五畫

冉萊密（Jérémie）

卡多什（Cartouche）

卡米爾・德穆蘭（Desmoulins (Camille)）

卡利古拉（Caligula）

尼布爾（Niebuhr）

布依埃（Bouhier）

布魯特斯（Brutus）

弗朗索瓦絲・德・黎米尼（Rimini (Françoise de)）

札勒居斯（Zaleucus）

皮提亞（Pythie）

皮隆（Pyrrhon）

## 六畫

依克西翁（Ixion）

伊爾岡（Hircan）

伏爾泰（Voltaire）

安妮（Anne）

安底奧修斯・歐伯托爾（Eupator (Antiochus)）
安東寧（Antonin）
安凡丹（Enfantin）
安條克四世（Antiochus）
朱利・索林（Solin (Jules)）
朱利・凱撒（Jules-César）
朱彼德（Jupiter）
朱諾（Junon）
米娜娃（Minerve）
米爾頓（Milton）
米諾陀（Minotaur）
色諾芬（Xénophon）
西奈席於斯（Synesius）
西昂（Sion）
西塞羅（Cicéron）
西蒙（Simon）

## 七畫

伽里安（Galien）
但丁（Dante）
克里斯納（Chrisna）
克拉克森（Clarkson）
克萊蒙（Clément）
別克斯托夫（Buxtorf）
希波克拉底（Hippocrate）
希羅多德（Hérodote）
杜爾卡（Dourga）
沙西（Sacy）
沙梅阿（Saméa）
狄翁・克利若斯托姆（Chrysostome (Dion)）
貝爾納・特・蒙化宮（Montfaucon (Bernard de)）
呂克萊斯（Lucrèce）

## 八畫

亞伯（Abel）
亞伯拉罕（Abraham）
亞里斯多德（Aristote）
亞拉里克（Alaric）
亞倫（Aaron）
亞當（Adam）
亞歷山大（Alexandre）
尼祿（Néron）
孟德斯鳩（Montesquieu）
帕利夏（Paria）
拉斯·加薩斯（Las-Casas）
拉普拉斯（Laplace）
波利菲莫斯（Polyphèmes）
芝諾（Zénon）
阿安諾·唐第利（Antilly (Arnaud d’)）
阿那克里翁（Anacréon）
阿里斯多布林（Aristobute）
阿底居斯（Atticus）
阿波羅（Apollo）
阿提拉（Attila）
阿德里安（Adrien）
阿德拉斯岱（Adrastée）

## 九畫

勃里多（Prideaux）
勃拉瑪（Brahmâ）
勃龍太爾（Blondel）
威克里夫（Wiclef）
哈佛岡（Havercamp）
哈姆雷特（Hamlet）
柏利納（Pline）
柏拉圖（Platon）

洛佛拉斯（Lovelace）
洛克・德札熱（Desages (Luc)）
約伯（Job）
約瑟夫（Flavius Joseph）
耶和華（Jéhovah）
耶穌基督（Christ）
若杜斯（Jaddus）
若那塔斯（Jonathas）
若那塔斯・瑪伽貝（Macchabée (Jonathas)）
若莫爾西斯（Zamolxis）
迪奧道爾（Diodore）

## 十畫

夏姆（Cham）
夏娃（Éve）
夏爾蒙（Chaeramon）
夏龍大（Charondas）
席瑞斯（Cérès）
拿破崙（Napoléon）
格拉古（Gracque）
格勞修斯（Grotius）
格魯（Grou）
桑松（Samson）
泰芮（Thésée）
泰朗斯（Térence）
泰奧道萊（Théodoret）
泰爾特里安（Tertullien）
海克利斯（Hercules）
涅普頓（Nepturne）
烏果蘭（Ugolin）
索西宇斯（Sosius）
索麥士（Saumaise）
索福克勒（Sophocle）
梭倫（Solon）

馬基維利（Machiavel）
馬爾斯（Mars）
高乃依（Corneille）
高特里埃（Cotelier）

## 十一畫

勒・彼・巴吉（Le P. Page）
勒瑪阿納（Le Moine）
培根（Bacon）
唐塔爾（Tantale）
曼特蘭（Mandrin）
梯貝爾（Tibère）
畢達哥拉斯（Pythagore）
笛卡兒（Descartes）
荷馬（Homère）
荷密斯（Hermès）
麥諾斯（Minos）

## 十二畫

提庇留・格拉居斯（Gracchus (Tiberius)）
提摩太（Timothée）
斯加里熱（Scaliger）
斯特拉波（Strabo）
普魯塔克（Plutarque）
普魯頓（Pluton）
普羅米修斯（Prométhée）
普羅塔哥拉（Protagoras）
湯瑪斯・布魯諾（Bruno (Thomas)）
湯瑪斯・摩呂（Morus (Thomas)）
猶大（Judas）
童貞女（Vierge）
腓比斯（Phébus）
菲利浦・特・瑪舍杜阿納（Mocédoine (Philippe de)）

萊布尼茲（Leibnitz）
萊辛（Lessing）
萊庫古（Lycurgue）
費隆（Philon）
賀瑞斯（Horace）
雅弗（Japher）
塔西佗（Tacite）
博須埃（Bossuet）

## 十三畫

奧古斯都（Auguste）
奧古斯都·德穆蘭（Desmoulins (Auguste)）
奧利金（Origène）
奧侶格爾（Aulu-Gelle）
奧斯特瓦爾德（Ostervald）
奧爾佛（Orphée）
意大侶斯（Italus）
愛洛特（Hérode）
聖母瑪利亞（Marie (la Vierge)
聖吉羅姆（Jérome (saint)）
聖安布魯瓦茲（Ambroise (saint)）
聖希波里脫（Hippolyte (saint)）
聖貝努阿（Benoît (saint)）
聖彼爾（Pierre (saint)）
聖阿塔納斯（Athanase (saint)）
聖保羅（Paul (saint)）
聖馬可（Marc (saint)）
聖愛必發納（Epiphane (saint)）
聖歐芮勃（Eusèbe (saint)）
聖羅沫阿爾德（Romuald (saint)）
葛勞克斯（Glaucus）
該隱（Caïn）
詹納斯（Janus）
路德（Luther）

達爾杜夫（Tartuffe）
瑪克勞勃（Macrobe）
瑪努（Manou）
瑪納汗（Manahoen）
福西翁（Phocion）

## 十四畫

維什努（Vichnou）
維吉爾（Virgile）
維納斯（Vénus）
赫爾德（Herder）

## 十五畫

德加里翁（Dencolion）
德米烏爾哥（Démiourgos）
德西烏斯（Décius）
摩西（Moyse）
摩爾那斯（Morenas）

## 十六畫

盧梭（Rousseau）
霍布斯（Hobbes）
布丹（Bodin）
波利奧（Pollion）
鮑菲爾（Porphyre）
默基瑟德（Melchisédech）

## 十七畫

濕婆（Siva）
繆斯（Muse）
賽瓦朗勃（Sévarambes）
賽納克（Sénèque）
賽索斯特里（Sésostris）
賽爾頓（Selden）

薩多林（Saturne）

薩托克（Saddoc）

薩爾瓦多（Salvador）

## 十八畫

豐特奈爾（Fontenelle）

## 十九畫

羅伯特・瑪蓋爾（Macaire (Robert)）

邊沁（Bentham）

龐地安（Pandion）

## 二十畫

蘇格拉底（Socrate）

蘇達斯（Suidas）

## 二十一畫

露克麗絲（Lucrèce）

## 二十四畫

楊・胡斯（Huss (Jean)）

## B. 人種、教派譯名對照表

### 三畫

天主教徒（Catholiques）

### 四畫

巴崗脫人（Bacchantes）
戈尼人（Cauniens）
毛安別人（Maobrites）
毛拉孚人（Moraves）

### 五畫

冉拉特爾部族（Zélateurs）
加里人（Cariens）
本篤會修士（Bénédictins）
白種人（Blancs）
皮隆懷疑主義（Pyrrhonisme）

### 六畫

伊杜美人（Iduméens）
伊洛特人（Ilotes）
伊斯瑪埃里人（Ismaélites）
再浸禮教徒（Anabaptistes）
印度賤民（Prias）
印第安人，印度人（Indiens）
吉姆諾斯菲人（Gymnosophistes）
吉普賽人（Bohémiens）
多列安人（Doriens）
安索尼人（Ansoniens）
安諾特里人（Oenotriens）
衣索比亞人（Aethiopiens）
西班牙人（Espagnols）
西脫人（Scythes）

## 七畫

伽瑪爾多勒修士（Camaldules）
佛教（Bouddhisme）
克里特人（Crétois）
利未人（Lévites）
利底安人（Lydiens）
希伯來人（Hébreux）
希臘人（Grecques）
肖尼人（Choniens）
貝利爾錫人（Périoeciens）
貝揚人（Payens）
邦他多克經（Pentateuque）

## 八畫

亞述人（Assyriens）
亞當分子（Adamites）
伊洛特人（Hilotes）
依勃克拉特（Hippocrate）
居雷特人（Curètes）
彼拉多（Pilate）
彼拉斯族人（Pélasges）
拉西第蒙人（Lacédémoniens）
拉科尼人（Laconiens）
法利賽教（Pharisêisme）
法蘭西（法國）人（Français）
波斯人（Perses）
阿莫尼人（Ammonites）
阿斯穆家族（Asmonéens）
阿蓋安族人（Achéens）

## 九畫

勃萊衣斯特人（Pléistes）
科麥斯科人（Comastes）

耶穌使徒（Apôtres）
迦勒底人（Chaldéens）
首陀羅階層（Soudras）

## 十畫

哥羅西人（Colossiens）
埃塞尼人（Esséniens）
埃塞尼教（Essénianisme）
埃塞安人（Esséens）
夏尼人（Chaoniens）
夏姆人種（Cham）
夏特利階層（Chatrias）
泰坦人（Titans）
泰拉巴特·埃塞尼人（Thérapentes Esséniens）
泰拉巴特人（Thérapentes）
海泰里人（Hétairies）
特拉斯人（Thrases）
索拉尼斯人（Soranus）
高尼人（Coniens）
高里邦脫人（Corybantes）
高盧人（Gaulois）

## 十一畫

基督教（Chritianisme）
基督教徒（Chrétiens）
婆羅門教（brahmanisme）
婆羅門教徒（Brahmanes）
婆羅門教濕婆派（Sivaïsme）
婆羅門階層（Brahmes）
曼弗萊德（自由人）（Manfred）
畢達哥拉斯學院院士（Pythagoriciens）

## 十二畫

凱西定人（Kasidims）
凱西特人（Kasidéens）
斯巴達人（Spartiates）
猶太人（Juifs）
腓尼基人（Phénéciens）
雅弗人種（Japher）
雅典人（Athéniens）
黑種人（Nègres）
塔爾穆底使徒（Talmudistes）
奧必克人（Opiques）
奧西奧斯聖人（Hosios）
奧塞尼人（Osséniens）

## 十三畫

愛必洛納（聖餐主持人）（Epulones）
愛萊納人（Hellènes）
愛蒂奧克里特人（Etéocrètes）
瑞典人（Suèdois）
達克底勒—衣岱人（Dactyles Idéens）
達拉西亞人（Thraséa (les)）
瑪什人（Mages）
瑪迪阿尼人（Madianites）

## 十四畫

維什努主義（Vichnouïsme）
維斯亞階層（Vaysias）

## 十五畫

德勒菲人（Delphiens）
德魯伊人（Druides）
摩西立法，摩西教（Mosaïsme）
熱那亞人（Génois）

## 十七畫

賽爾修士（Selles）
薩比人（Sabiens）
薩多林人（Saturniens）
薩多塞人（Saducéens）
薩多塞教（Saducéisme）
薩里人（Saliens）
薩依人（Sabaïtes）
薩班人（Sabins）
薩馬利亞人（Samaritains）

## 十九畫

羅馬人（Roumains）

經典名著文庫 048

# 論平等

## De L'égalité

作　　者 —— 皮埃爾．勒魯（Pierre Leroux）
譯　　者 —— 王允道
發 行 人 —— 楊榮川
總 經 理 —— 楊士清
總 編 輯 —— 楊秀麗
文庫策劃 —— 楊榮川
副總編輯 —— 劉靜芬
責任編輯 —— 蔡琇雀、何舜茹、呂伊眞、陳采婕
封面設計 —— 姚孝慈
著者繪像 —— 莊河源
出 版 者 —— 五南圖書出版股份有限公司
地　　址 —— 台北市大安區 106 和平東路二段 339 號 4 樓
電　　話 —— 02-27055066（代表號）
傳　　眞 —— 02-27066100
劃撥帳號 —— 01068953
戶　　名 —— 五南圖書出版股份有限公司
網　　址 —— http://www.wunan.com.tw
電子郵件 —— wunan@wunan.com.tw
法律顧問 —— 林勝安律師事務所　林勝安律師
出版日期 —— 2019 年 9 月初版一刷
定　　價 —— 450 元



**國家圖書館出版品預行編目資料**

論平等 / 皮埃爾．勒魯 (Pierre Leroux) 著 ; 王允道譯 . -- 初版 --
臺北市：五南，2019.09
面；　公分
譯自：De L'égalité
ISBN 978-957-763-482-5( 平裝 )

1. 平等

571.92　　108009816